思想政治教育研究文库

———

大学生培育和践行社会主义核心价值观的活动载体研究

王 艳 著

光明日报出版社

图书在版编目（CIP）数据

大学生培育和践行社会主义核心价值观的活动载体研究 / 王艳著. -- 北京：光明日报出版社，2023.1

ISBN 978-7-5194-7034-0

Ⅰ.①大… Ⅱ.①王… Ⅲ.①大学生—社会主义核心价值观—研究—中国 Ⅳ.①G641

中国版本图书馆 CIP 数据核字（2022）第 250050 号

大学生培育和践行社会主义核心价值观的活动载体研究

DAXUESHENG PEIYU HE JIANXING SHEHUI ZHUYI HEXIN JIAZHIGUAN DE HUODONG ZAITI YANJIU

著　　者：王 艳			
责任编辑：李 倩		责任校对：李海慧	
封面设计：中联华文		责任印制：曹 净	

出版发行：光明日报出版社

地　　址：北京市西城区永安路 106 号，100050

电　　话：010-63169890（咨询），010-63131930（邮购）

传　　真：010-63131930

网　　址：http://book.gmw.cn

E - mail：gmrbcbs@gmw.cn

法律顾问：北京市兰台律师事务所龚柳方律师

印　　刷：三河市华东印刷有限公司

装　　订：三河市华东印刷有限公司

本书如有破损、缺页、装订错误，请与本社联系调换，电话：010-63131930

开　　本：170mm×240mm

字　　数：245 千字　　　　　　　印　　张：16

版　　次：2023 年 1 月第 1 版　　印　　次：2023 年 1 月第 1 次印刷

书　　号：ISBN 978-7-5194-7034-0

定　　价：95.00 元

目 录
CONTENTS

绪　论

　　党的十八大报告中对社会主义核心价值观进行了凝练，并明确提出了"三个倡导"，即倡导富强、民主、文明、和谐，倡导自由、平等、公正、法治，倡导爱国、敬业、诚信、友善。如何将社会主义核心价值观这一作为知识形态的理念内化成个人的思想进而外显为个人的行为？即如何将核心价值观的培育和践行落实、落小、落细是当代学术界关注的热点。

　　在我国，学术界对社会主义核心价值观的培育和践行大多从文化、制度、教育等角度，从社会层面及高校层面进行探讨。曹萍、周巧洪提出了绩效、保障及激励三条路径；徐海荣认为培育和践行社会主义核心价值观前提是认知和认同，关键在行动，要加强宣传教育促内化，注重融入贯穿促转化，推动实践养成促优化，抓好氛围营造促强化，健全长效机制促固化；覃轶珊提出社会主义核心价值观的培育和践行是一个内化、外显、再内化的无限反复的系统过程，其中认知是基础，认同是关键，践行是归宿，并指出要构建社会主义核心价值观培育和践行的价值选择机制、价值实现机制和价值维持机制；李春梅、魏忠明、刘会亭提出大学生社会主义核心价值观的培育坚持马克思主义的"文化领导权"，实现多样并存中的"一元指导"；尊重大学生的身心发展规律，构建核心价值观教育的实践化教育和生活化教育的"两化"模式；创新教育活动载体，推进核心价值观培育的进网络、进社团、进公寓"三进"工程；贴近大学生的精神诉求，打造核心价值观教育的教育渗透、价值商谈、评价奖惩、管理监控"四个"机制。李锦萍提出通过建立社会教育机制、学校教育机制、家庭教育机制和自我教育机制来实现社会主义核心价值观的培育。在微观教育方式上，学者们的观点主要体现在：注重思想政治教育理论课的主渠道作用，革新教材教学体系；注重环境育人，发挥校园文化的导向作用；注重社会实践，倡导知行统一的培育方式；注重"虚拟世界"育人功能，拓宽网络传播的新途径等。学者们从培育意义、培育原则、培育机制、培育现状、培育对策等方面，对社会主义核心价值观的培育进行了多方位的研究，取得了一系列的成果。但宏观研究的多缺乏实践环节的路径设计，或者路径之间还没有形成有机联系的整体，成效并不明显。

　　活动载体作为培育和践行社会主义核心价值观众多载体的一种，是社会主义核心价值观内化于心、外化于行的中介条件，在培育和践行社会主义核心价值观中具有不可替代的作用。"思想、观念、意识的生产最初是直接与人们的物质活动，与人们的物质交往，与现实生活的语言交织在一起的。"① 思想观点、政治观念、道德理念是人的主观意识和内在思维，是精神性的、隐性的，它从产生开始便与语言这种现实的物质实体相伴，需要通过语言来得以表现和传播。一定阶级、政党、社会群体的思想观点、政治观念、道德理念不能自动转化为受教育者的个体意识，它需要借助一定的物质实体来表现、传播和转化，而这种物质实体便是载体。社会主义核心价值观的培育不仅仅是使受教育者接受认同社会主义核心价值观，更重要的是用社会主义核心价值观来规范个体自身日常行为实践，实现思想向行为的转化，做到内化于心、外化于行。价值观念在人的实践活动中产生，通过实践活动传播，最终指导人们开展实践活动，可见实践活动是培育价值观念的重要支撑。价值观念的培育存在着多种载体，简单的载体有文字、语言、行动，综合的载体有文化、管理、传媒、活动等。如书籍是典型的文字载体，一本承载着一定价值观念的书安静地存在于书店或图书馆，要让这本书发挥教育的效能就要组织推介、阅读、导读、学习等活动。同时，在活动载体运用过程中受教育者更具参与性、互动性和体验性，能够在活动中不自觉、无意识地接受教育的内容，增

---

① 马克思恩格斯选集（第1卷）［M］.北京：人民出版社，2012：161-162.

强教育的接受度和认同感。因此，活动载体对于社会主义核心价值观培育的实效性具有不可替代的作用，在培育和践行社会主义核心价值观的过程中必须充分运用活动载体。

关于活动载体，学术界的研究主要体现在以下几个方面：第一，概念的界定。陈万柏、张耀灿持"活动论"观点，韩玉芳等持"方法、途径论"观点。第二，特点的研究。陈万柏、张耀灿认为活动载体具有明确的教育目的性、广泛的群众参与性和突出的社会实践性；余亚平认为活动载体具有间接性、民主性、广泛性、目的性和实践性。第三，类型的研究。韩玉芳等认为活动载体可分为本身含有政治意义的思想教育活动，结合经济发展和社会进步所开展的各种文化、娱乐、体育活动；余亚平认为活动载体可划分为参观游览型、文化娱乐型、业务融合型、理论学习型。吴潜涛等将活动载体划分为政治性的活动、建设性的活动和娱乐性的活动。第四，功能的研究。张耀灿、郑永廷等认为活动载体具有思想政治教育信息的承载、传导功能，促进主客体相互作用的中介功能，渗透教育内容的蕴含功能，导向和养成的功能；韩玉芳等认为活动载体具有教育功能、服务功能、凝聚功能和建设功能；祖嘉禾认为活动载体具有确定的教育目的性、重要的服务功能、较强的凝聚功能；余亚平认为活动载体具有教育群体、服务大局、凝聚人心、创建文明的功能。第五，选择和运用的研究。周幼萍等认为活动载体的选择和应用应遵循目的性、实践性、相关性和新颖性四个原则。陈万柏、张耀灿认为活动载体的选择和应用要加强对活动的指导，组织好各种活动；各项活动都应有明确的目的并根据活动目的确定活动的内容和形式；活动应因地制宜，丰富多彩，具有吸引力；活动应讲求实效，不可过多过滥；要充分发挥活动参与者的主动性和创造性。韩玉芳、林泉认为活动载体的选择和应用一方面要发挥活动的教育功能方面，另一方面要持之以恒，常抓不懈，务求实效，力戒形式主义，同时还要注意活动的环境建设。祖嘉禾认为，要将以活动为载体的教育与系统的理论教育相结合，教育者要精心组织和设计，要有的放矢，准确把握活动载体的适应面。目前，学界关于活动载体的研究取得了一定成果，但仍存在着理论研究的深度不够及系统性欠缺等不足之处。理论界对活动载体的研究虽然有了一定的成果，但与思想政治教育原则、方法、目的等研究相比仍显稚嫩，对活动载体的研究多数停留在某个角度或某个层面，忽略了活动载体各要素的整体性和与其他载体要素的关联性，存在着形式化、碎片化现象，导致对活动载体的含义、类型、功能、特征的研究视角各异，说法过多，研究的整体性、系统性不够。

21世纪以来，国际国内形势发生深刻变革：一方面，经济全球化、政治多极化、社会信息化、文化多样化趋势深入发展，人们的生活方式、思维方式、价值理念和思想观念发生深刻变革，当代大学生成为市场经济的原住民、经济全球化的原住民和互联网的原住民；另一方面，世界正处于百年未有之大变局，我国正处于实现中华民族伟大复兴的关键时期，给培育和践行社会主义核心价值观带来新机遇、新挑战。有鉴于此，探讨如何在新的时代境遇下充分发挥培育和践行社会主义核心价值观活动载体的价值，提升社会主义核心价值观培育的实效性意义重大。

第一章　大学生培育和践行社会主义核心价值观活动载体的理论阐释

　　活动载体是培育和践行社会主义核心价值观的重要载体之一，界定活动载体这一概念，明确其含义、类型、特征及构成要素，是开展研究的前提。活动载体不是个人主观臆想，它的确立是建立在丰富的理论基础和知识基础之上的。马克思主义关于思想政治教育的相关理论是活动载体确立及运用的根本理论指导，中国传统知行观为活动载体确立及运用提供了深厚历史资源，国外相关理论也为活动载体确立及运用提供了重要借鉴。

第一节　活动载体的内涵

　　活动载体是培育和践行社会主义核心价值观众多载体中的一种，是以活动作为教育的载体，是教育者为了实现一定的教育目的，在职业活动之外，有计划、有组织地面向受教育者开展的能够承载和传递教育内容及信息，能够联结教育者和受教育者发生双向互动的各种教育活动。活动载体根据不同的划分标准可以分为不同的类型，这些活动载体共同具有主体间性、实践性、组织性、对象针对性和切身参与性的特征。

一、活动载体的基本概念

（一）载体的含义

载体，在《现代汉语大词典》中释义为："科学技术上指某些能传递能量或承载其他物质的物质。现也泛指一切能够承载其他事物的事物。"① 《辞海》对载体的定义是：（1）使催化剂增加有效面积所附着的多孔物体。（2）指能引起中间物的生成以达到催化作用目的的物质。（3）能载带某种微量物质共同参与某些化学或物理过程的另一种物质。（4）基因工程中运载目的基因的工具。（5）指承载知识或信息的物质形体。② 载体最早是作为科技术语而出现的，广泛运用于化学、物理、生物等科学技术领域。随着科学综合化趋势的发展，载体这一概念逐渐被引入社会科学领域，并在众多学科中广泛使用。"能够承载知识或信息的物质形体"是载体的引申义，也是载体在社会科学领域的基本含义。

具体到不同的学科，对载体的界定和运用是存在着一定差别的。但不管从哪个角度去界定载体的概念，载体的本质属性是统一的：第一，载体是一种客观实在。在名词解释中，尽管用了物质、事物、工具等多个词语对载体进行定性描述，但都没有脱离一个共性特征，即载体是一种客观实在，它是一种外在的客观的表现形式。第二，载体具有承载性，它能承载他物。客观存在的事物有很多，但只有具备承载功能，能够承载他物的事物才能称之为载体。第三，载体相对于承载物而存在，没有承载物就不会有载体。事物的载体属性，即事物的承载性必须是在与被承载物的关系中呈现出来的，事物与事物之间必须发生了承载和被承载关系后才能称之为载体和被承载物。第四，载体的存在是有目的性的。前面所述，载体存在于与被承载物的关系中，这种关系看似是一种事物与另一种事物的关系，可其中却内含人的目的性。

---

① 阮智富，郭忠新. 现代汉语大词典 [M]. 上海：上海辞书出版社，2011：2148.
② 夏征龙，陈至立. 辞海 [M]. 第六版彩图本. 上海：上海辞书出版社，2009：2849－2850.

"凡是有某种关系存在的地方，这种关系都是为我而存在的"①，载体与被承载物的选择是人的有意识的活动，载体与被承载物之间的关系产生是人的目的性实践活动的结果。第五，载体具有中介性。在人的有目的的活动中，选择载体承载被承载物不是最终的目的，而是为了实现最终目的的中介因素。

（二）培育和践行社会主义核心价值观的活动载体

1992 年，杨广慧在《探索新路子，寻找新载体》一文中首次提出"思想政治教育载体"的概念，此后，对于载体的研究成为思想政治教育学研究的一个重要领域。我们要研究的活动载体也是指思想政治教育范畴下的活动载体。要理解活动载体，首先要理解思想政治教育载体。

1. 思想政治教育载体

如何去界定思想政治教育载体？我们需要回归到思想政治教育这个概念。思想政治教育是指一定的阶级、政党、社会群体遵循人们思想品德形成发展规律，用一定的思想观念、政治观点、道德规范，对其成员施加有目的、有计划、有组织的影响，使他们形成符合一定社会、一定阶级所需要的思想品德的社会实践活动。② 思想政治教育的实施和实现必须借助一定的载体。因为，思想政治教育是改造人的主观世界的精神实践活动，是将一定阶级、政党和社会群体的思想观念转化成这一阶级、政党和社会群体成员个体的思想观念。思想观念是人的内在思维和主观意识，它必须借助一定的物质实体才能够外现、传播和转化。这种外现、传播和转化的物质实体就是载体。

学界对思想政治教育载体概念的界定有多种观点，有侧重载体活动特征的"活动论"，有突出载体价值的"工具论"，有从思想政治教育结构出发的"中介论"或"要素论"等。笔者认为，思想政治教育载体可以理解为思想政治教育的载体，这种载体是因思想政治教育而产生，载体的特性、功能都是为思想政治教育目的服务的，所以对这个概念的界定应该侧重于从思想政

---

① 马克思恩格斯选集（第 1 卷）[M]. 北京：人民出版社，2012：161–162.
② 张耀灿，郑永廷，吴潜涛，等. 现代思想政治教育学 [M]. 北京：人民出版社，2006：48–51.

治教育的结构出发而非从载体的特性出发。能够成为思想政治教育的载体，必须满足以下三个条件：第一，能够承载和传导思想政治教育内容和信息；第二，能够被教育主体控制和操作；第三，是联结思想政治教育各要素，并使它们发生相互作用的中介因素。概括地说，思想政治教育载体是教育者为了实现教育目的而选择的，能够被教育者控制和使用，能够承载和传递思想政治教育内容和信息，能够联结教育者和受教育者，并促使它们相互作用的一种物质实体。

2. 思想政治教育活动载体

思想政治教育载体的形式是多样的，如单一表现形式的有文字、语言等载体，综合表现形式的有管理、文艺、大众传媒等载体。活动也是思想政治教育众多载体中的一种。

活动，是指"从事有目的的行动"①。马克思将活动的性质作为界定物种特性的一个依据。"一个种的整体特性、种的类特性就在于生命活动的性质，而自由的有意识的活动恰恰就是人的类特性。"② 人的活动与动物的生命活动是有本质上的区别的，因为人的活动是自由的有意识的。人的主观意识体现在活动的始终。人们为了满足生存和发展的需要会自觉地提出活动的目标或预期，在目标的驱使下人们去认识客观世界、掌握客观规律，在对客观规律掌握的基础上自觉选择、设计、运用不同的活动方式。人的活动是自由的，因为人的活动是建立在认识和遵循客观规律基础之上的，人们在实践中认识世界并且在实践中去改造世界，人的活动的目的性、计划性、可控性便是自由自觉的体现。古希腊哲学家亚里士多德在《范畴篇》中将活动分为理论、制作与实践活动；马克思将活动分为认识世界的活动、改造世界的活动、价值实现的活动和交往活动；毛泽东在《实践论》中认为人的活动不限于生产活动这一种形式，还有阶级斗争、政治生活、科学和艺术的活动。

活动具有载体的属性。第一，活动是一种客观实在。活动具有外在的表

---

① 张耀灿，郑永廷，吴潜涛，等. 现代思想政治教育学 [M]. 北京：人民出版社，2006：48-51.
② 马克思恩格斯选集（第1卷）[M]. 北京：人民出版社，2012：56.

现形式，且表现的形式是丰富多彩的。第二，活动具有目的性。活动是指从事有目的的行动，目的性是人的活动的特征之一。第三，活动能够承载他物。活动是有目的的，而活动目的的指向便是要承载的内容和信息。活动能够承载教育内容，如学雷锋活动，受教育者在活动中体验、感悟雷锋精神，并在活动中践行雷锋精神，学雷锋活动成为雷锋精神宣传教育的载体。第四，活动与被承载物有着相互关系。理论来源于实践，理论又指导着实践，人的活动可能承载人的意识，人的意识建立在对实践活动的概括和总结基础之上。第五，活动具有中介功能，能够联结教育者、受教育者等教育要素，并使它们发生相互作用，最终实现教育目的。

　　活动载体，即"以活动为载体"之意，是指教育者为了实现一定的教育目的，在职业活动之外，有计划、有组织地面向受教育者开展的能够承载和传递教育内容及信息，能够联结教育者和受教育者发生双向互动的各种教育活动。要理解活动载体这一概念，主要区分好以下三组关系。第一，作为思想政治教育载体的活动与思想政治教育的区分。思想政治教育是一项以教育为中心的社会实践活动，是一种广义的活动。而作为思想政治教育载体的活动，是一种狭义的活动。这类活动进一步对教育空间、教育时间和教育对象进行了锁定，这类活动承载着特定的教育内容和信息，联结着特定的教育对象在同一时间段、规定的空间范围内发生着相互作用。第二，作为思想政治教育载体的活动与专门的职业活动的区分。职业是劳动者为了获得维持本人及家庭生活需要的费用，通过劳动发挥个人才能并为社会做贡献的连续活动的场所和工作。① 职业活动便是围绕固定场所和特定工作职责而开展的活动，是劳动者的职业行为。作为思想政治教育载体的活动不受职业的限制，是指职业活动以外的一般社会活动。② 第三，思想政治教育活动载体与思想政治教育其他载体的区分。思想政治教育活动载体与思想政治教育其他载体有共性也有差异性。思想政治教育活动载体能够将教育者和受教育者联结在同一活动过程中并发生双向互动，教育者施加教育影响、受教育者接受教育影响、

---

① 王益英. 中华法学大辞典：劳动法学卷 [M]. 北京：中国检察出版社，1997：397.
② 陈万柏. 思想政治教育载体论 [M]. 武汉：湖北人民出版社，2003：170.

进行自我教育与实践教育要求在作为载体的活动中有机统一在一起①，这是思想政治教育活动载体与思想政治教育其他载体最本质的区别。

3. 大学生培育和践行社会主义核心价值观的活动载体

培育和践行社会主义核心价值观是思想政治教育的重要内容之一，大学生培育和践行社会主义核心价值观的活动载体是对思想政治教育活动载体这一概念作了内容和对象的规定，是特指针对大学生群体，围绕培育和践行社会主义核心价值观的内容而运用的活动载体。具体来说，大学生培育和践行社会主义核心价值观的活动载体是指思想政治教育工作者为了实现培育和践行社会主义核心价值观的目的，在专门的课堂教学活动之外，有计划、有组织地面向大学生开展的能够承载和传递社会主义核心价值观内容及信息，能够联结教育者和受教育者发生双向互动的各种活动。

二、活动载体的研究历程

新中国成立以来，思想政治教育活动载体的研究可以分为以下三个阶段。

第一阶段是从中华人民共和国成立初期到 20 世纪 70 年代末，思想政治教育活动载体研究处于自发阶段。这一时期，思想政治教育虽然没有作为独立的学科来建设，但思想政治教育活动却很受重视，在中国革命和建设实践中，思想政治教育的理论和实践得到了一定的发展。这一时期，思想政治教育载体没有成为独立的研究对象，往往是整合在思想政治教育的途径和方式方法中，但各种活动却成了党开展思想政治教育的主要手段之一，出现在思想政治教育实践中。毛泽东曾说"人的正确思想，只能从社会实践中来"②。人在社会实践活动中接收到无数客观外界的现象，形成感性认识；又在社会实践活动中积累、升华感性认识，形成理性认识。毛泽东提出用"团结—批评—团结"这种民主的方法去解决人民内部矛盾，去解决属于思想性质的问题。在具体实践中，这种方法主要依托各种活动来实现。中华人民共和国成

---

① 陈万柏. 思想政治教育载体论 [M]. 武汉：湖北人民出版社，2003：170.
② 中共中央文献研究室. 毛泽东文集（第8卷）[M]. 北京：人民出版社，1999：320.

立初期，为了巩固新政权，改善党和人民的关系，在全党和全军中开展大规模的整风运动；为了克服官僚主义、反击资产阶级猖獗进攻，开展了"三反""五反"运动；为了恢复国民经济，开展了增产节约运动；为抗美援朝，鼓舞和提高部队士气，在志愿军中开展立功运动；为了团结和教育知识分子，在广大知识分子中开展思想改造运动。十年全面建设社会主义时期，思想政治教育的形式和载体运用更加多样化，在活动载体运用方面，除了传统的整风运动外，还开展了向雷锋、焦裕禄、王进喜等先进典型学习的教育活动，剧团和文艺团体上山下乡巡回演出，全国人民学习解放军等活动。这一阶段，思想政治教育活动载体研究虽然处于自发阶段，但为后期的研究积累了经验。

第二阶段是从 20 世纪 80 年代初期到 90 年代中期，思想政治教育活动载体研究处于萌芽阶段。这一时期，思想政治教育学科创立，思想政治教育载体在思想政治教育学科理论研究的不断深化中，从思想政治教育途径和方式方法中分化出来，成为单独的研究对象。活动载体作为思想政治教育载体的一种形态，引起了思想政治教育理论和实践工作者的关注和重视。这一时期，活动载体依然比较集中在思想政治教育的实践领域，进行的理论研究也是围绕和针对思想政治教育中存在的问题而展开的，以具体研究为主，以学术论文为主。20 世纪 80 年代初，在全国开展了一场关于思想政治教育科学化的讨论，推动了思想政治教育的学科建设。1984 年教育部在十二所院校设置思想政治教育专业，标志着思想政治教育学科的正式确立。虽然学科建立之初，思想政治教育载体并没有被作为单独对象来研究，但作为思想政治教育的伴生物，思想政治教育载体的研究随着思想政治教育学科的建设和发展而不断发展着。十一届三中全会后，党的思想政治教育实现了历史性的转折，围绕经济建设这一中心，在各条战线开展了思想政治教育的改革和探索。现实存在的常用的一些思想政治教育途径和方式适应不了新的历史条件下思想政治教育的要求。针对存在的问题，广大思想政治教育工作者和学者纷纷提出了要创新思想政治教育的途径和方式，在这些新途径、新方式的研究中蕴含着活动载体的研究，为思想政治教育活动载体研究的兴起和发展奠定了基础。1992 年，杨广慧首次提出了"思想政治教育载体"这一概念之后，思想政治教育载体的研究随之破土而出。杨广慧在《探索新路子，寻找新载体》一文中提出要以活动为载体，"以活动为载体，就是自觉地搞个活动，通过活动激起舆论波，通过舆论去引导群众"。"通过活动，群众自己教育自己，得出结论，润物细无声。"① 1993 年，卢西照、邵华在《企事业思想政治工作的新载体》一文中把多种活动作为企业思想政治工作的新载体之一，认为多种活动是改变"满堂灌""填鸭式"被动的思想政治工作的一种方式，活动的方式要认真考虑内容、对象、时间、范围诸因素，着重体现大众性、知识性、情趣性。1994 年，陈伯良、傅洪伟在《努力寻找思想政治工作新载体》一文中提出以活动为载体，增强思想政治工作的吸引力。1996 年，沈锦生在《选择形式多样的载体，把"四个教育"渗透到官兵的工作生活之中》认为要坚持以多种活动为载体，把教育渗透、贯穿到官兵的工作、生活之中，并把活动载体分为立志成才活动、双向激励活动、社会实践活动三种类型。1996 年，徐毅英提出要以宣传、推行市民守则为突破口，全面推进社会公德建设；以创"三优"竞赛活动为载体，不断提高职业道德建设水平；广泛开展"五好"家庭评比和"文明新风家庭"竞赛活动，积极培育良好的家庭伦理道德。②

　　同时，有学者开始涉足高校思想政治教育活动载体研究。如 1994 年黄庆会在《论校园文化是高校思想政治工作的重要载体》一文中指出，校园文化应当包括丰富多彩的各种具体活动，校园活动应成为思想政治工作的载体。同年，侯侃在《浅议思想政治工作的有效载体：校园文化》一文中写道校园行为文化内容包含两个方面，其中之一便是多种形式的文化、体育、娱乐活动。丰富多彩的校园文化活动能提高学生的思想素质，陶冶他们的道德情操。张玉培在《以校园文化活动为载体做好新时期大学生思想教育工作》中认为校园文化活动是武装人、引导人、塑造人、鼓舞人的有效载体。1996 年，邓双全等在《论德育工作的"四个到位"和"五个载体"》一文中认为活动是德育载体五项系统之一，可以增强德育工作的生动性和趣味性，可分为校园

---

① 杨广慧. 探索新路子，寻找新载体 [J]. 思想政治工作研究，1992（10）：12.
② 徐毅英. "三德"建设要抓好三个活动载体 [J]. 群众，1999（9）：21.

文化活动和社会实践活动两条渠道。1997 年，陈毅堂在《简论高校宣传思想工作的载体》一文中指出高校要以校园文化活动为载体，以教师的教学活动为载体，以科学的管理机制为载体，以群众性教育活动为载体，以社会实践活动为载体，以舆论宣传为载体。

这一阶段，开始了思想政治教育活动载体从具体运用到理论提升和研究，虽然只是起步，但为后来思想政治教育活动载体研究的全面发展奠定了基础。

第三阶段是 20 世纪 90 年代末期至今，思想政治教育活动载体研究深度发展阶段。这一时期，对思想政治教育载体研究的论文数量增多，而且还出版了专著和教材，活动载体作为思想政治教育载体的形态，对其研究的程度也不断深入，由经验运用向理论研究发展，由具体的细分领域的研究向系统化研究发展，探讨了思想政治教育活动载体的内涵、特征、形式、功能、选择与运用等问题。有代表性的著作和教材，如 1999 年张澎军等著的《高校学生思想政治教育载体研究》，认为新时期大学生价值观教育除了课堂教学外，还应该充分运用校园文化、学校管理、活动这三个载体。2000 年陈秉公著的《21 世纪思想政治教育工作创新理论体系》，将思想政治教育工作的载体使用系统单列为一章，并纳入 21 世纪思想政治教育工作方法体系研究中，提出活动载体是思想政治教育工作载体的类型之一，并对活动载体的含义、特征进行了论述。2003 年陈万柏著的《思想政治教育载体论》对思想政治教育活动载体的含义和特征、确定的依据、功能、运用等进行了系统阐述。2004 年贺才乐著的《思想政治教育载体研究》将活动载体作为思想政治教育载体的一种综合形态，对其含义、功能、特征、形式进行了论述。2006 年，由张耀灿、郑永廷、吴潜涛、骆郁廷等著的普通高等教育"十一五"国家级规划教材《现代思想政治教育学》中将思想政治教育载体论单列了一章，把活动载体作为思想政治教育现代载体的基本类型，并进行了论述。此外，还有一些有关思想政治教育的著作和教材对活动载体也进行了阐述，如罗洪铁《思想政治教育原理与方法研究》、余亚平《思想政治教育学新探》等。

同时，对高校或大学生思想政治教育活动载体的研究也得到了一定的发展。如张宝君（2004）、顾娟（2008）、时代（2008）、姜丽霞（2009）、桂捷

（2011）、李莹莹（2013）等学者从高校或大学生思想政治教育活动载体的地位、含义、分类、特征等方面进行了研究。张娅菲（2006）、周幼萍、蓝光喜（2007）、孙祥军（2007）、刘晓娟（2010）、姜丽霞（2010）、唐文红（2010）、崔越（2011）、李兴美（2012）、蔡仲儒（2012）、马荟婷（2014）等学者探讨了高校或大学生思想政治教育活动载体的选择、运用、设计、发展和创新。倪春虎（2007）、王传中（2009）、罗金彪（2010）、张邱（2010）、李博（2011）、张有（2012）、刘玉白（2014）、于雨晴（2016）等学者从具体的校园文化活动、志愿服务活动、争先创优活动、科技活动、主题教育活动等活动形态对活动载体进行研究。

这一阶段，多篇论文的发表、学术著作和教材的出版丰富和发展了思想政治教育活动载体的理论。

三、活动载体的类型

活动体现在人类生活的各个领域，内容丰富、形式多样，这就决定了思想政治教育活动载体类型多样化。随着经济的发展和社会的进步，人们的生活方式也发生着变化，活动载体的形式和种类也随之不断更新和发展。根据不同的划分标准可以将培育和践行社会主义核心价值观的活动载体分为不同的类型。

（一）根据活动的功能分类

根据活动的功能可分为教育类、文体类、服务类的活动载体。

教育类的活动载体其功能表现为教育，是指教育者为实现某个具体的教育目标、针对某些具体的教育内容而直接开展的各类教育活动。如"青年大学习"、党的十九届四中全会精神宣讲等政治理论学习活动，庆祝中华人民共和国成立 70 周年、庆祝五四运动 100 周年等重大节日、重大历史事件纪念活动，"与信仰对话""青春心向党·建功新时代"等主题教育活动，全国大学生自强之星、"五四"青年奖章等评选活动，等等。这类活动规范性强，普及面广，教育目的和内容明显直接，活动的主题和形式、活动的参与群体都由教育者作出了严格的规定。

　　文体类的活动载体其功能表现为文化艺术体育，是指教育者为提高受教育者思想道德素质而开展的各类文化艺术体育活动。如演讲比赛、征文活动、辩论赛、书画摄影展、视频制作大赛、歌手大赛、舞蹈大赛、文艺演出、体育竞技活动等。这类活动寓教育于娱乐，教育的潜移默化性强，活动形式多样化，参与的受教育群体没有具体规定，一般是受教育者根据自己的爱好和特长自主参加。

　　服务类的活动载体其功能表现为受教育者为自己或他人的服务，是指教育者教育引导受教育者主动参与的为自己、为他人服务的各类社会实践活动。在服务活动中，受教育者在践行教育内容的同时加强对教育内容的认同，提升个人的思想道德素质。如结对帮扶、勤工俭学、"四进社区""三下乡"青年志愿者活动等。这类活动受教育者主体性特征明显，活动的主要实施者是受教育者。这类活动的受众人员除了教育者和受教育者之外，还有服务活动的服务对象参与其中。

　　（二）根据活动的内容性质分类

　　根据活动的内容性质可分为政治性、价值性、专业性、公益性、兴趣性的活动载体。

　　政治性的活动载体其内容具有鲜明的政治导向性，是指在教育过程中，为了增强政治意识、提高政治素质而开展的各类活动。如"青年马克思主义培养工程"、习近平新时代中国特色社会主义思想知识竞赛、爱国主义歌曲合唱大赛、军事训练活动、升国旗仪式活动等。

　　价值性的活动载体其内容具有明确的价值引导性，是指在教育过程中，为了培育和践行社会主义核心价值观，提升文化素养和道德素养而开展的各类活动。如优秀大学生评选表彰活动、社会主义核心价值观宣传教育实践活动、礼敬中华优秀传统文化活动等。

　　专业性的活动载体其内容体现了很强的学科专业性，是指在教育过程中，为了增强专业认知，提高专业素养和职业道德而开展的各类活动。如调研活动、职业礼仪大赛、职业规划大赛、创新创业大赛等。

　　公益性的活动载体其内容体现了奉献和志愿的特征，是指在教育过程中，为了培养社会责任感，锤炼道德修养而开展的满足社会公益需求的各类活动。如青年志愿者活动、无偿献血、义务植树、义务支教、文艺义演等。

兴趣性的活动载体其内容体现了受教育者的兴趣爱好，是指在教育过程中，将教育内容蕴含在受教育者喜好的活动之中，吸引广大受教育者主动参与开展的各类活动。因为受教育者的兴趣爱好不同，所以这类活动多以学生社团或兴趣小组来开展，活动形式也是异彩纷呈。如体育爱好者多参加体育竞技活动，文艺爱好者多参加文化艺术活动等。

（三）根据活动的组织者分类

根据活动的组织者可分为全国性、全校性、学院（部门）性、学生自组织性的活动载体。

全国性的活动载体，是指在高校思想政治教育过程中，由教育部、团中央或其他部委组织，面向全国各高校普遍开展的活动。如"三下乡"社会实践活动、"学宪法讲宪法"活动、"我的中国梦""社会主义核心价值观"主题教育实践活动等。

全校性的活动载体，是指在高校思想政治教育过程中，由学校党委、行政或其委派机构组织，其他多个部门共同协作完成的活动。如开学典礼、军事训练、文明高校创建活动、师德师风学风建设活动、主题党日和主题团日活动等。

学院（部门）性的活动载体，是指在高校思想政治教育过程中，由学校的各二级部门或学院组织的，带有部门职责特色或学院专业特色的各类活动。如团委组织的"五四"评优活动，饮食中心组织的光盘行动，心理健康中心组织的心理健康教育活动等。

学生自组织性的活动载体，是指在高校思想政治教育过程中，由学生自组织组织完成的活动。学生自组织是指学生自发成立、自主发展、自行运作和自我治理，并遵循一定章程和管理规定的组织，如学生会、学生社团、学生兴趣小组等。这类活动形式最多、最活跃。如学生会组织的"四自"教育活动，公益类社团的公益活动，演讲协会的演讲知识讲座等。

（四）根据活动的受众面分类

根据活动的受众面可分为群体性、个体性活动载体。

群体性活动载体，是指在高校思想政治教育过程中，活动的参与对象是具有某个共同点的群体。如开学典礼这一群体性活动的参与对象是广大新生，青年志愿服务活动的参与对象是广大志愿者等。

个体性活动载体，是指在高校思想政治教育过程中，活动的参与对象是个体。如对心理上出现困惑的学生、学业上出现问题的学生、思想上出现迷惑的学生进行的一对一或者多对一的指导教育活动。

（五）根据活动的空间范围分类

根据活动开展的空间范围可分为校内和校外、线上和线下活动载体。

校内和校外活动载体，其活动空间范围的区分界点为校园。在大学校园内开展的承载着思想政治教育目的、内容和信息的活动称为校内活动载体，反之称为校外活动载体。当然，校外活动载体的活动设计多数也是在校内完成，所以在这里区分的条件主要是以活动参与者具体实施活动的空间范围。

线上和线下活动载体，其活动空间范围的区分界点是网络。利用网络开展的承载着思想政治教育目的、内容和信息的活动称为线上活动载体，如评选先进的网络投票、知识竞赛网上答题、调研活动的网络问卷等，反之称为线下活动载体。随着科技的进步、社会的发展，互联网已经成为人们的一种生活方式。特别是青年学生很喜欢也很适应互联网这一环境，思想的交流、知识的学习、物品交换及采购等都利用互联网来完成。所以，线上活动载体也随之发展丰富起来。

（六）根据活动周期规律分类

根据活动周期规律可分为常规性、临时性活动载体。

常规性活动载体，是指在高校思想政治教育过程中，有着较为固定周期规律的活动。如开学典礼、毕业典礼、三月学雷锋活动、"五四"纪念活动等。

临时性活动载体，是指在高校思想政治教育过程中，根据新要求新变化或受教育者的新情况而临时开展的各类活动。如新冠肺炎疫情防控期间的爱国主义教育、心理健康教育等。

值得说明的是，活动载体虽然可以根据不同的标准划分成不同的类型，但具体实施的各种活动并不是只有一种表现类型，如"三下乡"社会实践活动从表现形式来看属于服务类活动，从内容性质来看属于公益性活动，从受众面来看属于群体性活动，从活动周期规律来看属于常规性活动。所以，在活动载体的研究、设计和实施过程中，不要孤立地去理解和运用活动类型。

四、活动载体的特征

活动载体具有主体间性、实践性、组织性、对象针对性和切身参与性的特征，整体上来看，活动载体具有普遍性和共同性的特征。

（一）主体间性

主体间性研究的是主体之间的关系，这种关系是建立在民主、平等、和谐的基础上，相互尊重、理解、沟通的主体与主体之间的交往对话关系，民主平等是主体间性的基础前提，交往对话是主体间性的本质属性。[1] 价值观教育是一项人培养人的活动，教育者和受教育者都是有思想、情感和意志的完整的人，都是自觉的主体。教育者和受教育者可能是个体也可能是群体，但群体也是由个体组合而成的。所以，价值观教育是一项主体和主体之间的活动，是一项主体间性活动。主体间性在活动载体中表现得更为直接和突出。第一，在具体活动中教育者和受教育者这两个主体同时存在并发生着关系，即主—客—主的结构关系体现在具体的一个活动中。受教育者是活动的直接实践者，而教育者在活动实践的整个过程中也是参与其中的，是活动的策划者、指导者，教育者和受教育者这两个主体同时参与到具体的活动中，以具体的活动这一客体为中介发生着互动关系。而在其他载体中，教育者和受教育者这两个主体不一定在同一时间和空间存在。如校园雕塑是文化载体的一个表现形式，在这一载体中教育者和受教育者不一定同时存在。教育者将教

---

① 徐涛. 我国近五年来主体间性教育研究综述 [J]. 现代教育科学，2006 (4)：113.

育内容蕴含于具体的雕塑中，雕塑屹立于校园十年、几十年甚至上百年，影响着一代又一代的受教育者。第二，活动过程也是教育者和受教育者沟通互动的过程。一方面，教育者在设计活动载体时必须遵循受教育者价值观形成发展规律，需要及时准确地掌握受教育者的心理特点和思想状况，这样设计的活动才具有针对性。对受教育者的心理特点和思想状况的认识和掌握是建立在平等沟通基础之上的，不然不能获取真实信息。另一方面，活动实施过程是受教育者积极参与的过程。活动设计结束后便要付诸实施，广大受教育者积极主动地参与到活动中来是活动顺利开展的基本条件，也是进行价值观教育的前提条件。如何吸引受教育者积极主动参与到活动中来？除了设计吸引力强的活动内容之外还需要有效的组织，这种有效的组织是建立在沟通互动基础之上的。首先要充分尊重和发挥受教育者的主体性，让受教育者从主观意愿上接受并参与到活动中，而不是被迫、强制性地参与。其次要发挥教育者的指导作用，教育者要全程跟进活动的实施，并根据活动中受教育者的表现适时做出回应和调整。

（二）实践性

活动本身就是一种社会实践形式，实践性是活动载体最本质的、最突出的特征。第一，活动是教育内容和信息的实践方式。活动载体将教育内容和信息通过一个个具体的活动表现出来并达到传播、转化的目的。第二，活动是受教育者认知和践行教育内容和信息的过程。作为载体的活动承载着教育的内容和信息，活动的实施过程便是向受教育者传导、灌输教育内容和信息的过程。在活动实施过程中，受教育者不是一个旁观者，而是直接参与者，受教育者在直接参加活动的组织实施和总结评价中接收和认识到了教育的内容和信息。在活动实施过程中，受教育者通过活动的亲身体验对蕴含在活动中的教育的内容和信息有了主观思考，并对一些内容产生情感认同，有选择性地接受了一些内容并转化为个体意识。在活动实施过程中，受教育者又将自己的个体意识外化为具体的行动，直接践行着教育的内容和信息。

（三）组织性

作为载体的活动是教育工作者围绕教育目标而有计划、有组织地开展的专门职业活动之外的各种活动，这些活动除了具有明确目的性、承载性之外，还有一个显著特征，即组织性。人类活动体现在人类生活各个领域，并不是每个活动都能自发承载教育内容，都能为教育目标服务的，所以要成为载体的活动必须要有组织性。有组织的活动才能指向教育目标，才能发挥教育功能。第一，活动的整个过程都具有组织性。活动前有可行性方案设计，活动中有指导与检查，活动后有总结评估。第二，活动各构成要素具有组织性。在每一个具体活动中，活动的表现形式，活动的组织者和参与者，活动实施场地、时间及相关物质条件都具有明确的规定，这种规定便是组织性的体现。

（四）对象针对性

从广义上讲，活动载体的对象是受教育者，但作为载体的某个具体的活动设计却有着特定的或具体的规定对象。这是因为教育是一项改造人的思想品德的社会实践活动，可人的思想状况是不同的，甚至同一个人的思想状况在不同的时空条件下也是不一样的。为了取得教育实效，教育者往往根据不同的受教育者或受教育者不同时期设计活动进行价值观教育。如"百岗明星""我最喜爱的青年教师""五好文明家庭"等评选活动的对象为教职工；"大学生自强之星""三下乡"等活动的对象是大学生。又如，在大学生这个受教育群体中，因为年级、专业的不同，活动设计的规定对象也有所区别。针对师范生开展"师范生技能大赛"，针对大一学生开展学校文化场馆参观活动，针对大四学生开展职业选择与实现人生价值教育活动等。

（五）切身参与性

受教育者的积极参与是活动顺利开展的前提条件，也是实现活动载体教育功能的基本保障。缺少受教育者的参与，活动就不能有效开展，开展活动的意义就名存实亡；受教育者参与面不广或者被动参与，活动载体的教育实效就达不到预期目标，活动的载体作用便得不到良好发挥。所以教育者非常重视活动载体的参与性建设。一方面，根据受教育者的精神需求和兴趣喜好设计形式多样、生动活泼的活动，让受教育者自主选择，充分调动受教育者的参与积极性。另一方面，在同一活动中设计了多层次的参与群体，积极调动和满足不同参与群体的需求，在扩大参与面的同时也扩大了活动教育范围。如优秀大学生寻访评选活动，活动设计的参与群体主要有被寻访者、寻访者、评选者。教育者在活动设计中对优秀大学生提出了条件要求，符合条件要求的大学生自然形成被寻访者群体；寻访者则是被寻访者的同学、老师、家人、朋友等组成的群体，他们积极挖掘和宣传推介被寻访者的事迹和精神；寻访者的事迹和精神整理出来后需要由教师、学生、社会民众等组成的群体进行择优评选。为了扩大活动教育影响面，借助现代媒体技术多渠道多方式展示寻访者的优秀事迹，设计了多轮评选程序，并利用各网络平台开展网络投票等适合广大人员同时参与的评选方式。虽然最后评选出来的优秀数量不多，但参与到活动的寻访、评选环节的群体人数众多，这些群体都是受教育者，他们在寻访、宣传、推介、评选优秀的同时，优秀的事迹和榜样的力量也在影响和教育着他们。

第二节　活动载体的构成要素

活动载体不是天然的存在，它是在人们实现某种目的的过程中产生或形成的，人们根据目的要求和社会客观条件对活动进行科学的选择、设计和运用。对活动载体科学的选择、设计和运用是一个从目的到执行再到总结评价的完整的系统，至少包括活动目的、活动主体、活动内容与形式、活动条件保障等构成要素。

一、活动目的

活动目的是指通过活动而达到一定的效果或取得一定的收获，它是一种主观意愿，体现的是活动的价值取向，在活动载体的诸多要素中处于核心地位。活动载体是为实现教育目的而产生并存在的，所以作为载体的活动的目的也是围绕和服务于教育目的的。总体上，活动目的包含以下三个方面的内容。

首先，提高认识世界和改造世界的能力。以改造世界为己任，通过反复的教育实践，使我们认识世界的能力不断深化、改造世界的能力不断提高，这是我们党思想政治教育的根本任务和目的，我们在设计活动时必须坚持这一目标指向。要坚持马克思主义指导思想，用马克思主义的立场、观点和方法把握事物发展的规律，科学地认识世界。除了提升认识世界的能力外，还要用正确的思想引领行动，提升改造世界的能力，坚持改造客观世界和改造主观世界相结合，树立正确的世界观、人生观和价值观，使主观的思想符合客观的规律，更好地推动客观世界的改造。

其次，促进人的自由全面发展的能力。促进人的自由和全面发展，就是要实现人的解放，克服人对人的依赖，对物的依赖，使人摆脱依附性而存在，真正成为自然和历史的主人。因此，促进人的自由全面发展是教育的根本目的，也是教育活动要坚持的价值取向。在活动设计时必须要考虑到人的能动性特点和发展的需要，考虑到在不同时期和不同条件下人的发展重点的不同，同时还要考虑到个人的全面发展和社会的协调发展。在不同时代和不同历史条件中，每一代教育工作者在党的领导下，在具体的历史境遇中，不断实现着人的自由全面发展的具体历史任务。

最后，实现不同历史发展时期提出的具体的教育任务。教育的目的可分解成多个教育任务，通过具体的教育任务的完成来实现教育目的，作为载体的活动在设计时都必须要有明确的任务指向，即为了完成某项任务而设计、组织某项活动。不同时期、不同阶段的思想政治教育任务不尽相同。新时代高校思想政治教育就是要落实立德树人，教育引导师生坚定理想信念，帮助师生自觉树立马克思主义信仰和中国特色社会主义信念，引导师生树立"四个意识"，坚定"四个自信"，做到"两个维护"；培育和践行社会主义核心价值观，引导师生树立正确的世界观、人生观、价值观，引导师生将社会主义核心价值观作为自身思想行为的基本遵循，提升师生道德素养；弘扬中华优秀传统文化和革命文化、社会主义先进文化，增强师生文化底蕴，提升师生文化素养；弘扬以爱国主义为核心的民族精神和以改革创新为核心的时代精神，引导师生在中国特色社会主义事业的伟大实践中，在时代和社会的发展进步中汲取营养，培养爱国情怀、改革精神和创新能力，保持艰苦奋斗的作风和昂扬向上的精神状态。

二、活动主体

活动主体是活动载体中最基本的要素，离开了活动主体，活动载体便不会在现实中存在。教育者和受教育者是活动载体的两大活动主体。价值观教育是一项人培养人的实践活动，人培养人这一性质也体现在作为载体的活动中，在活动中承担培养任务的人称为教育者，作为教育者首先要明道、信道，要有施教的自觉和意识，要担起指导者和引路人的责任。在活动中被培养的人为受教育者，作为受教育者要具有接受教育的需求。在高校，授课老师、管理人员、研究人员、服务人员、学生都有可能成为教育者。受教育者一般是指高校学生，可是授课老师、管理人员、研究人员、服务人员在教育学生的同时也接受着教育，也可能成为受教育者。一方面教育者要在教育他人之前接受教育，另一方面在教育他人的过程中根据受教育者的反馈不断完善调整进行再教育。

具体到活动组织实施中，教育者和受教育者可以具体化为活动的组织者和参与者。具体发起、设计或实施活动的人或团队为组织者，在具体的活动组织中，单个的人是无法完成各项组织任务的，一般都是以团队形式存在。组织者能否设计出与教育目的相一致、与受教育者需求相适应的活动，能否在活动的各个环节作出科学周密的考虑与安排，都直接影响或决定着活动载体的功效。参与者是指参加到活动中的人，可包含教育者、受教育者和组织者。参与者能否积极协作配合，能否发挥自觉能动性和主体作用，是活动能否实现预期目标的关键。在高校，组织者主要是指学校中专门从事思想政治教育的工作人员或学生，可分为学校组织、学院（部门）组织和学生自组织三大类。参与者除了学校的授课老师、管理人员、研究人员、服务人员、学生外，还包括一些社会成员，如参观爱国主义教育基地活动中，基地的教育工作人员作为教育者参与到活动中来；志愿服务活动中，除了志愿者外，广大被服务的群众也参与到活动中来。

三、活动内容与形式

活动内容与形式是指作为载体的活动所承载的内容及其具体表现方式，联结着活动载体各要素。

活动载体承载的内容是根据高校思想政治教育的目标、受教育者的身心发展规律和现实思想状况来确定的，是一个随着社会发展而不断调整充实的有机整体。中共中央、国务院印发的《关于加强和改进新形势下高校思想政治工作的意见》中指出，新形势下高校思想政治教育的目标是培养又红又专、德才兼备、全面发展的中国特色社会主义合格建设者和可靠接班人。他们应该牢固树立政治意识、大局意识、核心意识、看齐意识，坚定不移维护党中央权威和党中央集中统一领导，为实现"两个一百年"奋斗目标、实现中华民族伟大复兴的中国梦而不懈奋斗。围绕这一目标，新形势下高校思想政治教育的内容要以理想信念教育为核心，以社会主义核心价值观为引领，弘扬中华优秀传统文化和革命文化、社会主义先进文化，弘扬以爱国主义为核心的民族精神和以改革创新为核心的时代精神。① 根据这一指导思想，活动载体承载的内容应该是以理想信念教育、中国精神传承、社会主义核心价值观的培育和践行、心理健康教育、创新创业教育、职业规划教育、法治意识教育为重点的相互联系的系列化内容体系。

随着经济的发展和社会的进步，人们的生活方式发生着变化，人类活动的形式丰富多彩，相应地，作为思想政治教育载体的活动形式也异彩纷呈。本研究在分析高校思想政治教育类型时详细描述了活动形式，在此不再赘述。值得重视的是，活动形式的设计与选择不能脱离教育目的，要杜绝低俗化活动；活动形式的设计与选择要因时而进，满足受教育者的需求，提高参与度和满意度。

---

① 中共中央，国务院. 关于加强和改进新形势下高校思想政治工作的意见：中发 ［2016］31 号 ［Z/OL］. （2017-02-27） ［2020-08-16］. http://www. csnn. cn/zx/201702/t20170227_ 3432295. shtml.

四、活动条件保障

活动载体之所以能够承载教育的育人功能，除了其内在具备的育人要素，也包括活动实施的条件保障。可以说，活动的外在保障是活动实施实效性的重要影响因素，直接彰显着活动背后蕴含的内在育人逻辑。整体看来，活动实施主要包括时空条件保障、物质保障和制度保障。

活动总是在一定的时间段和特定的空间环境中运行，活动的实施离不开时空条件。作为载体的活动要想达到预期目标，不仅取决于活动主体、活动形式等因素，还取决于活动运行的时空条件。首先，时空条件的选择。对于时空条件的选择涉及多方面因素，主要有：第一，活动目的及内容是时空条件选择的基础。比如，为了培养助人为乐的奉献精神和全心全意为人民服务的价值观，很多高校选择在每年的3月开展向雷锋学习活动，在雷锋纪念日当月开展教育活动和志愿服务活动，让广大学生在领悟和践行雷锋精神的同时培育奉献精神，树立为人民服务的意识。为了弘扬革命文化，增强爱国主义意识，各高校将教育的空间从学校延伸到校外，纷纷建立了爱国主义教育基地，并定期组织师生前往爱国主义教育基地开展现场教学活动。第二，受教育者的心理需求和思想状况是时空条件选择的关键。比如，刚进入大学的大一新生们，面临着角色的重新定位，内心渴望着对同学、对班级、对学校的认识与融入，面对这一群体，在校园内组织一些校史校情教育活动、以班级为单位的竞赛活动、身边的榜样事迹宣讲活动等，帮助他们尽快明确责任意识，树立奋斗目标，加强对同学、对班级、对学校的认同。大三的学生已经具备一定的专业技能，关注社会的发展和自我人生的规划，有着走向社会、融入社会的紧迫感，面对这一群体，可多组织一些校外的社会实践活动，让他们接触社会、了解社会，帮助他们用科学的世界观和方法论去认识和分析复杂的社会现象，提升认识世界和改造世界的能力。第三，空间环境的创设。环境在思想政治教育中起到强化、导向和感染功能，在活动载体运行过程中，良好的环境可以激发和感染受教育者的个人情感，可以营造与活动内容相吻合的情境，进而可以增进活动的效果。在具体活动中，可根据活动内容和形式对活动运行的空间环境进行创设。比如，在大礼堂举行榜样事迹报告会，环境氛围要求严肃庄重，活动组织者可根据这一要求设计喷绘图、布置报告台，创设出严肃庄重的氛围；若在大礼堂举行文艺晚会，则可以在大礼堂内创设出活泼轻快的氛围。

物质保障是活动载体实现思想政治教育功能的首要保障，是活动赖以实施必备的物质基础。物质决定精神，物质承载精神，任何没有物质基础的活动都是头脑中的活动，是不具备现实性的活动。因此，必备的物资设施是活动载体不可缺少的构成要素。第一，活动场馆保障。任何一个活动的开展都需要场地来支撑，就连网络活动也是需要场地的，因为参加活动的人是在现实空间存在着的。根据活动规模的大小和形式的不同，对场地的要求有所不同。如篮球赛需要篮球场，文艺演出需要舞台和观众席，学术讲座需要报告厅或教室等等。很多高校为了方便活动的开展，整合场地资源，在校内修建活动中心，在校外建立德育实践基地。第二，宣传设备保障。活动的组织发动和总结推广离不开宣传，宣传除了人还需要一定的宣传设备。照相机、摄像机、宣传橱窗、黑板、广播电台、投影机、话筒、电子显示屏等都是常用宣传设备。第三，现代化电子设备保障。活动的实施需要现代化的管理，现代化的管理需要现代化设施。前面列举的宣传设备就属于现代化电子设备，除此之外，常用的电子设备还有电脑、音响、功放、打印机、复印机、传真机等。除了以上几种必备设施外，活动的开展还离不开桌椅板凳、笔、纸等基本办公用品。有的活动根据其内容还有特殊的物资要求，如文艺演出需要服装、道具、音响，体育比赛需要体育用品，抢答赛需要抢答器，校外活动还需要租用车辆等。第四，活动经费保障。经费既是活动的必备物资，又是其他物资的保障。所有的活动物资都需要经费的投入。各高校列有专项经费保证活动的组织实施、活动场馆的修建维护、活动设备的购买，学校各二级管理部门还相应制定了经费使用管理办法。

制度保障是活动载体实现思想政治教育功能有序化、常态化的基础。一方面，根本制度保证活动坚持正确政治方向、坚持正确育人理念。根本，即本源、本质，是事物的内核，彰显事物的性质。根本制度是制度体系中最本质的制度，起顶层把控、全域涵括、全局指导的作用。其他任何制度都需要从根本制度出发，遵从根本制度所提出的要求，在这个意义上，根本制度属于制度体系的"母体"。作为载体的活动要坚持的根本制度包括党的领导制度、马克思主义在意识形态领域的指导制度、立德树人制度。其中，党的领导制度，彰显活动载体的阶级性。马克思主义在意识形态领域的指导制度，体现活动载体的意识形态性，关乎活动载体的底色问题。立德树人制度在党的领导制度、马克思主义在意识形态领域的指导制度的基础之上，进一步回答了为谁培养人、怎样培养人、培养什么样的人的问题。另一方面，具体制度保障活动实施有据可依。活动载体不是杂乱无章的存在，也不是随心所欲地发挥思想政治教育功能，而是需要在一定的规范、规章制度之下实施。活动的具体制度是根本制度的具体化、细化，直接规约着活动实施的全过程。包括学生社团活动条例、学生工作准则等。

第三节　活动载体的理论基础

活动得以成为培育和践行社会主义核心价值观的载体，能有效发挥教育功能，不是个人的主观臆想，它的确立和运用都具有深厚而丰富的理论基础。其中，马克思主义关于思想政治教育相关理论是活动载体确立、运用的根本指导理论。中国古代思想家的知行观为活动载体的确立、运用奠定了深厚的历史渊源。国外相关理论成果为活动载体的确立、运用提供了重要的理论借鉴。

一、根本指导理论：马克思主义有关思想政治教育的理论

认识和把握活动载体的规律和特点、运用有效的活动载体开展价值观教育、新时代新要求下活动载体的设计和创新都必须以马克思主义理论为指导。

（一）马克思主义实践观

马克思主义是实践的理论。"实践的观点、生活的观点是马克思主义认识论的基本观点，实践性是马克思主义理论区别于其他理论的显著特征"①，实践品格是马克思一生理论探索的重要品格。马克思在《关于费尔巴哈的提纲》（以下简称《提纲》）中提出了实践的观点，指出新旧唯物主义的根本区别在于能否正确理解实践在哲学中的地位和作用。《提纲》以实践为主线，全部内容都围绕认识对实践的关系和实践在社会生活中的作用展开。马克思的科学实践观包括四个方面：第一，马克思把事物、现实、感性当作人的感性活动，从实践方面去理解，即马克思主义对客观对象的理解不仅仅把它当作感觉的对象，更重要的是当作人们自身活动来改造的对象。并且首先把它看作是人们改造的对象，然后才把它看作是被人们认识的对象。人们对客观世界的认识建立在对客观世界改造的基础之上，离开了改造自然界的生产实践，人们不能认识自然界；离开了社会改造的社会活动，人们也不可能认识社会。实践是认识的基础和来源。第二，检验真理的标准是实践。马克思在《提纲》中第一次科学地解决了检验真理的标准问题。他说，人的思维是否具有客观的真理性，这不是一个理论的问题，而是一个实践的问题。② 实践是检验真理的标准，这是由真理的本性和实践的特点所决定的。第三，用科学实践观批判旧唯物主义的唯心史观。马克思揭露和批判了旧唯物主义者在人与环境、人与教育问题中表现出来的唯心史观。旧唯物主义者把环境理解为政治制度、法律、道德、文化、教育等上层建筑，马克思指出他们脱离社会物质生活条件来说明人的精神面貌，揭露了费尔巴哈的唯心史观，指出其陷入唯心史观的根本原因是不懂得社会实践的作用。第四，科学地界定了新唯物主义的特点及其革命任务。哲学家们只是用不同的方式解释世界，问题在于改变世界。③ 青年黑格尔派哲学家由于不理解理论和实践的辩证关系，只能提出解释世界的任务，而马克思主义哲学不仅提出解释世界的任务，而且第一次提出了用革命的实践的方式去改造世界的历史使命。

马克思不赞成亚里士多德、康德等人关于实践的观点，即把实践仅仅理

---

① 习近平. 在纪念马克思诞辰 200 周年大会上的讲话 [M]. 北京：人民出版社，2018：6.
② 马克思恩格斯选集（第 1 卷）[M]. 北京：人民出版社，2012：134.
③ 马克思恩格斯选集（第 1 卷）[M]. 北京：人民出版社，2012：136.

解为伦理、政治领域的活动，而主张把经济领域和其他一切领域的实际活动
都理解为实践。马克思认为，人的社会生活是统一的，人的实践活动也是统
一的。从实践对象的角度，马克思认为实践形态可分为改造客观世界的物质
实践和改造主观世界的精神实践两种形态。马克思在《1844 年经济学哲学手
稿》中曾经区分过两种观察和两种实践的对象以及与之相应的实践活动。他
提出过对自然界的观察和对自我意识的观察这样两种不同的观察。在《提纲》
中提出两种实践是一致的，并统一于革命的实践。他说，环境的改变和人的
活动或自我改变的一致，只能被看作是并合理地理解为革命的实践。① 在
《德意志意识形态》中提出两种实践之间的分离，分工只是从物质劳动和精神
劳动分离的时候起才真正成为分工。② 总而言之，物质实践和精神实践是实践
的两种形态，但二者的地位是不一样的。③ 精神实践最初与物质实践交织在一
起，是物质实践直接的产物。随着物质实践的不断发展，精神实践逐渐摆脱
物质实践，并开始独立，但仍然受物质实践的制约和影响。因此，马克思认
为：物质实践处于基础地位，制约和影响着精神实践。近年来，随着学界对
实践范畴的理论研究的深入，按实践对象将实践分为改造客观世界的实践与
改造主观世界的实践已逐渐达成共识，并且对物质实践和精神实践的具体环
节予以探讨，这些研究对于我们认识和把握思想政治教育这样一种改造人的
主观世界的精神实践活动，具有十分重要的借鉴价值。

思想政治教育是有目的、有计划地向人们传播社会所需求的政治观点、
思想观念、道德规范。我们培育和践行社会主义核心价值观是在马克思主义
指导下进行的，坚持马克思主义的实践观，坚持以实践的观点进行价值观教
育活动，能够提高培育和践行社会主义核心价值观的实效性。

首先，马克思主义实践观强化实践教学在价值观教育的根基地位。马克
思主义认为实践是认识的基础、来源和发展动力，是人们获得正确认识和思
想观念的最重要的、最基本的途径之一，实践活动是人们接受、认同思想观

---

① 马克思恩格斯选集（第 1 卷）［M］. 北京：人民出版社，2012：134.
② 马克思恩格斯选集（第 1 卷）［M］. 北京：人民出版社，2012：162.
③ 王升臻. 思想政治教育本质探究——基于马克思实践视角［J］. 求实，2013（9）：76.

念并内化为自身思想体系的重要环节。价值观教育只有在实践的基础上才能开出不败的花朵。只有立足实践，才能找到正确解决人民思想问题的好方法，才能做好思想政治工作。因此，在价值观教育过程中需要非常重视实践教学的重要性。马克思实践观视野下的实践教学是价值观教育的重要组成部分，对于教育功能的发挥具有特别重要的影响。实践教学可以弥补课堂教学的不足、巩固课堂教学的成果，有助于提高大学生的政治理论水平和思想道德素质，是实现人的全面发展的有效途径。

其次，马克思主义实践观凸显受教育者的主体性。马克思实践观的重大意义就在于它确立了以人的发展为核心的价值取向，处处关心人，重视人本身。马克思实践观是从人的现实的实践活动来规定人、理解人的，强调实践活动是人的存在方式。马克思明确地把实践定义为"人的感性活动"，而且这种感性活动不是孤立的、封闭的，而是和人的整个社会生活结合在一起的。实践的过程是人本身和整个世界不断生成、发展和完善的过程，是对人本身不断确证的过程。

最后，马克思主义实践观确立了理论和实践相结合是价值观教育的科学方法。坚持理论联系实际是由马克思主义哲学的实践本性所决定的。没有理论，实践也失去了方向，没有实践，理论就成了无源之水，无本之木。毛泽东在《实践论》中科学阐释了认识是一个辩证的发展过程，在实践的基础上，认识过程是从感性认识到理性认识，再由理性认识到实践的辩证发展过程。实践、认识、再实践、再认识，通过实践发现真理，再通过实践去证实和发展真理，最后达到知行统一。只有在不断地反复实践中，正确的理论和观点才能被人们认同，也只有在实践活动中，人们内化的思想观念才能付诸于行。

（二）马克思主义关于人的学说

在价值观教育中，人是核心因素，教育的发起者是人，教育的实施者是人，教育的对象是人，教育的目的也是改变人的思想，促进人的全面发展，在价值观教育过程中人与人、人与社会、人与自然发生着各种关系，马克思主义人学理论为活动载体的研究提供了理论支撑。

1. 人的本质

马克思认为人有着自然属性和社会属性，人的自然属性如衣、食、住以及其他的东西是人类生存和延续的条件，这不是人的本质，人的本质是人的社会性。"人的本质不是单个人所固有的抽象物，在其现实性上，它是一切社会关系的总和。"① 社会关系是人们在共同活动的过程中彼此之间所结成的以生产关系为基础的相互关系的总和，包括物质关系和思想关系。② 人的各种关系的形成建立在人与人的交往基础之上，建立在人与人的沟通交流之上，基于人与人交往的迫切需要，产生了语言、文字等为别人存在也为自身存在的现实的物质形态，即载体，载体成了各种社会关系形成的中介。社会关系是多层次、多方面的，范围广泛，内容丰富，涉及政治、经济、文化、思想等人类生活的方方面面。人的本质便是这一切社会关系的总和，单种社会关系、单一表现方式都不是人的本质。社会关系的多样复杂导致了多样形态的载体的存在。载体与人类社会相伴而生，共同发展，载体随着人类社会的发展而产生并发展，反过来，载体的发展又促进人的社会关系的发展。

人类社会是不断发展变化的，社会关系随着社会的发展变化而变化着，作为一切社会关系总和的人的本质也是随着社会关系的发展变化而变化着的，所以人的本质并不是一成不变的。人的本质不是单个人固有的抽象物，但人的本质会在单个人身上体现。在同一社会条件下，体现在单个人身上的人的本质是有差异的。因为人与人之间的社会经历和具体社会关系决定了本质的差异性，人的主观能动性导致本质差异性的形成。人的本质的可变性和差异性使价值观教育这项人影响人、人改变人的实践活动有着存在的必要性和可能性。

2. 人的需要

马克思、恩格斯认为人类有很多种需要，人的需要具有层次性。在《德意志意识形态》中，将人的需要区分为生存需要、享受需要和发展需要，其中最基本的需要是对生存资料的需要，即生存需要。"但是为了生活，首先就

---

① 马克思恩格斯选集（第1卷）[M]. 北京：人民出版社，2012：135.
② 阮智富，郭忠新. 现代汉语大词典 [M]. 上海：上海辞书出版社，2011：2522.

需要吃喝住穿以及其他一些东西。因此第一个历史活动就是生产满足这些需要的资料，即生产物质生活本身。"① 在三个需要层次中，发展需要是最高层次，发展的需要形成个人和社会追求的理想和目标。

人的需要与人类社会的辩证关系。一方面，人的需要是人类社会产生和发展的动力源泉。人的需要是生产活动最初始的内在动力，为了满足人的需要，人们进行着生产实践，生产实践使人们形成了一定的生产关系和社会关系。"由于他们的需要即他们的本性，以及他们求得满足的方式，把他们联系起来（两性关系、交往、分工），所以，他们必然需要发生相互关系。"② 人的需要是一个连续动态的过程，"已经得到满足的第一个需要本身、满足需要的活动和已经获得的为满足需要而用的工具又引起新的需要"③。人的需要的发展变化推动着人类社会不断丰富和发展。另一方面，人的需要又是在社会中产生、发展和实现的，受到社会条件的制约和规定。"我们的需要和享受是由社会产生的；因此，我们在衡量需要和享受时是以社会为尺度。"④ 所以在不同社会条件下，人的需要的内容是不同的，人的需要的发展与社会的发展相互联系、相互制约、相互促进。

理解人的需要理论就能理解价值观教育以及活动载体产生的内在动力，就能准确掌握人们需要的变化规律，有的放矢地选择、运用、创新活动载体，就能调动人们的积极性，提升思想政治教育的有效性。

3. 人的全面发展

马克思终身为人的自由全面发展而奋斗，人的全面发展学说是贯穿马克思主义理论体系的灵魂。

人的全面发展是指完整、自由、充分的发展，而不是单项、片面和畸形的发展。"人以一种全面的方式，也就是说，作为一个完整的人，占有自己的全面的本质。"⑤ 人的全面发展，起点是现实的个人的发展，目标却是人类的

① 马克思恩格斯选集（第1卷）[M].北京：人民出版社，2012：158.
② 马克思恩格斯全集（第3卷）[M].北京：人民出版社，1979：514.
③ 马克思恩格斯选集（第1卷）[M].北京：人民出版社，2012：159.
④ 马克思恩格斯选集（第1卷）[M].北京：人民出版社，2012：345.
⑤ 马克思恩格斯全集（第42卷）[M].北京：人民出版社，1979：123.

全面发展。"只有在共同体中，个人才能获得全面发展其才能的手段，也就是说，只有在共同体中才可能有个人自由。"①人的全面发展，包含了人的需要、人的能力、人的个性和人的社会关系等各方面的全面发展。

人的全面发展是有阶段性和历史性的。马克思将人的发展分为三个阶段，即人的依赖性阶段、以物的依赖性为基础的人的独立性阶段、人的自由全面发展阶段。实现人的全面发展必须具备一定的历史条件。人的片面、畸形发展是由于社会分工造成的，私有制和阶级剥削加剧了这种片面性。实现人的全面发展就是要消灭私有制，使生产资料归社会所有。人的发展与社会物质生产的发展是一致的，实现人的全面发展必须大力发展生产力。人的全面发展还必须实施全面发展的教育，教育"不仅是提高社会生产的一种方法，而且是造就全面发展的人的唯一方法"②。

在实现人的全面发展的教育中，价值观教育是全面教育的重要组成部分，也是全面发展教育的根本保证。马克思非常重视价值观教育，在《共产党宣言》中指出"共产党一分钟也不忽视教育工人尽可能明确地意识到资产阶级和无产阶级的敌对的对立"③。在我国，毛泽东和许多马克思主义教育家、思想家、政治家都进一步丰富了马克思关于人的全面发展学说。比如，毛泽东提出"我们的教育方针，应该使受教育者在德育、智育、体育几方面都得到发展，成为有社会主义觉悟的有文化的劳动者"④。十一届三中全会以后，邓小平对人的全面发展提出了新要求，号召全国人民要成为有理想、有道德、有文化、有纪律的社会主义公民。在2018年全国教育大会上，习近平指出，培养什么人，是教育的首要问题。我国是中国共产党领导的社会主义国家，这就决定了我们的教育必须把培养社会主义建设者和接班人作为根本任务，培养一代又一代拥护中国共产党领导和我国社会主义制度、立志为中国特色社会主义奋斗终身的有用人才。

---

① 马克思恩格斯文集（第1卷）[M].北京：人民出版社，2009：571.
② 马克思恩格斯文集（第9卷）[M].北京：人民出版社，2009：339-340.
③ 马克思恩格斯选集（第1卷）[M].北京：人民出版社，2012：434.
④ 毛泽东文集（第7卷）[M].北京：人民出版社，1999：226.

人的全面发展需要价值观教育，同时人的全面发展理论也为价值观教育指明了方向，确定了目标和任务。教育目标指向是设计思想政治教育活动载体的重要构成要素。

（三）社会存在决定社会意识

马克思和恩格斯在《德意志意识形态》中指出，"意识在任何时候都只能是被意识到了的存在""不是意识决定生活，而是生活决定意识"，考察意识必须"从现实的有生命的个人本身出发"①。社会意识是以社会存在为基础的，是社会存在的反映，社会存在决定社会意识的观点体现了马克思主义的唯物史观，这为我们分析人的思想观念产生的原因及发展趋向提供了理论基础。

马克思主义认为，"意识最初只是对直接的可感知的环境的一种意识"，随着需要的增长、生产效率的提高、物质劳动和精神劳动分离而形成的分工，"意识才能摆脱世界去构造'纯粹的'理论、神学、哲学、道德等等"②，意识的相对独立性得以显现。因为意识具有相对独立性，所以社会意识与社会存在并不是完全一致的，社会意识可能落后于社会存在，也可能超过现实的存在。人的思想是对客观存在反映的意识经过思维活动而产生的结果和形成的观点。社会意识的不统一、不平衡导致人的思想观念发展不平衡，出现思想多元化、片面化现象。一些旧的、落后的思想观念会阻碍社会的发展与进步，正确的、先进的思想一旦被群众所掌握，就会变成改造社会、改造世界的巨大力量。思想政治教育就是用先进的、正确的马克思主义思想去武装人们的思想，引导人们树立科学世界观和方法论的过程。怎样用先进的、正确的思想去武装人们的头脑？列宁提炼出了灌输理论。列宁认为，社会主义先进的理论和意识要从外面灌输给工人。灌输并不等于将社会主义思想硬塞进人的头脑，而是要与自教育结合起来，在灌输过程中要充分肯定人民群众的主体性，发挥人民群众的主观能动性。这些理论肯定了价值观教育的存在价

---

① 马克思恩格斯选集（第1卷）［M］. 北京：人民出版社，2012：152-153.
② 马克思恩格斯选集（第1卷）［M］. 北京：人民出版社，2012：161-162.

值，并对活动载体的研究提出了要求。

二、深厚历史渊源：中国古代思想家的知行观

"活动"一词在中国古汉语中并没有明确的定义，与之接近的词是"行"。在中国哲学史上，知行观是哲学家们的重要思想之一，尽管他们研究的知行与现在所指的认识和改造世界实践中的知行并不完全一致，可对中国的社会发展和思想教育影响深远。梳理中国古代知行观，重行是其精髓所在，重行的思想是活动载体得以确立的重要理论来源。

远古时代，系统的哲学思想还未形成，人们在劳动活动中传授生活经验和技能，同时也在传授着生活态度。奴隶社会时期，祭祀活动成为进行价值观教育的主要载体之一。"周人尊礼尚施，事鬼敬神而远之"（《礼记·表记》），事鬼敬神是当时重要的教育内容，主要表现为占卜、祷告等祭祀活动。

春秋战国时期，先秦诸子百家争鸣。儒家学说创始人孔丘，认为知识的来源有"生而知之者上也，学而知之者次也；困而学之又其次也"，他将自己归为学而知之者。在学习方法上强调经验的积累，提出"学而时习之""温故而知新"；在学习态度上注重道德修养的践行，主张慎言力行，提出"先行其言而后从之"（《论语·为政》），认为要先实践自己想说的话，等做到了再说出来；同时在教育过程中认为身教比言传更重要，"政者，正也。子帅以正，孰敢不正？"（《论语·颜渊第》）墨家学说创始人墨翟，在认识论问题上提出两个重要原理："言必立仪"，即立论要有仪法、准则；"言有三表或三法"，即立论要有本、有原、有用。主张身体力行，"政者，口言之，身必行之"（《墨子》）；提出了活动的动机和效果问题，"合其志功而观焉"（《墨子》）。道家代表人物老子，把认识具体事物的"为学"与认识一般规律的"为道"割裂开来，认为"知者不博，博者不知"（《道德经》第八十一章）；强调做事要由小而大，由易而难，"合抱之木，生于毫末；九层之台，起于垒土；千里之行，始于足下"（《道德经》第六十四章）。法家代表人物韩非，认为事物之理是可以认识的，认识的方法在于虚心静听，在于根据历史和事

实加以参验，"无参验而必之者，愚也；弗能必而据之者，诬也"（《韩非子·显学》），认为言行是否正确，要看有没有功用，"夫言行者，以功能为之的彀者也"（《韩非子·问辩》）。

两汉时期，陆贾强调广思而博听，要有远见，识大体；重视实干，教人在建功立业中修养自己的身心。刘向强调学习即修养道德，认为只有学习才能博闻多见，在学习中辨别是非要以"古学"为标准；知行关系上带有重行观点，"言之者行之役也，行之者言之主也"（《说苑·权谋》）。董仲舒重视教化的作用，提倡身体力行。扬雄认为学"圣人之道"是要学其质遭而不是学其文；认为学是重要的，行更重要，"学，行之，上也；言之，次也；教人，又其次也；咸无焉，为众人"（《法言·学行》），认为力行要靠"勉"，要有意志、有勇气，能改正自己的缺点；提出"有循而体自然"，认为人行事要遵循正道，体现自然的规律。

魏晋南北朝时期，玄学繁荣，道教、佛教流行。何晏、王弼首倡玄学，在认识论上宣扬"言不尽意"的不可知论。晋代傅玄在德行与言辞的关系上更看重德行，"听言不如观事，观事不如观行"（《傅子·通志》）；嵇康认为观察事物不能以自己为尺度，要观察事物本身从微至著的规律，"故善求者，观物于微，触类而长，不以己为度也"（《答张辽叔释难宅无吉凶摄生论》）。西晋灭亡，信佛之风盛行，佛学是比玄学更加唯心的哲学，不仅把宇宙本体看作无，而且把万物、人生、现世界的一切看作无。

隋唐时期，注重加强思想统一，提出儒、佛、道"三教归一"，在现实伦理、政治上仍然利用儒学，实行科举制度。韩愈在《师说》中提出了师道见解，认为教师的任务就是传道、授业、解惑；在学习内容上提出修德和学艺，认为不能空谈道德，还要学有实用、能办事的才力。柳宗元主张"文者以明道"，认为文章要有思想性；不仅教导写文章，还教导如何做人，认为圣人是可学而能的。

宋元时期，宋明理学兴起。李觏在认识问题上认为"心"主宰耳目又依靠耳目，耳目有所感心才能有所思；在《易论》中总结了许多指导行为的经验，"明者则辨之于早，过而能改，故可及也；昧者则以智饰非，至于贯盈，岁悔无冀矣"。周敦颐对教育的目的和过程作了精辟阐述,"圣人之道,入乎耳,存乎心,蕴之为德行,行之为事业"(《通书·陋第三十四》),提出"文以载道"的主张,认为文是道的运载工具,有着思想政治教育载体理论雏形。朱熹强调知与行的依存关系,"知行常相须,如目无足不行,足无目不见。论先后,知为先;论轻重,行为重"(《朱子语类·卷九》),认为知与行就像人的眼睛和脚,知先行后、行重知轻。陈亮批判腐儒们安坐不动的观点,强调行动,在抗金行动中提出了许多可贵的见解,如"有一定之略,然后有一定之功"(《酌古论一·光武》)。

明清时期,王守仁提出知行合一,知是指心中的良知,行是指行中的良知,他认为知与行是一件事,知是行之始,行是知之成。顾炎武在知与行的问题上提出"愚所谓圣人之道者如之何?曰:博学于文;曰:行己有耻"(《顾炎武文集》),认为要用心学习各种知识,只有博学才能把握"天人性命之理";行己有耻,是指一个人行事要讲是非、善恶、廉耻,要关心国家人民的大利。顾炎武提出了"天下兴亡,匹夫有责"的响亮口号。王夫之对宋儒的"知先行后"和王守仁的"知行合一"作了中肯的批判,认为知和行相互统一、不可分离,行可以检验知的功效,知不可以代行,"行焉可以得知之效也,知焉未可以得行之效也""行可兼知,而知不可兼行"(《尚书引义·说命中二》)。

综上所述,中国古代思想家所说的知与行的关系,主要是指人的道德意识和道德行为的关系问题,有的是主观唯心的观点,有的是客观唯心或朴素唯物主义的思想;有的互相矛盾,有的关系颠倒;有的将二者割裂开来,有的将二者视为一事。不管如何去论述,但有一点可以肯定,思想家们看到了行为的重要性,提出了所学要能致用。这些进步的思想是宝贵的精神财富,可用来指导借鉴。

三、西方相关理论借鉴:有关中介、行为、行动的思想

第一,中介理论。事物是通过中介而普遍联系的,又是通过中介而辩证发展的,是在不同事物或同一事物内部对立两极之间起中间联系作用的环节。

中介这一哲学概念来自黑格尔。黑格尔在《小逻辑》中提到中介是普遍存在的，"这种无限的中介，同时也是一种自身联系的统一，而实际存在便因此发展成为一个现象的整体和世界，为一个自身回复了的有限性的整体和世界"。黑格尔说："最重要的逻辑真理之一，就是作为对立面而处于极端地位的特定环节，由于它同时又是居间者，因而就不再是对立面，而是一种有机的环节。"① 这种有机的环节就是"中介"或"中项"，有时也被称为"第三者"。中介是黑格尔哲学尤其是辩证法思想的核心与精髓所在。作为法兰克福学派的重要代表，阿多诺深受黑格尔影响，对"中介"思想研究较多，并将其运用到他的自然审美理论的建构中。阿多诺在论述自然和自然美的过程中重点提到了三种中介：作为认识自然的概念中介，作为解读自然美中介的哲学和作为自然和艺术之间中介的自然美。② 英国左派知识分子代表人物雷蒙·威廉斯认为中介是"旨在描述一种能动的过程。它的一般含义主要是指在敌对者之间或在陌生人之间进行的那些调停、和解或解释之类的活动"③。

第二，行为科学。行为科学是西方现代管理科学的一个主要学派，主要研究企业管理中人际关系的处理及人的行为规律等相关问题。行为科学认为：人的行为是有目标的，目标是由动机决定的，动机是由需要引导的。主张在企业管理正确处理需要、动机、目标和行为四者的关系，将精神因素与物质因素结合起来，激发人的积极性，发掘生产的潜力，使企业全体人员的目标与企业的目标实现统一。行为科学提出以"人"为中心的思想并对需要、动机、目标和行为四者关系进行论述，还有一些行之有效的工作方法，如抽样调查、问卷设计、量表技术、多元统计分析等，为思想政治教育活动载体研究提供了借鉴。

第三，哈贝马斯交往行为理论。哈贝马斯将社会行为分为四种：一是目的行为，又可称为策略行为，以成功为目标取向，以合理规划为特征，以经

---

① ［德］黑格尔. 法哲学原理［M］. 范扬，张企泰，译. 北京：商务印书馆，1961：321.

② 涂荣臻. 阿多诺美学思想中的中介问题研究［D］. 济南：山东大学，2020：30.

③ ［英］威廉斯. 马克思主义与文学［M］. 王尔勃，周莉，译. 开封：河南大学出版社，2008：106.

验知识为基础的技术规则，要求真实性；二是规范调节行为，以社会成员遵循的共同价值规范为取向，要求公正性；三是戏剧行为，以在公众中形成印象为取向，以有意识表现自己为特征，要求真诚性；四是交往行为，指两个或两个以上具有语言和行为能力的人，以实现人们之间相互理解、社会和谐发展为取向，以社会规范为行为准则，以语言为媒介的交互性行为，要求真实性、公正性、真诚性，交往行为比其他行为更具合理性。哈贝马斯强调交往行为中人与人的交互性、语言的平等性，这为构建良好师生关系，有效推进思想政治教育活动载体研究提供了诸多重要启示。

第四，行动学。行动学作为一门哲学学科是由波兰哲学家科塔宾斯基创立的。科塔宾斯基将行动学规定为关于个体行动的研究，提出以实践经验为基础建立基本理论。在 1955 年出版的《良好工作的理论解释》一书中，科塔宾斯基将行动概念研究分成两组，一组是从行动组成要素出发的行动者、结果、产品、方式、材料等，一组是从行动类型出发的简单行动、复杂行动、个体行动、集体行动等。提出了评价行动的双 E 原则，即对行动实现结果评价的效果原则和对行动过程评价的效率原则。20 世纪下半叶，行动学得到蓬勃发展，设计行动的研究特别是设计的方法论研究成为行动学研究的重要内容，对行动的研究由个体行动向集体行动拓展，伦理原则、经济原则、教育原则等进入了行动评价原则系统中。具有鲜明实践导向的行动学对人类行动进行了全方面、系统化、多维度的研究，为思想政治教育活动载体研究提供了方法论原则。

由此观之，活动载体的确立、运用是根植于中国传统知行观，以马克思主义实践观为根本指导并借鉴西方相关理论的实践活动。

第二章　大学生培育和践行社会主义核心价值观活动载体的价值体现

　　"价值"是一个内涵丰富的复杂范畴和关系范畴。马克思主义价值论是从人类对象性活动、主客体关系的两个尺度出发探讨价值问题。马克思指出，"'价值'这个普遍的概念是从人们对待满足他们需要的外界物的关系中产生的"①，即价值是一个具有普遍意义的关系范畴，用以表示作为主体的现实的人同满足某种需要的客体之间的关系，是主观性、客观性、实践性和历史性的统一。概而言之，价值"就是主体在实践活动中建立起来的，以主体的尺度为尺度的一种客观的主客体关系，是客体的存在及其性质是否与主体的本性、目的和需要等相一致、相适应、相接近的关系"②。从本质来说，价值是揭示外部客观世界对于满足人的需要的意义关系的范畴，是指具有特定属性的客体对于主体需要的意义。③ 因此活动载体价值指的是活动载体对于教育活动开展、社会进步和人的发展的运用功效和意义。活动载体价值在教育者运用活动载体的过程中建立和体现，且与教育主体的本性、目的和需要等相一致、相适应、相接近。

---

① 马克思恩格斯全集（第19卷）[M]. 北京：人民出版社，1979：406.
② 项久雨. 思想政治教育价值论 [M]. 北京：中国社会科学出版社，2003：38.
③ 李辉. 思想政治教育价值与功能研究进展 [J]. 思想教育研究，2014（6）：13-23.

第一节　落实立德树人根本使命的需要

教育是国之大计、党之大计，是民族振兴、社会进步的重要基石，也是功在当代、利在千秋的德政工程。培养什么人，是教育的首要问题。立德树人是对教育"培养什么样的人、如何培养人以及为谁培养人"这一根本问题的战略回应和科学解答。习近平总书记强调指出，"我国是中国共产党领导的社会主义国家，这就决定了我们的教育必须把培养社会主义建设者和接班人作为根本任务，培养一代又一代拥护中国共产党领导和我国社会主义制度、立志为中国特色社会主义奋斗终身的有用人才"①。从教育的根本任务和培养目标看出，中国特色社会主义教育不能培养社会主义破坏者，也不能培养"蛰居书斋的学者"，而是要培养积极投身于中国特色社会主义实践的建设者和接班人。因此，社会实践活动是落实立德树人根本任务的重要环节，活动载体是落实立德树人根本任务的关键载体。

一、立德树人是高等教育的根本使命

党的十八大报告明确提出："把立德树人作为教育的根本任务，培养德智体美全面发展的社会主义建设者和接班人。"② 这是立德树人第一次被写入党的代表大会的报告，明确了将立德树人作为教育的根本任务。党的十八大以来，习近平总书记曾多次强调立德树人的重要地位，并多次阐述立德树人的时代内涵和价值目标。2016 年 12 月 8 日，习近平总书记在全国高校思想政治工作会议上明确指出，"要坚持把立德树人作为中心环节，把思想政治工作贯穿教育教学全过程，实现全程育人、全方位育人，努力开创我国高等教育事业发展新局面"③。在 2018 年 5 月 3 日的北京大学师生座谈会上，习近平总书

---

① 十九大以来重要文献选编（上）[M]. 北京：中央文献出版社，2019：647.
② 十八大以来重要文献选编（上）[M]. 北京：中央文献出版社，2014：27.
③ 习近平谈治国理政（第 2 卷）[M]. 北京：外文出版社，2017：376.

记强调："要把立德树人的成效作为检验学校一切工作的根本标准，真正做到以文化人、以德育人，不断提高学生思想水平、政治觉悟、道德品质、文化素养，做到明大德、守公德、严私德。要把立德树人内化到大学建设和管理各领域、各方面、各环节，做到以树人为核心，以立德为根本。"① 习近平总书记关于立德树人根本任务的重要论述，抓住了教育本质，明确了教育的根本使命，为人才培养指明了方向。

（一）立德树人是教育的本质和初心

教育的本质是培养人，对人的理解是探讨教育问题的重要基础。对"人"的本质的不同理解，形成了不同的教育价值观。如孟子提出人性本善、仁者爱人，他认为人是"道德人"，强调教育的目的是通过以德育人，培养有德性的人。亚里士多德认为人是政治动物，人的本质为"政治人"，因此教育的目标是培养归属于城邦的公民。亚当·斯密认为人是"经济人"，那么教育是为了培养创造更多经济利益的人。在大工业生产时代，资本主义社会初期，当时盛行的是"工具人"假设，资本家将工人当作会说话的工具，教育的目的就是培养拥有"一技之长"的工具人。虽然在不同的历史时期，教育的具体目标有所不同，但是从教育的本质和初心而言，立德树人始终是古今中外教育的基本价值追求。在中国古代，"教育"包含"教，上所施，下所效也""育，养子使作善也"的双重含义，即教育是通过上行下效引导人向善。在古希腊时期，亚里士多德提出美德即知识，道德是可以教的。因此可以看出无论是在中国传统文化抑或是西方文化的语境中，育人向善是一致的教育价值取向。即使随着社会的发展，教育观的不断演变，无论是培养"政治人"或"工具人"，育人向善的教育价值取向始终没有变化。教育的本质是培养人，那么人的本质就决定了教育的价值取向。在马克思看来，人是"现实的人"，其本质是一定社会关系的总和，实现人的自由全面发展是社会主义的理想追求，也是教育的根本目的。因此落实立德树人这一根本任务实质上是教育本质和初心的回归，也是对当前教育工作存在的价值混乱状况的价值澄清。

---

① 习近平. 在北京大学师生座谈会上的讲话［M］. 北京：人民出版社，2018：5.

（二）立德树人是中国共产党一贯的教育方针和核心理念

革命时期，中国共产党创办高等教育，就是为了解放思想，培养一批能堪担重任、致力于民族解放的"革命先锋队"。在抗战时期，中国共产党在烽火之中创办了一批以抗日军政大学、陕北公学、延安女子学院、鲁迅艺术学院等为代表的革命根据地大学，就是为了培养一大批具有强烈的民族意识和坚定的革命战斗精神的"革命先锋队"，培养万千谋求民族解放的干部人才。① 从中华人民共和国成立初期，毛泽东提出的"又红又专"以及"教育的目的，是培养有社会主义觉悟的有文化的劳动者"②，到邓小平反复强调的坚持社会主义办学方向，明确提出社会主义新人的综合要求是"有理想、有道德、有文化、有纪律"③，以江泽民同志为核心的党中央领导集体反复强调的要"全面贯彻党的教育方针，坚持教育为社会主义现代化建设服务，为人民服务，与生产劳动和社会实践相结合，培养德智体美全面发展的社会主义建设者和接班人。"④，再到胡锦涛在中央政治局集体学习时首次提出，"要坚持育人为本、德育为先，把立德树人作为教育的根本任务，努力培养德智体美全面发展的社会主义建设者和接班人"⑤，以及十八大以来习近平总书记在多个场合反复强调"把立德树人作为教育的根本任务"。纵观中国共产党教育方针的沿革和中国人民教育事业的发展史，其清晰表明，立德树人是党对人民教育事业所坚持的一贯主张和人才培养的核心理念的继承发展。把立德树人作为教育的根本任务也是对教育现代化的方向的把握。教育是民族振兴、社会进步的重要基石，是功在当代、利在千秋的德政工程。正如习近平总书记强调的，我们的教育绝不能培养社会主义破坏者和掘墓人，绝不能培养出一些"长着中国脸，不是中国心，没有中国情，缺少中国味"⑥ 的人！尤其

---

① 靳诺. 立德树人：高等教育的根本任务和时代使命［J］. 中国高等教育，2017（18）：8-12.
② 建国以来重要文献选编（第11册）［M］. 北京：中央文献出版社，1995：493.
③ 邓小平文选（第3卷）［M］. 北京：中央文献出版社，1993：205.
④ 十六大以来重要文献选编（上）［M］. 北京：中央文献出版社，2005：31.
⑤ 十六大以来重要文献选编（下）［M］. 北京：中央文献出版社，2008：617.
⑥ 十九大以来重要文献选编（上）［M］. 北京：中央文献出版社，2019：647.

是面对当前严峻、复杂的意识形态领域形势,推进教育现代化、建设教育强国在大是大非问题、根本立场问题上坚决不能犯错误,我们的教育必须把立德树人作为根本任务,培养一代又一代的社会主义建设者和接班人。

(三) 立德树人是高校立身之本

立德树人是高校立身之本,也是高等教育现代化的内在要求。习近平总书记曾强调:"千秋基业,人才为先。实现中华民族伟大复兴,人才越多越好,本事越大越好。我国是一个人力资源大国,也是一个智力资源大国,我国13亿多人大脑中蕴藏的智慧资源是最宝贵的。知识就是力量,人才就是未来。"① 随着时代的发展和信息技术革命的不断推进,知识和人才的重要性日益凸显。当前综合国力的竞争,说到底是人才的竞争。立足于"两个大局",中国要实现"两个一百年"奋斗目标,实现中华民族伟大复兴的中国梦,对教育的需要、对科学知识、技术创新和优秀人才的需要尤为关键和迫切。高等教育是一个国家教育的"金字塔",聚集着最新、最高端的教育资源,是培养一个国家优秀人才、创新技术的前沿阵地。青年大学生作为国家建设事业的生力军和宝贵的人才资源,其成长成才事关国家的未来和民族的复兴。但是就目前高等教育的发展状况和大学生的现实状况而言,我国高等教育并未达到"内涵式""现代化"高质量发展的要求,大学生也没有完全达到成为中国特色社会主义事业的建设者和接班人的要求。一方面,部分大学生的专业能力和综合素质不过关,缺乏创新意识;另一方面,更为关键的是个别大学生缺乏对共产主义和社会主义的价值认同,缺乏坚定的理想信念和爱国主义精神。2017年2月27日,中共中央、国务院印发的《关于加强和改进新形势下高校思想政治工作的意见》中指出,高校要"坚持社会主义办学方向,扎根中国大地办大学,以立德树人为根本,以理想信念教育为核心,以社会

---

① 习近平. 在中国科学院第十七次院士大会、中国工程院第十二次院士大会上的讲话 [N]. 人民日报,2014-06-10 (002).

主义核心价值观为引领"①。将"立德树人"作为中国特色社会主义大学的立身之本，这既是对中国特色社会主义大学高校办学目标的科学界定，也是对中国特色社会主义高校"培养什么样的人、如何培养人以及为谁培养人"这一根本问题的回答。2020年10月，中共中央、国务院印发的《深化新时代教育评价改革总体方案》中也再一次强调立德树人根本任务，并将"立德树人"列为五项教育评价尺度之一，促使教育回归育人本质，进一步弘扬新时代的"育人为本、以德为先"教育价值观。我国高等教育肩负着培养德智体美劳全面发展的社会主义事业建设者和接班人的重大任务，必须坚持正确的政治方向，坚持立德树人的根本使命，把立德树人作为中心环节，把思想政治工作贯穿教育教学全过程、全方位，坚持为党育人，为国育才，培养合格的社会主义事业建设者和接班人，共同助力实现中华民族伟大复兴的中国梦。

二、活动载体与"立德"的关系

"立德树人"是高等教育的根本使命，也是思想政治工作的中心环节和根本任务。落实立德树人根本任务是活动载体的重要组成部分。立德树人，立德为先，树人为要。《左传·襄公二十四年》中记载"大上有立德，其次有立功，其次有立言"，将"立德"置于首位，彰显"立德"的前提和统领地位。《管子·权修》中也有记载："一年之计，莫如树谷；十年之计，莫如树木；终身之计，莫如树人。"正如"树木"需要栽培，"人"不能自发成才而需要"树"，"德"不能自然形成而需要"立"。"树人"是立德树人的根本和最终归宿，"立德"则是立人之本，是前提基础，也是理解立德树人的时代内涵的关键所在。人无德不立，人才培养是育人与育才相统一的过程。其中，育人是根本，育人的根本又在于立德。才者，德之资也；德者，才之帅也。思想政治工作最重要的作用就是要在人才培养过程中立德，立社会主义道德，立社会主义理想和信仰。

---

① 中共中央，国务院.关于加强和改进新形势下高校思想政治工作的意见：中发〔2016〕31号〔Z/OL〕.（2017-02-27）〔2020-08-16〕. http：//www.csnn.cn/zx/201702/t20170227_3432295.shtml.

　　"立德"首先要"传德""明德"，即要向人们传递价值观教育信息，让人们对"德"有明确和正确的认知。思想的内在性和潜隐性决定了其必须要通过一定的载体外化其内容和性质，才能使人得以认识和体验。道德观念、政治信仰、理想信念等都属于思想意识的范畴，都是主观世界活动的产物，没有客观实在的物质形态，不能直接呈现出来，不能直接被人认知和获取，因此需要通过不同的载体表现出来，转化为物质力量作用于外部世界。"立德"实质上是内化于魂的精神活动，需要有形的客观存在和具体形式，承载教育信息，并沟通连接教育者和受教育者，将教育信息和内容传导给受教育者。无论是教育信息的外在传递，还是向受教育者的主观转化，载体是必不可少的要素。"立德"的最终目的在于"践德"。即要将思想理念和道德规范付诸实践。马克思认为"社会生活在本质上是实践的"①，实践活动是人的正确认识和价值观念形成的根本来源。而且"立德"不仅仅是要帮助教育对象认识和形成正确的价值观念和道德素养，更为重要的是要使人们将这些价值观念内化为自身的思想，并要外化于行，在实践中践行这些正确的价值观念。因此，活动载体是"立德"必不可少的环节，也是检验"立德"的效果的重要途径。只有在活动中，人们才能将内化于己的价值观念付诸实践，并在反复实践中形成自觉的行为习惯，只有这样"立德"的目的才算真正实现。

　　活动载体是一种较为特殊的载体形式，在"立德"的过程中具有鲜明的特征和更为突出的作用。首先，活动载体具有承载性和传导性相统一的特征，能在活动过程中承载教育的诸要素，并在活动过程中向活动参与者传导特定的教育内容，让受教育者在参与活动过程自发形成对教育信息的认知和内化。区别于其他载体的是活动载体传递教育信息是一个系统的、互动的过程。活动载体本身就是一项系统工程，其所承载的教育信息和内容更加多样化，更具层次性。一般来说，组织和举办活动都有多维度的活动目的，承载了多元的教育内容和信息。一项活动往往包含着理论知识的传递、价值观念的传递和践行、道德教化等多项教育信息和目标。例如，组织大学生参观革命纪念

---

　　① 马克思恩格斯选集（第 1 卷）［M］. 北京：人民出版社，2012：139.

地是当前革命传统教育的重要活动载体。大学生参观革命纪念地往往包含了参观凝结着革命记忆和传统的历史遗迹和文物，现场听取革命前辈的报告，向革命烈士献花等环节。教育者通过组织这一活动可以向受教育者传递革命历史知识，传递爱国主义精神，感受革命文化的熏陶，同时也通过致敬环节让受教育者践行爱国主义精神。其次，活动载体具有实践性和发展性相统一的特征。第一，活动载体是教育主体借助一定的活动形式向受教育者传递教育信息，互相作用的实践活动，具有实践性。第二，活动作为教育的载体，不仅能向受教育者传递教育信息，同时也是教育理论付诸实践，受教育者践行道德规范和价值理念的过程，提供了一种主观诉之于客观的过程。因此，活动载体能检验且能直接影响教育的实效性。第三，活动是有组织、有针对性的活动，具有特定的教育价值和教育目标。但是，活动载体的价值取向、内涵形式会随着教育的目标不断发展变化，因此活动载体承载和传递的教育信息也会不断发展变化。立德树人的时代内涵随着时代的发展而发生变化，在不同的历史时期，立的"德"是不同的，活动载体的目标和内容形式也会随之变化。例如革命时期，中国共产党希望培养人们的革命意识和革命精神，开展了广泛的革命理论宣讲，领导工人运动等活动；在社会主义建设时期，精神文明建设成为主要任务，全国范围内广泛开展了系列的精神文明创建活动、志愿服务活动等。

不同的教育目的和教育对象决定着活动的目的、内容和方式。"立什么样的德、树什么样的人"决定了活动的开展。立德之德是大德、公德、私德的统一，其具体内涵会随着时代的发展而不断发展变化。正如习近平总书记在北京大学师生座谈会上所说的："核心价值观其实就是一种德，既是个人的德，也是一种大德，就是国家的德、社会的德。国无德不兴，人无德不立。"① 在新时代，社会主义核心价值观就是大德、公德、私德的统一。明大德是根本，是对国家意志和社会主义意识形态的认同，就是要坚定理想信念和政治立场，厚植爱国主义情怀和共产主义共同理想。通过活动载体广泛传

_____

① 习近平谈治国理政［M］．北京：外文出版社，2014：168．

播主导意识形态是党开展价值观教育的优良传统。尤其是重大纪念活动在表达、传递国家意志和主导意识形态方面具有显著的优势，蕴含丰富的教育资源。例如，在建国纪念日举行庆祝大会和阅兵仪式，就是国容、军威和民族精神"三位一体"的展示，通过仪式活动表达国家意志和价值诉求，也向世界展示中国的国家形象和和平发展的理念。每一次国家的重大阅兵仪式都是一次集中的爱国主义教育，一方面对国家经济和军力等成就的自豪显露，激发人民群众的爱国热情和民族凝聚力；另一方面也是对所有参与过国家革命和建设事业的英雄先辈和历史参与者的敬重和纪念，彰显中国共产党不忘初心，牢记使命的决心。"守公德"是基础，是对社会公共道德、社会伦理的遵循，就是要培养公共精神、奉献精神等公共道德。例如，志愿者服务等公益志愿活动就是对奉献精神的弘扬和践行，每年还有成千上万的大学生参与到西部计划志愿活动、"三下乡"等社会实践活动之中，以自己的青春力量奉献社会。"严私德"是关键，就是要加强个人的道德修养和行为规范。教育对象在参与各类校园文化活动、公益志愿活动的过程就能不断地提高个人的道德修养，学会正确对待他人和社会，养成良好的行为习惯。

因此活动载体是"立德"的重要载体。活动载体不仅能承载丰富的教育信息和内容，用易于感知和体验的方式向教育对象传导，同时还能让教育对象将教育理论付诸实践，实现内化与外化的统一，实现真正意义上的"立德"。

三、活动载体与"树人"的关系

厘清立德树人的内涵，其中一个关键是要把握好立德和树人之间的关系。不同的人对此有不同的理解。有学者认为，立德树人是并列关系，立德与树人并重，是教育的两个方面；有学者认为，立德树人是因果关系，立德为了树人，树人是最终目的；有学者认为，立德树人是递进关系，立德为先，是树人的前提，树人是立德的进一步深化；还有学者认为，立德树人是辩证关系，立什么德就树什么人，树什么人就需要立什么德，二者相互影响，互为前提、互为因果。其实立德和树人是辩证统一的有机整体。二者之间具有层层递进的逻辑关系也有辩证统一的关系。立德为先，树人为本，"立德"是立德树人的前提和基础，"树人"是立德树人的根本和最终归宿。同时二者之间也是辩证统一的关系，"树什么人"与"立什么德"密切相关，"立什么德"影响甚至决定"树什么人"，但是"树人"又不仅仅取决于"立什么德"，"树什么人"也影响和决定着"立什么德"。"树人"这一问题的追问包括了"树什么人""为谁树人"以及"怎么树人"三个维度，其中"树什么人"和"为谁树人"是辩证统一的关系。习近平总书记在全国教育大会上指出，培养什么人，是教育的首要问题。"培养什么人"，不同国家、不同时代有不同的回答，这些回答既有共性，如有德性的人、全面发展的人；也有特殊性，不同国家的培养人的目标不同，同一个国家在不同历史时期的要求也会有所不同。2018 年 5 月，习近平总书记在北京大学师生座谈会上的重要讲话中指出，"古今中外，每个国家都是按照自己的政治要求来培养人的，世界一流大学都是在服务自己国家发展中成长起来的。我国社会主义教育就是要培养社会主义建设者和接班人"。① 培养社会主义建设者和接班人指的是德智体美劳全面发展的人，还应当是担当民族复兴大任的时代新人。

"怎样树人"指的是育人的方法论问题，要解决的是通过哪些形式和载体可以更好地培养社会主义建设者和接班人的问题。思想政治教育何以能够使人的思想观念、道德素质、行为习惯发生改变，得以发展呢？人的思想观念是在实践中形成和发展的，因此促使人的思想观念、道德修养和行为习惯发生改变也必然是客观实在的实践活动。现代哲学的研究表明，活动是人存在和发展的基本方式。②

从马克思主义人学视域来看，自由自觉的活动是人的本质特征，现实的人是活动着的人。人通过有目的的、积极的活动来获取物质生活资料，从而满足基本的生存需要，而"已经得到满足的第一个需要本身、满足需要的活动和已经获得的为满足需要而用的工具又引起新的需要"③，人有需要通过新

---

① 习近平. 在北京大学师生座谈会上的讲话 [M]. 北京：人民出版社，2018：6.
② 郭湛. 人活动的效率 [M]. 北京：人民出版社，1990：5-6.
③ 马克思恩格斯文集（第 1 卷）[M]. 北京：人民出版社，2009：531.

的活动满足新的需要。因此人是通过活动来满足自己的需要，创造实际生活和历史的，正如马克思、恩格斯所指出的，"历史不过是追求着自己目的的人的活动而已"。① 人类的发展就是通过人的自由自觉活动得以实现的，人类的历史就是人有意识地通过有目的的对象性活动所创造的历史。

实践活动是造就全面发展的人的唯一方法。实践是人的本质特征，人在活动中创造人的社会关系，创造历史和生活本身。人在活动中不断满足自身的需要，不断发展成熟。人的全面发展是马克思主义的重要教育学说。何为全面发展的人？在马克思的人学视域中，他认为作为人的发展需要经过三种历时性的历史样态，即"人的依赖关系"形态、"以物的依赖性为基础的人的独立性"形态和"建立在个人全面发展和他们共同的、社会的生产能力成为从属于他们的社会财富这一基础上的自由个性"②。而我们中国特色社会主义高校要培养的人就是第三种样态的"自由个性"全面发展的人，也是我们所指的德智体美劳全面发展的人。马克思在批判资本主义的过程中分析了第二阶段人对物的依赖性，重点揭示了生产资料私有制和社会化大生产之间的矛盾是导致劳动异化和人的片面发展的根源。那么如何才能克服资本主义私有制和资本主义分工所造成的人的片面发展问题呢？马克思从分工的角度出发，提出了大工业社会人的全面发展的理想："未来教育对于所有已满一定年龄的儿童来说，就是生产劳动同智育和体育相结合，它不仅是提高社会生产的一种方法，而且是造就全面发展的人的唯一方法。"③

人的本质是一切社会关系的总和，因此人的全面发展的本质在于人的社会属性和社会关系、社会性需要和精神需要、社会素质和能力素质的全面发展。④ 人的社会关系、需要和能力都不是与生俱来或者是自然生成的，需要通过实践活动来创造、生产这些人的本质力量。正如马克思所指出的，"因为人的本质是人的真正的社会联系，所以人在积极实现自己本质的过程中创造、

① 马克思恩格斯文集（第1卷）［M］. 北京：人民出版社，2009：295.
② 马克思恩格斯文集（第8卷）［M］. 北京：人民出版社，2009：52.
③ 马克思恩格斯文集（第9卷）［M］. 北京：人民出版社，2009：339-340.
④ 石书臣. 人的全面发展的本质涵义和时代特征［J］. 河北大学学报（哲学社会科学版），2002（2）：10-14.

生产人的社会联系、社会本质"①。人的社会关系是在人的生产交换和交往实践中形成的。正是人的活动构成和规定了人的存在、人的特征，甚至社会也是人活动的结果，是现实的人的对象性活动不断生产和再生产出来的关系所形成的有机体。人们也通过活动载体与他人、自然界和社会发生互动，并改造客观世界。因此，活动塑造并体现着人的本质力量，人在活动中不断满足自己的需要并在满足需要中成长成熟，逐渐实现人的自由全面发展。

活动是培养社会主义事业建设者和接班人的重要载体。我国高等教育肩负着培养德智体美劳全面发展的社会主义事业建设者和接班人的重大任务，这是中国特色社会主义高校立德树人的目标旨归。这一目标决定了我们的教育绝不能培养社会主义破坏者和掘墓人，绝不能培养出一些"长着中国脸，不是中国心，没有中国情，缺少中国味"的人！② 因此要坚持正确的政治方向，要扎根中国土地办大学，要让广大青年积极参与中国特色社会主义实践，在活动中认识和认同中国特色社会主义道路，并在积极投身于中国特色社会主义实践活动的过程中，经受党和人民的考验，成长为德智体美劳全面发展的社会主义事业建设者和接班人。第一，活动载体让学生身体力行地认识和体验社会。传统课堂教学大多是理论知识的传授，但是支撑理论教育的实践活动较少。缺乏事实支撑的理论灌溉反而会引起学生的反感和抗拒。正如毛泽东所说的："无论何人要认识什么事物，除了同那个事物接触，即生活于（实践于）那个事物的环境中，是没有法子解决的。"③ 荀子说："不闻不若闻之，闻之不若见之，见之不若知之，知之不若行之。学至于行之而止矣。行之，明也。"（《荀子·儒效》）丰富多彩的活动载体就是让学生走出课堂，走向社会，亲眼看见和身体力行体验中国特色社会主义道路和中国特色社会主义制度的显著优势的重要载体。例如，学生在课堂上学习了改革开放的伟大成就，教师带他们去参观改革开放成果展，到深圳经济特区、到高新技术企业研学，学生就会更深刻地感受到改革开放所带来的翻天覆地的变化和中

---

① 马克思恩格斯全集（第42卷）[M]. 北京：人民出版社，1979：24.
② 十九大以来重要文献选编（上）[M]. 北京：中央文献出版社，2019：647.
③ 毛泽东选集（第1卷）[M]. 北京：人民出版社，1991：286-287.

国特色社会主义的优越性，进而增强"四个自信"。这样的社会实践不仅是课堂讲授的补充，而且会产生"倍增"放大的效果。第二，活动载体为学生提供了投身中国特色社会主义建设事业的机会。"立德"必须通过付诸实践才能实现"树人"。马克思在《〈黑格尔法哲学批判〉导言》中首次指出了革命理论同革命实践统一的原理，认为理论斗争不能只停留于纯粹的理论批判，并与革命斗争实践相割裂，而必须诉诸革命行动，指导群众的革命斗争实践。马克思在《神圣家族》中也指出："思想本身根本不能实现什么东西。思想要得到实现，就要有使用实践力量的人。"① 社会实践是思想的检验标准和发展动力，人是在通过实践活动改造客观世界的过程中塑造并体现人的本质力量。离开社会实践，就不会有思想的生成与发展，人就不能成为人，更不可能实现人的全面发展。中央办公厅、国务院办公厅印发《关于进一步加强和改进新形势下高校宣传思想工作的意见》，强调要"着力增强大学生思想政治教育针对性实效性"，要求"广泛开展各类社会实践和公益活动"。例如，现在每年报名人数不断递增的大学生志愿服务西部计划，大学生可以在参与西部计划中将自己所学的专业知识和技能应用到基层建设中，在增强自身综合能力的同时也能为国家的社会主义建设事业贡献自己的青春力量。现在西部计划已成为培养青年优秀人才的示范导向工程，越来越多的高校毕业生自愿到西部去、到基层去、到祖国和人民最需要的地方去建功立业。广大青年正是在各种实践活动中参与到社会主义建设事业和民族伟大复兴的历程中，在锻炼历练中逐渐成长为德智体美劳全面发展的社会主义事业建设者和接班人。

第二节　"活化"是活动载体价值的主要体现

　　活动载体价值是在教育者运用活动载体进行与受教育者的双边互动活动，开展教育的过程中得以体现和实现的，一般表现为活动载体的功能、效用。

---

　　① 马克思恩格斯文集（第1卷）[M].北京：人民出版社，2009：320.

活动载体的价值功能是多维度、多方面的，包括承载和传导教育信息，联结教育的教育者与受教育者等功能。活动载体是价值观教育载体中重要和特殊的载体形式，使其区别于其他载体的价值主要体现在活动载体的"活化"功能。"活化"这一概念在化学领域中是反应物之间发生化学反应的基础。反应物之间要能发生化学反应，首先它们的分子等微粒间必须发生相互碰撞。实验证明，在无数次分子间的碰撞中，只有其中少数分子间的碰撞才能引发化学反应，即只有少数分子能成为活化分子，激活反应物之间的化学反应。活动载体正如化学反应中的活化分子的存在，通过活动载体能有效激发和盘活教育的内容、过程，使得教育者和受教育者之间能发生有效互动，增强教育的实效性。

一、教育内容的"活化"

教育内容通过活动载体实现"活化"，更具感染力，从而被受教育者潜移默化地接受。价值观教育虽然是实践活动，但是含有认知性的教育成分，理论认知教育是价值观教育的重要内容和关键环节。价值观教育要塑造人的价值观念和形成良好的品德行为，首先要提高受教育者的思想品德认识，让人们掌握一定的有关于思想、政治、道德、价值等方面的理论知识以及相应的行为规范。因此通过理论教育、宣讲等形式向受教育者传导社会发展要求的思想观念、价值取向、道德规范，使受教育者形成正确的思想认知是必要的，且是价值观教育的前提。这些社会主导意识形态所要求的思想观念、价值取向、道德规范等知识就是思想教育的内容，是价值观教育的重要因素之一。这些知识根据一定社会发展需要在人的各种实践活动中形成，并在实践过程中不断完善凝练，并通过文字、语言等载体表现和传承。而且思想政治教育知识作为一种实践智慧，其效果只能在将受教育者个体的社会生活尤其是政治、道德生活的直接经验与这一社会文化中的思想政治道德智慧相结合的形式中才能取得。① 活动就是两者相结合的重要形式。活动载体可以展示出教育

---

① 檀传宝.学校道德教育原理［M］.北京：教育科学出版社，2000：133.

内容的真实感和现实感，使教育内容"活化"，让受教育者在活动实践中潜移默化地接受价值观教育。如"学雷锋"志愿服务活动，受教育者利用自己的所学所能帮助社会民众，医学专业的学生开展义诊活动、电子专业的学生开展义务家电维修、师范专业的学生开展义务支教、艺术专业的学生进社区义演，志愿者们进社区、进福利院为社会民众送去温暖和关爱，亲身体验着为人民服务的雷锋精神，在志愿服务活动中，受教育者加深了对雷锋精神的理解与认识，在奉献中端正了自己的价值观，提升了自己的思想品德。

活动载体使教育内容的"活化"主要体现在以下三个方面：第一，活动载体将教育内容具象化。价值观教育内容本来是抽象的思想观念和理论知识，这些知识具有宏观性、全面性和抽象性，对于受教育者来说有些晦涩难懂和遥不可及，光靠语言和文字来传导是很难引起受教育者的学习兴趣的。形式多样、有声有色的活动可以将教育内容具体化、生动化和形象化，让受教育者直接感知到这些内容，让抽象的理论知识有了感性经验的支撑，使得理性认识和感性认识结合起来。受教育者在活动中真实感知和体验着价值观教育内容，能够对这些内容产生情感共鸣，将这些内容选择性地内化为个人意识。例如，坚持中国共产党的领导、集中力量办大事等是中国特色社会主义的显著优势。这些理论判断较为抽象，也与大学生的日常生活存在一定的距离。但是在新冠肺炎疫情防控过程中，许多大学生积极投身到疫情防控的志愿服务活动中。疫情防控中党的集中领导和强大的宏观调控、调度能力就成为疫情防控中具体的、鲜活的事例。大学生通过这些具体的人、事、物就可以直接感受到中国特色社会主义的制度优势，并能联系自身经历，引起情感共鸣，深化对中国特色社会主义制度优势的认知和认同。第二，活动载体能将教育内容生活化，并为教育内容注入更多活生生的新鲜内容。实践活动是价值观教育内容的根本来源，教育内容在人们的实践活动中形成和发展。因此人们在活动过程中获取教育内容，又在其中践行教育内容，从而产生个人的直接经验。在这一过程中，受教育者的实践经验可以成为价值观教育最鲜活、最生动的资源。第三，活动载体将教育内容现实化，使教育内容外化为受教育者的活动本身。在活动中，受教育者在感知价值观教育内容的同时又在亲自践行着这些内容，将内化的个人意识外化为个人行为。受教育者在活动中不知不觉地受到了教育，形成了教育者所要传导的思想观念、价值取向和道德规范，成为受教育者的行为习惯。这样教育的内容就通过活动中的人、事物和时空场景"活化"起来，从而使他们在潜移默化中受到心灵的启迪和震撼，达到立德树人的效果。大学生志愿服务西部计划、大学生暑期"三下乡"社会实践活动等青年志愿活动就是活动载体的典型代表。它们使青年大学生走到祖国的乡村、西部偏远地区去亲身体验，将以前教科书上所描绘的祖国的幅员辽阔和美好的风土人情变为现实图景，亲眼看见改革开放以来中国共产党带领中国人民所创造的"两个奇迹"，激发爱国热情和增强"四个自信"。同时它们也使青年大学生在为社会服务、为他人服务的过程中体验为人民服务的宗旨和利他的奉献精神，在实践中增长才干，产生高尚的情操和形成坚定的理想信念，使思想政治教育在实践活动中"活"起来，"动"起来，增强价值观教育的亲和力和实效性。

二、教育过程"两个转化"的统一

活动载体能活化教育过程，将教育过程活化为更具亲和力、感染力的过程，充分发挥受教育者的个体主体性，实现教育与自我教育的统一。"现代思想政治教育过程的本质在于使受教育者的思想道德主体性在思想政治教育过程中主体性地得到发展、提升。"① 培育和践行社会主义核心价值观的过程本质在于实现道德主体的造就、生成，而且需要强调的是这种主体的造就、生成是要通过受教育者自觉、主动地参与到教育活动建构过程中实现的，是主体的自我创造、自我塑造和自我完善。因此培育和践行社会主义核心价值观过程包含了"两个转化"的实现过程，第一个过程是受教育者接受教育内容并内化成自己的个人意识，即理论内化的过程；第二个过程是受教育者将个人意识外化成行动，即外化应用的过程。受教育者在行动中反复检验着自己的思想意识，最终形成稳定的思想道德素质。这两个过程是教育与自我教育

---

① 张耀灿等. 思想政治教育学前沿 [M]. 北京：人民出版社，2006：215.

统一的过程，教育者的"教育"是外在的影响，受教育者在接受外在教育影响的同时进行着自我教育，只有当受教育者自己去正确地认识自己、评价自己，自觉按照教育内容的要求来自我调节、自我控制、自我规范，价值观教育的目的才算实现。培育和践行社会主义核心价值观过程中，实践体验是基础性方法和重要途径。

（一）理论内化过程

这一过程的前提和基础是教育者的理论传导和受教育者的自主接受，因此，这一过程中蕴含着主导性教育与自主性接受的矛盾。培育和践行社会主义核心价值观，首先是一个教育者与受教育者之间传递教育信息和进行思想观念互动的过程。教育者根据社会主义核心价值观的要求和受教育者的价值取向状况，确定教育目的和教育内容，并通过一定的途径将教育信息传导给教育者。但是受教育者并不是一个被动的接受者，受教育者会自主选择或者屏蔽具体的教育信息。从现实情况看来，传统的灌输式理论传导往往会引发受教育者的抵制、逆反心理，导致信息传导受限。受教育者对教育信息的接受程度也直接决定了其理论内化的状况和效果。而活动载体在一定程度上可以缓解主导性与自主性接受的矛盾，"寓教于乐"的活动载体更加有利于受教育者接受教育信息，并内化为个人意识。一方面，作为载体的活动能够实现教育者和受教育者的充分沟通交流。第一，教育者和受教育者在具体活动规定的时间和空间中同时存在，这为二者直接有效的面对面沟通交流提供了必要的客观条件。第二，教育者和受教育者的沟通交流贯穿于活动的全过程。首先，一个完整的活动需要有设计者、组织者和参与者，这三者均可以由教育者和受教育者共同来组成。如学生自组织性活动的设计者以学生为主，学生在此类活动中既是教育者又是受教育者；全校性活动或各学院各部门的活动设计者也有学生干部和学生代表的参加。三个群体各成员之间只有在充分沟通交流基础之上才能做到密切配合，有效推动活动的开展。其次，一个完整的活动有策划设计、组织实施、检查监督、总结评价等环节。设计者通过沟通交流掌握受教育的心理特点和思想状况，了解受教育者对活动形式的需求，并由此来进行策划设计；组织者宣传和介绍活动的内容和形式、检查活动实施情况、收集活动反馈意见、总结评价活动效果都离不开与广大参与者的沟通交流。另一方面，受教育者在参与活动过程中能充分发挥其主体性，自主接受教育信息并自觉、能动地建构、生成、内化为自身的价值观念和道德意识。活动载体并不是用灌输或强迫执行等方式将教育信息传导给受教育者。相反的，教育信息是弥散、渗透在教育活动的各个方面和各个环节，需要受教育者发挥主体能动性，在参与、体验的过程中自主接受教育信息，并在实践过程中不自觉地、潜移默化地将接收到的价值观念、道德规范等理论知识内化为个人的内在意识。

（二）外化应用过程

外化应用过程即实现"知行合一"的过程，受教育者在活动过程中实现了内化与外化的统一。理论内化过程只是把思想理论知识和社会发展对个体的思想品德要求转化成了个体内在的思想认知和个人意识，个体是否真正接受、信仰这些理论知识，认同并践行社会要求，需要个体外化的行为表现来检验。"道德是一种精神，但它不是一般的精神，而是一种特殊的精神，它的特殊性就存在于实践性。"① 无论是道德规范、政治立场、信仰，还是价值观等都是思想观念层面的东西，思想政治教育的最终目的在于立德树人，培养现实的、活动着的人。因此受教育者能将主观意识诉诸客观实践，将内在意识外化为行为习惯和道德品质，实现思想政治教育的"内化于心"与"外化于行"辩证统一，这是教育价值的最终体现。② 学界普遍认为，人的思想品德一般被视为知、情、意、信、行等要素构成的系统。活动载体的"活化"功能在于活动载体将知、情、意、信、行诸多要素和多维目标统一于活动过程中。一个成功的思想政治教育活动不仅能向受教育者传导教育内容，调动受教育者接受和内化理论的自觉性、自主性，同时校园文化活动、志愿服务活动等生动活泼的形式能有效推动受教育者内在的知、情、意、信、行的矛盾转化运动，使他们在一种自觉、主动的状态下实现从不知到知、从知到信、

---

① 张琼，等. 道德接受论 [M]. 北京：中国社会科学出版社，1995：23.
② 张耀灿，郑永廷，吴潜涛，等. 现代思想政治教育学 [M]. 北京：人民出版社，2006：188.

从信到行的转化，从而实现立德树人的根本目标。"实践活动是实现思想道德与德性智慧之间转化的途径，它提供了连接思想道德认识与成就德性自由的桥梁和转化的契机。"① 只有当受教育者将内化的思想道德、政治信仰转化为行为表现，甚至逐渐成为习惯时，思想道德认识才转化为德性智慧，成为指导人们实践的实践智慧。

最后，教育过程的"两个转化"的结果需要通过实践活动得以检验。实践是检验真理的唯一标准，作为载体的活动本身就是一种实践，它可以验证价值观教育的实效。活动载体的检验功能主要表现在：第一，对前一阶段价值观教育实效的检验。人的价值观念需要通过言行、通过实践来表现，受教育者自主地参与到活动中来，在活动中自觉表现出来的言行便是价值观念的一种表现，特别是在面临问题或困难需要自主解决的时候更能体现出价值观念。教育者在活动中通过观察受教育的言行便可分析出受教育者接受价值观教育的成效如何。如在各类评选活动中，若出现受教育者拉票或虚构材料的行为，便可以分析出价值观、义利观的教育还没有达到预期目标。第二，对活动载体自身实效性的检验。在活动实施过程中，可以通过活动的参与面、活动现场参与者的情绪反馈、活动结果是否达到预期目标等因素来检验活动的实效性。如果某个具体活动，参与的人员很少，在活动过程中参与者情绪不高，则该项活动的预期目标是很难实现的。这就需要教育者及时总结分析，找出问题症结进行调整。

三、教育对象的"社会化"

社会化问题是哲学社会科学领域的一个基础性课题，不同学科领域对于社会化的界定有所不同。心理学家弗洛姆认为，社会化诱导社会成员去做那些要想使社会正常延续就必须要做的事，是使社会和文化得到延续的手段。② 社会学领域认为社会化是人不断适应社会，获得社会性的过程。郑杭生认为："社会化的基本含义是指人接受社会文化的过程，更具体地说是指'自然人'

---

① 张耀灿，等. 思想政治教育学前沿 [M]. 北京：人民出版社，2006：216.
② 乐国安. 社会心理学 [M]. 北京：中国人民大学出版社，2013：67.

或'生物人'成长为'社会人'的全部过程。"① 教育学领域认为社会化是指"个体适应社会的要求，在与社会的交互作用过程中，通过学习与内化社会文化而胜任社会所期待、承担的角色，并相应地发展自己的个性的过程"②。总体来说，社会化就是人获得社会性，成长为"社会人"的过程。马克思主义认为人是自然属性和社会属性的统一，社会性是人的本质属性。人的本质是社会关系的总和，但人的社会性并不是自然生成的，也不是一个故步自封的概念，而是一个不断发展、生成的属性。正如马克思所指出的，"因为人的本质是人的真正的社会联系，所以人在积极实现自己本质的过程中创造、生产人的社会联系、社会本质"③。人的社会性是在实践中不断生成的，通过创造社会关系、培养社会能力、发展社会主体性，逐渐实现从"自然人"向"社会人"的转变。

人的社会化包括两个方面的内容：一是培养个体适应社会发展的素质能力；二是塑造与社会发展相适应、社会所期待的社会角色，成为对社会发展有所裨益的人。因此，人的社会化不仅仅是人的社会性生成的过程，还是一个不断与现实社会的发展变化相协调、相适应的过程。那么人的社会化过程如何进行？人如何与社会发展进行互动调适？人的社会化过程绝不是孤立进行的，单独的个人是无法完成社会化的。正如马克思所指出的，"只有在共同体中，个人才能获得全面发展其才能的手段"④。社会化是一个需要依靠他人共同参与的过程，这种共同参与可以通过实践活动实现。活动载体就是一个多元主体共同参与的实践活动，其中包括活动组织策划者、广泛的活动参与者，甚至还会有社会主体的参与。因此，作为载体的活动可以营造一个"小社会"的环境，为教育对象的社会化提供社会空间基础和互动途径。作为载体的活动是一个教育实践活动，可以培养教育对象的素质能力，如增强思想道德素质、增强团队意识和组织策划能力等；它是一个交往实践活动，人们

① 郑杭生. 社会学概论新修 [M]. 北京：中国人民大学出版社，1994：105.
② 鲁洁. 教育社会学 [M]. 北京：人民教育出版社，2001：574.
③ 马克思恩格斯全集（第42卷）[M]. 北京：人民出版社，1979：24.
④ 马克思恩格斯选集（第1卷）[M]. 北京：人民出版社，2012：199.

可以通过活动扩大交往范围，建构社会关系，培养其良好的社会交往能力与适应能力；它还是一个角色塑造的过程，大学生通过社会实践活动参与到社会生活中，在体验中感受、选择社会角色，为之后的社会生活做好准备。

受教育者通过活动载体实现社会化的过程是教育与自我教育相统一的过程。第一，在活动中受教育者的主体自主性和综合素质得到了锻炼和提升。受教育者在活动过程中处于主体地位，能够积极、主动、自觉地参与，不像课堂教学被动式的接收。主动地参与便会有主动的意识，会在活动中主动去学习、主动去思考，久而久之，主体自主性得到了提高。学生干部这一群体便是很好的实证，学生干部们能主动地参与到活动中，甚至还能主动地去设计和组织活动，不仅增强了学生干部的综合素质能力，还提高了他们的主体自主性。第二，活动载体引导受教育者主动、自主体验社会生活和内化社会价值标准。不同国家、不同历史阶段的社会发展对人们的需要和期待是不同的。社会化过程不仅是学习社会技能，更是一个内化社会价值标准、适应社会生活的过程。教育者在设计活动时便将教育内容、社会价值标准融入活动之中。受教育者在活动中真实感知和体验着教育内容，通过自我比较、判断、取舍，将这些内容选择性地内化为个人意识，并在活动中亲自践行着这些内容，使自己逐渐形成社会主导意识形态所要求的思想观念、价值取向和道德规范。同时受教育者在参与活动过程中，走出课堂、走出校园、走近社会、贴近生活，在活生生的实践活动中感受并内化社会价值标准。

活动载体能够增强参与者的集体意识和凝聚力，形成更广泛的社会团结，推动社会进步。活动载体的凝聚功能主要表现在：第一，内容凝聚。当活动内容所蕴含的核心精神与当下时代重点、热点问题相吻合，与参与者的精神需求相一致时便会产生巨大的凝聚力。如 2019 年"青春，为祖国歌唱"的网络拉歌活动在全国众多高校唱响，这个活动所主导的爱国主义精神与中华人民共和国成立七十周年的时间点相吻合，广大青年学生渴望表达的与祖国共奋进的爱国情和报国志通过这个活动得到了抒发。这个活动凝聚的力量也非常巨大，短短三个月时间拉歌活动覆盖了全国 30 个省（区、市）2000 多所高校，拉歌视频总播放量近 40 亿，微博话题阅读量 3.2 亿。第二，形式凝聚。活动载体的形式能够随着社会的发展、时代的要求、受教育者的喜好及时地更新变化，活动形式的多样性、多变性、时尚性、新颖性能够吸引广大参与者踊跃参加。如校园抖音大赛，这是一个新兴的活动形式。在当代，自媒体改变了人们的生活方式，微博、微信、抖音、快手等现代自媒体形式的主要媒介深受青年学生的喜爱。举办抖音大赛，将教育内容作为大赛的主题，通过大家喜爱的抖音短视频的形式让受教育者潜移默化地接受教育。这项活动全国很多高校都有组织开展，一些好的抖音作品关注度超过了 10 万。第三，榜样凝聚。活动实施过程中，参与者的认真态度、积极表现，成员之间的相互配合、相互包容等各方面都散发出一种正能量，这种积极的力量吸引了一些观众加入活动，他们也成为活动的参与者。如青年志愿者活动，大学生们深入群众中开展志愿服务活动，他们用实际行动诠释着奉献精神，他们的青春、积极、热情在社会上形成广泛的影响，吸引着更多的人加入志愿者队伍中来，共同为社会发展贡献力量。

　　社会是由具体的个人组成的有机统一体。社会化的目的不仅是培养个体适应社会发展的素质能力，实现全面发展，还要将社会团结与个性发展有机统一起来，培养社会主义事业的建设者和接班人，共同推动社会发展，实现中华民族伟大复兴的中国梦。

第三节　活动载体"活化"价值实现的遵循

　　活动载体的价值实现应遵循知行合一、双向互动、正面引领的基本原则。知行合一，以"知"为前提，以"行"为根本，以"合"为目标，实现知以促行，行中生知，确保活动载体价值表达中的理论认知与实践行为有机融合；双向互动，注重教育者与教育对象之间的民主沟通，实现从客体主体化到双主体中心的互动模式，促进活动载体价值最大化实现；正面引领，既要将坚定正确的政治方向放在首位，做到是非分明、立场坚定、坚持社会主义主旋律，同时也要善于抓住教育对象价值的多维动态性特点，并在此基础上采取刚柔互补、显隐互通的价值实现路径，促进活动载体价值的正面引领。

一、知行合一

活动载体价值的实现需要遵循知行合一的原则，具体做到活动载体理论与实践有机结合，知以促行，行中生知，促进学生真正体悟活动载体的价值意义，实现活动的教育效果。

（一）知行合一，以"知"为前提

理论是科学合理地运用活动载体的前提，只有对活动载体具备深刻的理论认知，做到知其然知其所以然，活动载体才能得以科学运用与实践，作为载体的活动的价值才能充分发挥。马克思恩格斯一直强调必须要用科学的理论来指导和教育群众。马克思曾指出，"如果没有严格的科学思想和正确的学说号召工人，那就等于玩弄空洞虚伪的传教把戏，一方面是一个慷慨激昂的预言家，另一方面只是一些张着嘴巴听他讲话的蠢材"。① 在对德国著名的鼓动家、早期工人运动活动家、空想社会主义者魏特林的驳斥中，马克思连连向其发出质问："你在德国大叫大嚷地鼓动，请你讲一讲，你根据什么来证明你的活动是正确的？你根据什么来确定将来的活动？"② 理论知识的宣讲是活动载体价值实现的前提基础。知行合一，知是必要前提。对于活动载体的运用，教育者不仅要具备扎实的理论积累和深刻的理论认识，同时要将科学的理论有效地运用于实践，并传导给教育对象。让受众在具备深刻的理论认识的基础上参与活动，在活动过程中实现思想的升华，境界的提高，领悟活动价值。

（二）知行合一，以"行"为根本

实践决定理论，实践是理论的来源，理论只有在实践中才能得以发展、完善和丰富。实践是理论得以发展的根本动力，也是理论的最终目的和检验

---

① 中共中央马克思恩格斯列宁斯大林著作编译局. 人间的普罗米修斯 [M]. 北京：人民出版社，1983：45.

② 中共中央马克思恩格斯列宁斯大林著作编译局. 人间的普罗米修斯 [M]. 北京：人民出版社，1983：44.

真理的唯一标准。活动载体价值的实现必须以实践为基础。马克思曾说道："理论的对立本身的解决，只有通过实践方式，只有借助于人的实践力量，才是有可能的；因此，这种对立的解决绝不只是认识的任务，而是一个现实生活的任务。"① 马克思主义实践观认为社会生活在本质上是实践的，这就突出了在社会生活中，实践活动具备的重要作用和地位。从马克思主义实践观中我们可以认识到：实践活动对于个体的生存和发展是至关重要的。我们可以从三个方面来认识，其一，社会实践是人认识、掌握正确理论思想的主要手段；其二，社会实践是人形成观念和认识的重要环节；其三，社会实践是人不断实现自我完善、自我发展的根本要求。总而言之，马克思主义十分强调实践对于人的发展的重要作用。活动载体是实践的重要形式，以活动为载体能够充分体现实践的作用，活动载体的价值也必须通过实践才能得以实现。

（三）知行合一，以"合"为目标

活动载体的价值实现，要遵循知行合一的原则，以合为目标，做到行中思知，以知促行，以此实现知行合一。苏联著名教育家苏霍姆林斯基指出："学生从事的活动，不仅应当是对知识的说明（这一点也是必要的），而且应当是新的真理、发现和规律性的源泉。""学生不仅在活动，而且在思考，在推断各种因果关系，在规划未来的工作。"② 在活动中，理论与实践的有机融合，要求学生在参与活动的过程中深刻思考各种事物、现象以及活动过程中的各种关系和相互之间的联系。教育者要创造有利条件和环境，激发受教育者去思考，促使其不断获得新的发现，从而产生思想。行中思知，以知促行，能够帮助学生直观地感受并且互动式回应活动载体的价值内涵，并将在活动中获得的思想感悟落实于行为实践，指导实际生活，促使活动载体价值充分实现。

二、双向互动

双向互动，是确保教育者与受教育者顺畅沟通，促进活动载体的价值实

---

① 马克思恩格斯全集（第3卷）[M]. 北京：人民出版社，1979：306.
② [苏]苏霍姆林斯基. 给教师的建议 [M]. 北京：教育科学出版社，1984：49-50.

现的有力保障。只有真正实现教育者与受教育者之间的合理沟通，达成双向互动，受教育者才能真正自觉自主地认识活动价值、体悟活动价值，活动载体的价值功能才能得以充分发挥。科学的双向互动要实现从客体主体化到双主体中心模式的互动过程。

（一）对客体主体化的认识

客体主体化即教育者要充分激发受教育者的积极性，发挥受教育者在活动载体运用中的主体性。作为载体的活动是教育者和受教育者之间双向互动的活动。教育者虽要预先规划、精心组织，在活动中处于主导地位，但只有更好地调动受教育者的主体性，激发其自觉自愿自主地参与活动的积极性，活动载体的价值才能得以充分实现。因此，在活动中，实现客体主体化，调动和发挥受教育者的主体性是教育者主体性发挥的出发点和最终归宿。充分发挥受教育者的主体性，能够促进活动载体价值的迁移性实现。受教育者在活动中的主体积极性会影响其他教育对象，充当教育者的角色，在一定意义上实现了活动的客体主体化。作为载体的活动摒弃了教育者组织开展、受教育者服从安排的单线性价值表达方式，而实现多向性价值传播，扩大了价值实现面。

客体主体化并不是靠削弱教育者在活动载体中的价值地位来实现受教育者对活动的自觉自主性。当前，在一些教育活动中，一些教育者拿捏不好受教育者客体主体化尺度，过度发挥受教育者的主体性而模糊了教育者的责任意识，引发教育主客体之间的矛盾。甚至有一些受教育者借此呼吁自由、平等以及要求足够多的主动权，从而造成教育客体的主体性增强而教育主体的主体性减弱的困境和问题。尤其是在智能化网络信息时代，作为载体的活动从线下组织转移到了线上线下同时开展，互联网上信息获取的平等性、资源的共享性以及网络平台的开放性和网络表达的隐秘性促使受教育者的主体性意识增强，对于主体性要求更是有恃无恐。这也导致部分不善于网络技术操作的教育者的网络信息先导权和网络活动支配权受到挑战，出现"老向少学"的尴尬处境。同时，处于这个阶段的受教育者思想不成熟、三观不稳定、价值观念尚未定型，既缺乏经验又易冲动，教育者若不及时干预，科学互动，受教育者的客体主体性容易出现主体性迷失。科学实现客体主体化，有效促进主客体双向互动，充分发挥活动载体价值作用，既要充分发挥教育者的主导性，同时也要正确认识教育者和受教育者的身份、位置和责任等，构建双主体中心模式。

（二）充分发挥教育者的主导性

充分发挥教育者的主导性，对受教育者起到正确的引导作用。促进活动载体的价值实现，必须要发挥教育者在其中的主体性作用。教育者的主体性发挥是其实现主导性作用的必要前提，只有充分发挥教育者的主体性，才能更科学地实现教育者的主导性。同时，只有科学地实现教育者的主导性，受教育者的主体性才能够被合理激发、有效运用，最大限度地实现思想政治教育活动载体的价值。高质量的价值观教育离不开高素质的教育者。朱小蔓指出，"教师只有本人成为主体，不再仅仅是计划的实施者和知识的传递者，而是在发现学生，发展学生的不同需要的基础上，用自己的观念认识、信念理想、经验意向和心血情操处理知识教育，化育德性人格，经营组织管理，才可能富有生气和色彩地创造'人'的教育。"①尤其是在当前智能化时代，作为载体的活动阵地由线下发展成为线下线上同步开展。网络技术的发展要求教育者要与时俱进，积极改革教育方法，认真钻研教育活动内容，提升理论水平和网络技术的操作水平，由单纯的活动组织者、计划实施者转变为价值传导者、思想引领者。坚持以人为本，既要与受教育者保持平等互动，体现教育者的开放性、民主性，同时也要针对受教育者自身特点，创新教育教学方法，采取合适的方法对受教育者进行恰当引导。另外，发挥教育者的主体性还体现在教育者对活动载体的系统性把握。要追求活动载体价值实现的最大值，教育者就要具备全局性思维，善于把握教育活动的贯通性，善于营建活动方法的互补性。对活动载体系统性地科学建构，才能强化活动载体价值实现的整体性效果。对于活动的组织实施，教育者既不能够单打一，同时也不宜太琐碎，过多地去计较活动中的细小琐事，情绪波动频繁，精力受其牵

---

① 朱小蔓. 关于教师创造性的再认识［J］. 中国教育学刊，2001（3）：57-60.

制。如若如此，活动载体价值并不能达到理想发挥，同时还会导致教育者身心疲惫。因此，充分实现活动载体的价值，要求教育者既要善于抓住主要矛盾，同时也要统筹全局，从宏观上、方向上准确把握，并促进各要素协调发展，科学构建活动载体的系统性。

（三）对受教育者的精准识别、分类引导

要分层分类，精准认识受教育者，了解受教育者的实际情况，从而做出准确的判断，促进双主体中心模式的实现。深入调查受教育者的实际情况，尊重受教育者的个性发展，做到因材施教，因人而异，具有针对性地开展教育活动，才能真正实现双主体中心。教育者的主导性发挥，最终要落实到受教育者身上，一切教育活动，既是由受教育者的成长需要而组织开展，最终也是以受教育者的成长收获为结果评估。因此，实现受教育者的主体性，要深入了解受教育者的实际情况，知其所需，分层分类地开展教育活动，才更有利于活动载体价值的实现。马克思和恩格斯在对英国、法国和德国农民进行研究时，注重分层分类研究。恩格斯在总结1848年德国革命经验而写的《德国的革命与反革命》一文中，把农民阶级具体地分为富裕农民、小自由农、封建佃农、农业工人，对农民的需求进行具体而深刻的分析。马克思在《巴枯宁〈国家制度和无政府状态〉一书摘要》中提到，"无产阶级要想有任何胜利的可能性，就应当善于变通地直接为农民做很多的事情，就像法国资产阶级在进行革命时为当时法国农民所做的那样"①。在价值观教育活动中，教育者要付出更多的人文关怀，要更加细致、具体地去研究受教育者丰富的情感以及实际需求。对于教育活动，受教育者普遍具有以下心理特点：一是对教育活动具有价值性期望；二是对教育者组织的教育活动的动机具有潜审视意识，同时伴随着较强的保护本我的自我防范意识；三是受尊重的感受需求。针对以上教育对象的心理特征，教育者应认识到在活动中，要重视与受教育者的情感关系优化和信任关系建立。

第一，教育者与受教育者的情感关系优化。在活动中，受教育者的为我

---

① 马克思恩格斯选集（第3卷）[M].北京：人民出版社，1995：287.

性意识较强，如果受教育者能够切身感受到教育者是全心全意为其着想，不是出于教育者自身的需求，也不仅是出自教育者的职业行为，受教育者的为我性体验会产生对教育者的信赖情感，以此强化对价值观教育活动的承受能力和接受容量，从而促使受教育者对活动产生积极反响和回应，有利于活动载体价值的实现。因此，教育者应善于向受教育者袒露诚心，优化二者之间的情感关系。活动中，教育者不宜过度理性，应有积极的情感参与，尊重并平等对待受教育者的辩护权、受尊重权，使受教育者在活动中产生主客同体性感受，这有利于受教育者减弱自身防备心理和质疑心理，从而产生积极的思想回应。

第二，教育者与受教育者的信任关系建立。受教育者对活动载体的价值会有验证性体验。如果受教育者感受到活动传递的思想信息对自身是有益的、符合自己实际需要的，并且在现实生活中获得可验证性体验，则会自然引发受教育者对活动价值的关注，同时也强化对教育者的信赖程度。因此，教育者应契合受教育者的发展需要，关注受教育者的最新发展趋势。将受教育者期望其新我与保护其本我的实际情况有机融合，以此构建教育者与受教育者的双主体中心模式，促进活动载体价值的最大程度实现。

三、正面引导

人的思想的多面性、复杂性致使人的价值判断呈现出多维性、动态性。马克思主义关于"人是社会关系的总和"也进一步揭示了人的思想的复杂性和价值的多维性。首先，人的外在关系的复杂性决定了人的价值判断呈现出多维性。卢梭在《社会契约论》中讲道，"人生而自由，但无往不在枷锁之中"。人与人、人与物、人与社会的复杂关系，促使人的价值判断呈现出多维性。其次，人的内在思想体系和认知结构决定了人的价值的动态性。在不断的外来思想刺激下，个体会产生不同的思想分解组合，从而形成不同的思想认知和价值判断，并随着具体情况的变化而发生动态变化。再次，人从不同视角所产生的思想认识也会促使人形成不同的价值认定。所谓"横看成岭侧成峰，远近高低各不同"，对于同一座山，从横、侧、远、近、高、低不同的视角和方位对岭和峰的认定都会有所不同。我们并不能简单地将其归咎为是人们的视角差异问题，它更是反映出事物存在多面性，这也进一步说明人的价值判断会根据其具体的实际情况的不同而作出不同的价值判断，根据自己的实际需求作出不同的解读。

另外，随着信息化、全球化进程的加速发展，西方敌对势力将高校作为其意识形态渗透的前沿阵地。资本主义文化思想经过西方敌对势力的蓄意传播和发酵，容易造成学生思想混乱、信仰迷失、行为踌躇、价值困顿等现象。再加之当代大学生思想活跃、心智懵懂，而多元社会思潮又带有明显的隐蔽性、欺骗性和诱导性特点，这都给国外意识形态向我国广大青年群体的渗透提供了可乘之机。敌对势力以各种隐蔽的方式蛊惑学生，诱导其作出错误的价值判断，并煽动其发表错误的言论、做出错误行为，对党、国家和人民的利益造成严重损害。因此，活动载体价值的实现一定要强调正面引领，传递核心价值，促使受教育者能够达成价值上的最大共识。"社会主义社会的思想政治教育的本质是坚持主流意识形态的主导和灌输。"① 活动载体要把坚定正确的政治方向放在首位，做到是非分明、立场坚定、坚持社会主义主旋律。在活动载体价值实现的过程中要善于抓住教育对象价值的多维动态性特点，引领主流价值。在坚持活动载体价值实现的正面引领的过程中，可遵循刚柔互补、显隐互通的方法路径。

刚柔互补。一方面，活动载体的价值实现以细心、耐心等柔性引导方法为主。另一方面，作为载体的活动也不能没有刚性力。尤其是对于主流意识形态、核心价值观念的传播，教育者应毫不隐瞒自身的观点和立场，旗帜鲜明地面对是非问题，不回避矛盾，毫不含糊地批评歪风邪气，弘扬正气。要具备一定的批判性和战斗性，敢禁敢倡，给受教育者形成一定的思想和心理震撼，以促使其内在的思想矛盾运动加剧，在一定的思想、心理刺激量的作用下，推动思想意识上的新陈代谢。同时，刚性力还表现在对于活动的制度化和纪律化要求。在"内说服"的基础上要结合"外规范"，强化刚柔互补

---

① 郑永廷. 思想政治教育学原理［M］. 北京：高等教育出版社，2016：94.

的效应。另外，受教育者思想的复杂性和目标的多样性也要求活动载体的价值实现要刚柔并济、抑扬并用，轻重缓急要酌情处理，确保一定的弹性空间。在活动中，教育者要细心观察受教育者思想情绪的变化，及时调整刚柔度。即便是对于被认定为思想落后的教育对象，也要善于发现其积极向上的一面，在活动中细心扶持，循循善诱。刚柔互补是活动载体价值正面引领的重要方法，核心价值的传导需要有规范性、严肃性、旗帜鲜明、立场坚定的刚性一面，同时也要善于发现，细心了解每一位受教育者的思想情绪表现，从而对价值观教育活动的实施进行适时调整，精准把握，统筹兼顾。

显隐互通。一方面，在传播主流意识形态、核心价值观念时，价值观教育活动应目的明朗化、主客体关系清晰化、立场鲜明地褒贬是非，既不需要遮遮掩掩，更不需要躲躲闪闪。价值的正面引领不妨运用声势效应，充分显示活动载体强大的宣传舆论力量，凸显思想政治教育活动载体价值的无可置疑性。这是一种显性的活动载体价值的正面引领，教育者可以有意识地组织一些大型的价值观教育活动，参与者涵盖大学生群体的每一个年级，扩大影响面，加速活动载体价值的扩散，这有利于培养和激发大学生群体对主流意识形态、核心价值观的整体意识，易营造社会性的氛围效应。另一方面，活动载体价值的正面引领也不能完全依靠显性活动形态来实现。显性的价值引领是一种大体、宏观层面的正面引领，还需要配合隐性价值传播的共同作用。隐性价值传播是一种不为教育对象所意识到的价值传播方式，也可以称之为无意识的价值传播方式。在活动中形成一种有意施教，无意受教的自由和谐关系，从而避免教育者说教，受教育者服从的教育功利局面。隐性价值传播具有潜在性、间接性、渗透性特点，其方式是潜移默化地让受教育者在不知不觉中接受正面价值思想。显性的价值正面引领适合激发受教育者的群体性互动作用，隐性的价值传播则易发挥价值的渗透、感染和熏陶功能，对显性的价值正面传播起到辅助和补充的作用。思想政治教育活动载体价值的正面引领必须要显隐结合，显隐互通，显中有隐，隐中突显，活动载体的正面价值引领才能够收到切实效果。

第三章　大学生培育和践行社会主义核心价值观活动载体的运用与反思

　　思想政治教育是中国共产党在长期奋斗过程中积累下来的优良传统和政治优势，要想充分实现思想政治教育功能，有效地将教育者的思想理念、政治主张以及价值观念等信息传递给教育对象，就必须借助和依靠一定的载体。在具体的工作实践中，中国共产党一直高度重视高校思想政治教育活动载体的运用，结合不同时期的主要任务和工作重点，将高校思想政治教育的内容有机寓于有意识组织实施的各种活动中，在不断探索、设计、创新各种类型思想政治教育活动载体的过程中，使高校师生受到教育，提高思想政治觉悟和道德水平，并积累了丰富的实践经验。实践证明，一部高等学校教育的发展历史同时也是我国高校思想政治教育活动载体创新发展的历史。本章通过对中华人民共和国成立以来高校中具有普及性、代表性、常规性的思想政治教育活动载体运用的系统梳理、历史回顾及经验总结，为培育和践行社会主义核心价值观活动载体的研究提供可行性借鉴。

第一节　中华人民共和国成立以来活动载体的运用

　　中华人民共和国成立以来，从以政治运动、政治学习为主的活动到精神文明创建活动、志愿服务活动再到心理健康教育活动、网络活动等，高校思想政治教育活动载体的类型日益丰富与多样，这既是社会发展进步对不同时期高校思想政治教育工作提出的新要求使然，也是社会生产力和科技水平不断发展的必然，更是一代又一代高校思想政治教育工作者顺应时代发展要求，以强烈的事业心、高度的责任感，锐意改革创新所结出的硕果。

一、1949—1978 年活动载体的运用

中华人民共和国从半殖民地半封建社会脱胎而出后，开始了由新民主主义向社会主义的过渡。巨大的社会变革致使意识形态领域和思想政治战线形势复杂，任务艰巨。这一阶段的思想政治教育是围绕巩固新生政权、服务经济建设、组织抗美援朝、宣传党在过渡时期的总路线等各项中心任务展开的。思想政治教育的目标和任务决定了它的主要内容，即以马克思主义理论教育为灵魂，以新民主主义和社会主义教育为核心，以形势任务和过渡时期总路线教育为重点，以包括爱国主义、集体主义和艰苦奋斗精神在内的无产阶级价值观教育为基础。① 1956 年 9 月，中共八大指出国内的主要矛盾不再是工人阶级与资产阶级的矛盾，而是人民对经济文化迅速发展的需要同当前经济文化不能满足人民需要的状况之间的矛盾，将党的工作重点转向社会主义建设。这一阶段，高等学校的教育目标是培养具有爱国主义和国际主义精神，具有共产主义道德品质，拥护共产党的领导、拥护社会主义、愿为社会主义事业服务、为人民服务的社会主义建设者。② "文化大革命"时期，思想政治教育背离了科学的方针和原则，以政治运动为中心任务，走入"以阶级斗争为纲"的轨道。1976 年 10 月 6 日，"四人帮"被粉碎，揭批"四人帮"运动和真理标准问题大讨论是思想政治教育的主要表现形式。经历了两年时间的徘徊，我国社会主义事业进入新的历史时期，党的工作重心向社会主义现代化建设转移，高校思想政治教育集中在全面开展揭批"四人帮"运动中，集中在恢复、整顿和加强教育秩序上。

这一历史时期，高校思想政治教育活动载体具有明确的目的性、广泛的

---

① 王员. 建国初期的思想政治教育及其基本经验 [D]. 南昌：江西师范大学，2010：57.
② 建国以来重要文献选编（第 14 册）[M]. 北京：中央文献出版社，2011：580.

群众参与性和显著的实践性等特点，为高校师生构筑了一个有所启迪和领悟的思想政治教育情境，使思想政治教育工作者的教育意图能够随着活动的开展，潜移默化地渗透于受教育者的心灵深处，并通过情感的共鸣与具体活动中的身体力行，在实践中不断积累，直至产生思想的升华。

（一）结合巩固新政权开展的各项活动

1. 思想改造学习和组织清理运动

1951 年 11 月 30 日，中共中央发出《关于在学校中进行思想改造和组织清理工作的指示》，为达到思想改造和组织清理目标，由党组织有计划、有领导、有步骤地在大中小学教职员和专科以上的学生中开展批评与自我批评，让参加运动的人员通过自我教育和自我改造，抛弃反动的错误的阶级立场，树立为人民服务的观点。

2. 土地改革实践

全国各高校先后组织学生奔赴农村参加土地改革。1950 年 2—3 月，北京有 700 名大学生与 100 名教师一起奔赴郊区参加土地改革；1951 年 9 月，北京大学、清华大学等高校共 800 多名学生分赴西北、西南等地参加土地改革。此外，北京高校还组织了大学教授土地改革参观团，参观新解放区土地改革运动。①

3. 镇压反革命运动

中华人民共和国成立初期，为巩固新生政权，稳定社会秩序，党在全国广泛开展各种政治运动，高校师生也纳入了运动的范围。各高校通过座谈会、诉苦会、控诉会等形式开展阶级斗争教育，清洗隐藏在师生中的反革命分子。

（二）结合抗美援朝重大历史事件开展的活动

抗美援朝战争开始后，党中央号召全国人民"抗美援朝，保家卫国"。中华全国学生联合会号召全国教育工作者和学生参加到保家卫国的爱国运动中。教育部也提出学校要有计划、有系统地进行以抗美援朝为具体内容的思想政

---

① 程浩，崔福海，孙宁. 中国高校思想政治教育史论 [M]. 北京：社会科学文献出版社，2016：160.

治教育。大批青年学生积极报名参加志愿军或军事干校，并通过时事学习会等方式开展学习活动；运用话剧、演说开展宣传教育活动；通过缝制棉衣、手套、慰问袋，捐款，捐子弹、手榴弹及写慰问信等方式组织爱国捐赠活动；结合志愿军立功运动开展向英雄模范学习活动。

（三）结合经济工作、政治运动开展的各项活动

1. 增产节约教育活动

中华人民共和国成立初期，国家的财政经济十分困难，为了迅速恢复国民经济，开展了一系列有针对性的思想政治教育活动。在高校中也进行了增产节约教育活动，高校师生纷纷利用业余时间，从事农业和手工业劳动，解决自身生活上的一部分需要，以减轻国家和人民的负担。

2. 整风运动

1957 年 4 月 27 日，中共中央发出《关于整风运动的指示》后，高等院校纷纷响应，提出了"积极帮助党整风"号召，广大师生积极参与到整风运动中。

3. 反右派斗争

在整风运动中，个别资产阶级右派分子散布反党反社会主义言论对少数学生产生了一定影响，出现罢课事件。于是，中央决定开展反右派斗争。高校又积极投入反右派斗争中，反右派斗争的扩大化也涉及了高校，致使一大批优秀的老师和青年学生被错划为右派分子。

4. "双反"运动

1958 年 2 月 1 日，一届全国人大五次会议上号召全国人民继续鼓起干劲，反对保守思想，反对浪费现象（简称"双反"），进一步开展大规模的增产节约活动。[①] 正处于整风运动和反右派斗争热潮的高校又迅速开展了"双反"运动，揭露学校的浪费、保守现象，宣扬艰苦奋斗、勤俭节约精神。

5. 工农业生产劳动

由于反右派斗争的扩大化，对高校学生的思想政治状况进行了悲观评价，

---

① 程浩，崔福海，孙宁. 中国高校思想政治教育史论［M］. 北京：社会科学文献出版社，2016：166.

提出要加强高校学生的思想改造，并以阶级斗争和生产劳动作为改造的主要途径。再加上"双反"运动的兴起，"大跃进"思想的影响，各高校纷纷开展了教育与生产劳动相结合的教育改革，学校大办工厂。据不完全统计，截至 1958 年 10 月中旬，397 所高校共办工厂 7240 个。各校积极组织师生下乡下厂参加劳动生产。①

（四）向先进典型学习活动

为发扬共产主义精神，培养为人民服务的品质，党在各行各业各个方面树立了许多生动的爱国家、爱集体、爱社会主义的先进个人和先进集体，并号召全国人民学先进做榜样。根据党中央的号召，高校开展了一系列教育学习活动，如学习的先进个人有公而忘私、舍己为人、艰苦朴素、勤俭节约的共产主义战士雷锋，"宁愿少活年，拼命也要拿下大油田"的铁人王进喜，领导干部的好榜样焦裕禄等；学习的先进集体有艰苦朴素的"南京路上好八连"，自力更生、艰苦奋斗、无私奉献、勇攀科技高峰的"两弹一星"集体，以集体利益为重、勤俭办一切事业、战天斗地改变农业生产条件的大寨等。

（五）文艺宣传活动

1956 年，党中央针对发展社会主义科学文化提出的"百花齐放、百家争鸣"方针，使我国文学艺术蓬勃发展，涌现了一大批优秀文艺作品，如电影《红色娘子军》《林海雪原》《小兵张嘎》《烈火中永生》，小说《青春之歌》《红岩》，音乐舞蹈史诗《东方红》，经典歌曲《我们走在大路上》《唱支山歌给党听》《我们是共产主义接班人》《长征组歌》等。这些以积极向上、艰苦奋斗、无私奉献为主题的反映革命历史和现实生活题材的文艺作品深受青年学生喜爱，在校园里广泛开展文艺团队进校园或学生自编文艺节目进行演出等形式的活动。

二、1979—2012 年活动载体的运用

1978 年 12 月党的十一届三中全会的召开，标志着党的工作重心从"以阶

---

① 程浩，崔福海，孙宁. 中国高校思想政治教育史论［M］. 北京：社会科学文献出版社，2016：169.

级斗争为纲"转向社会主义现代化建设，这一时期，思想政治教育的理论和实践得到了前所未有的大发展。随着邓小平同志"教育要面向现代化、面向世界、面向未来""培养有理想、有道德、有文化、有纪律的'四有'新人"等理论的提出，高校思想政治教育目标得以重新确立。随后，思想政治教育开始了理论化、学科化、科学化的建设之路。随着国际国内形势的深刻变化，国际敌对势力在我国争夺下一代的斗争日益尖锐复杂，大学生面临着西方文化思潮和价值观念的冲击。随着对外开放不断扩大、社会主义市场经济的深入发展，我国社会经济成分、组织形式、就业方式、利益关系和分配方式日益多样化，大学生思想活动的独立性、选择性、多变性和差异性日益增强，带来一些负面影响。一些大学生不同程度地存在着政治信仰迷茫、理想信念模糊、价值取向扭曲、诚信意识淡薄、社会责任感缺乏、艰苦奋斗精神淡化、团结协作观念较差、心理素质欠佳等问题。2004年，中共中央、国务院发布《关于进一步加强和改进大学生思想政治教育的意见》，该意见指出要把大学生思想政治教育摆在学校各项工作的首位，贯穿教育教学的全过程。并指出，加强和改进大学生思想政治教育的主要任务是以理想信念教育为核心，深入进行树立正确的世界观、人生观和价值观教育；以爱国主义教育为重点，深入进行弘扬和培育民族精神教育；以基本道德规范为基础，深入进行公民道德教育；以大学生全面发展为目标，深入进行素质教育；基本原则是坚持教书与育人相结合，坚持教育与自我教育相结合，坚持政治理论教育与社会实践相结合，坚持解决思想问题与解决实际问题相结合，坚持教育与管理相结合，坚持继承优良传统与改进创新相结合。

这一时期，随着思想政治教育制度化、规范化、科学化体系初步形成，高校思想政治教育载体的活动类型逐渐多样化。尤其是"思想政治教育载体"这一概念提出后，广大思想政治工作者在不断加强对思想政治教育活动载体研究的过程中，着力推进思想政治教育活动载体的创新发展，作为载体的活动形式异彩纷呈，有全国统一安排部署的活动，也有各高校、学院或学生自行组织的活动，涌现出一大批有特色、有影响，甚至具有里程碑意义的活动载体。

（一）主题教育活动

1. 遵法守规教育

十一届三中全会前后，思想政治领域出现了"左"和"右"两种错误倾向，严重冲击了高校的思想政治教育，造成一部分青年学生思想上的混乱、政治上的彷徨，学生罢课闹事、联名上书等行为时有发生。为加强高校思想政治教育，贯彻落实"四有"新人的人才培养目标，各地高校纷纷开展了多种形式的主题教育活动。活动的主题内容有：坚持四项基本原则主题教育活动，其内容核心是坚持和维护党的领导；热爱中国共产党、热爱社会主义祖国主题教育活动，其内容核心是学习党的十二大文件精神，开展共产主义思想教育；坚定党的信念、加强党的纪律主题教育活动，主要参与对象是党员，其内容核心是学习《关于党内政治生活的若干准则》，加强党的政治建设；社会主义民主与法治主题教育活动。主要针对校园内违法乱纪、无政府主义现象开展批评教育，其内容核心是服从国家法律法令、遵守校纪校规。活动的主要方式有：专题讲座、主题讨论、演讲比赛、参观访问等。

2. 爱国主义、集体主义和社会主义教育

改革开放以来，形势及环境的变化对大学生的思想也带来了一些负面影响，集体主义意识淡薄，拜金主义、享乐主义、利己主义滋生，诚信缺失、价值多元现象发生。针对这种状况，1993 年《中国教育改革和发展纲要》指出"对广大青少年要加强党的基本路线教育，爱国主义、集体主义和社会主义教育"①；1994 年 1 月，江泽民在全国宣传思想工作会议上指出"要加强对人民群众特别是青少年中以爱国主义、集体主义和社会主义为核心内容的思想道德教育"；1996 年 10 月，党的十四届六中全会通过的《中共中央关于加强社会主义精神文明建设若干重要问题的决议》指出"思想道德建设的基本任务是：坚持爱国主义、集体主义和社会主义教育"②。各高校通过组织报告

---

① 中共中央，国务院. 中国教育改革和发展纲要：中发［1993］3 号［Z/OL］.（1993-2-13）［2005-12-13］. http：//jyt. jiangxi. gov. cn/art/2005/12/13/art_ 30381_ 1480737. html.

② 中共中央关于加强社会主义精神文明建设若干重要问题的决议［J］. 求是，1996（21）：9.

会、大学生论坛、演讲赛、辩论赛、文艺演出、参观、调研、体育竞赛、社会实践等多种形式的活动开展爱国主义、集体主义和社会主义教育，特别是很好地利用了重要节点、重大事件开展了丰富多彩的纪念性教育活动。如"纪念五四运动80周年""迎回归、爱祖国""庆祝建国五十周年""我看改革20年"等。

3. 《公民道德建设实施纲要》的学习教育活动

2001年9月20日，中共中央印发了《公民道德建设实施纲要》，2003年，将9月20日定为"公民道德宣传日"，贯彻落实《公民道德建设实施纲要》成为思想道德建设的重点。各地区、各部门组织学习宣传，开展了各具特色的道德实践活动，在活动中强化了公民的社会责任意识，加强了自身的道德修养。①

4. 理想信念教育

各高校以建设社会主义核心价值体系为根本，以理想信念教育为核心，以爱国主义教育为重点，以思想道德建设为基础，以建党85周年、红军长征胜利70周年、香港回归祖国10周年、2008年北京奥运会、纪念学雷锋活动开展40周年暨青年志愿者行动实施10周年等重大活动、重大事件和重大节庆为契机，以报告会、座谈会、大学生论坛、演讲赛、辩论赛、文艺演出、参观、调研、群众性文化活动等形式在大学生中开展"我与祖国共奋进""与信仰对话""学党史、知党情、跟党走""实现宏伟蓝图，奉献青春智慧""民族精神代代传""弘扬雷锋精神、参与志愿服务、建设精神文明"等主题教育活动。与之相配合，各高校采用理论与实践相结合的方式，积极组织学生开展社会实践活动。根据不同专业、不同年级学生的特点，利用假期就近就便，深入农村、工厂、部队等改革建设的一线开展多种形式的社会主义实践活动，用大量的社会现实材料教育学生，让广大青年学生走向社会，走入

---

① 中共中央. 公民道德建设实施纲要：中发［2001］15号［Z/OL］.（2001-9-20）［2022-07-12］https：//baike. baidu. com/item/%E5%85%AC%E6%B0%91%E9%81%93%E5%BE%B7%E5%BB%BA%E8%AE%BE%E5%AE%9E%E6%96%BD%E7%BA%B2%E8%A6%81/9731526？fr=aladdin#2.

群众，亲身体验改革建设的实际，亲自了解社会发展的需求，了解国情、民情。据不完全统计，1987 年暑假，全国各地共有 100 多万名大中专学生参加社会实践活动。①

（二）校园文化活动

1. 大学生艺术展演活动

为大力推进素质教育，促进高等学校学生德智体美全面发展，2004 年教育部举办了第一届大学生艺术展演活动，之后每三年举办一次。展演活动的项目分艺术表演类、艺术作品类、高校校长书画摄影作品类、高校艺术教育科研论文报告会四类。展演活动成为高校美育培根铸魂的重要载体，坚持以美育人、以美化人、以美培元，用艺术陶冶情操、塑造美好心灵，引导广大师生有信仰、有情怀、有担当，树立高远的理想追求和深沉的家国情怀。体现了时代特征、校园特色和学生特点，体现向真、向善、向美、向上的校园文化特质。

2. 高雅艺术进校园活动

为贯彻落实《中共中央国务院关于进一步加强和改进大学生思想政治教育的意见》提出的"进一步推进高雅文化进校园活动，丰富校园文化生活，提高学生艺术修养"的要求，引领高校学生弘扬优秀民族文化，吸纳人类先进文化的成果，提高艺术修养和文化素质，促进高校学生全面发展，教育部、文化部、财政部从 2006 年开始共同举办高雅艺术进校园活动，之后每年组织开展。组织国家级艺术院团赴高校演出；组织全国艺术教育专家讲学团赴中西部地区高校举办艺术教育专题讲座；组织优秀高校学生艺术社团和地方艺术院团赴本地学校和社区演出；组织高校学生走进国家大剧院和中国美术馆；创建中华优秀传统文化艺术传承基地；实施"美育浸润行动计划"，支持 20 所左右高校整合优质美育资源，为本地区特别是革命老区、民族地区、边疆地区、贫困地区和广大农村地区的中小学校美育课程教学、艺术社团活动、

---

① 程浩，崔福海，孙宁. 中国高校思想政治教育史论 [M]. 北京：社会科学文献出版社，2016：180.

美育师资培训、校园文化建设等提供定向精准帮扶的美育志愿服务。

3. 心理健康教育活动

从 2003 年开始，大学生心理健康教育向科学化、规范化发展，大学生心理健康队伍建设不断加强，同时，大学生心理健康教育活动也日益丰富。2004 年，为呼吁公众关注青少年的心理健康和精神卫生问题，教育部、卫生部、团中央和中国青年报社共同发起了"心理阳光工程"活动，该活动包含了"认知行动""专家行动""走进校园计划""救助行动"等主题，开通大学生心理健康网站，组织大学生心理健康宣讲、心理健康巡回讲座等活动。2000 年，"5·25 全国大学生心理健康节"在北京师范大学拉开帷幕，2004 年教育部、团中央和中华全国学生联合会向全国大学生发出倡议，将 5 月 25 日定为全国大学生心理健康日，并共同举办"5·25 全国大学生心理健康节"。全国高校都利用这一天开展心理学知识宣传、心理学讲座、心理学影片放映等多种形式的心理健康教育活动，引导大学生关注自身心理健康。

4. 网络思想政治教育活动

随着信息技术的发展，互联网已经融入社会生活的方方面面，日渐成为人们学习、工作、生活的新空间，这一时期，网络安全问题不断得到重视，高校网络思想政治教育的重视程度不断提高。2004 年 12 月 31 日，教育部、团中央联合下发了《关于进一步加强高等学校校园网络管理工作的意见》，根据该意见，各高校纷纷制定了加强校园网络管理工作的措施。为主动占领网络阵地，掌握网络思想政治工作主动权，各高校利用"一网三微"（校园网、微信、微博、微刊）广泛开展网络参观、网上论坛、网络咨询、网络宣传、网络投票、网络打卡等线上活动，组织线上服务，打造网络文化，不断增强网上思想政治工作的吸引力和凝聚力。

这一时期各高校还继续重视校园文化活动和军事训练活动的组织，在总结以往活动运用的经验基础之上不断创新活动的形式，在活动实施过程中根据新的形势和新的需求不断更新活动的内容。如校园文化活动呈现出校、院（系）、社团多层次发展，校、院（系）的活动追求精品，学生社团活动讲求特色。

（三）精神文明建设活动

1. 文明礼貌活动

根据中央关于社会主义精神文明建设的一系列方针和政策，群众性精神文明建设活动从 20 世纪 80 年代初开始兴起。1982 年 2 月，根据党中央指示，每年 3 月为"全民文明礼貌月"，深入开展"五讲四美三热爱"活动。1982 年 2 月 28 日，中宣部、教育部、文化部等部门联合发出《关于开展文明礼貌活动的通知》，在高校广泛开展了以"讲文明、讲礼貌、讲卫生、讲秩序、讲道德"和"心灵美、语言美、行为美、环境美"为主要内容的"五讲四美"文明礼貌活动。① 具体活动的方式有："学雷锋，创三好"各种评优评先活动；"学雷锋，树新风"志愿服务活动；"三堂一馆一舍"（课堂、食堂、会堂、图书馆、宿舍）文明创建活动等。

2. 创先争优活动

一是为了加强公民道德建设，构建社会主义和谐社会，营造崇尚先进、学习先进、争当先进的浓厚氛围，在全国各个行业开展先进典型的选树活动、巡讲活动。如 2006 年开始实施"中国大学生年度人物"评选活动；2007 年开始实施全国道德模范评选表彰活动，该活动是中华人民共和国成立以来规模最大、规格最高、选拔最广的道德模范评选，分为"助人为乐""见义勇为""诚实守信""敬业奉献""孝老爱亲"5 个类型，之后每两年评选一次；2008 年组织"抗震救灾英雄少年"评选表彰活动、"中国大学生自强之星"寻访活动等等。二是为了保持和发展党的先进性，提高党的执政能力，激发各级党组织和广大党员的生机活力，2010 年 4 月开始在党的基层组织和党员中开展"创建先进基层党组织、争当优秀共产党员"活动。要求先进基层党组织努力做到"五个好"，即领导班子好、党员队伍好、工作机制好、工作业绩好、群众反映好；要求优秀共产党员要努力做到"五带头"，即带头学习提高、带头争创佳绩、带头服务群众、带头遵纪守法、带头弘扬正气。活动通

---

① 中宣部，教育部，文化部，等. 关于开展文明礼貌活动的通知［Z/OL］.（1981-02-28）［2021-09-17］https：//www. fjdaily. com/app/content/2021-09/17/content_ 1143896. html.

过公开承诺、领导点评、群众评议、评选表彰等方式展开。高校党组织和党员也积极开展创先争优活动，同时活动还延伸到广大团员青年。① 1997 年开始，为树立政治进步、品德高尚、贡献突出的优秀青年典型，集中反映当代青年的精神品格和价值追求，团中央、全国青联开展"中国青年五四奖章"评选表彰活动，相应的各省、各地、各高校也开展优秀青年选树、宣传、学习活动，"中国青年五四奖章"是我国优秀青年的最高荣誉。

（四）志愿服务活动

1. 志愿服务两个品牌的创建

一是文化科技卫生"三下乡"社会实践活动。20 世纪 80 年代初，团中央便号召全国大学生利用暑期开展"三下乡"社会主义实践活动。1996 年 12 月，中宣部等十部委联合下发了《关于开展文化科技卫生"三下乡"活动的通知》，"三下乡"活动于 1997 年在全国正式开展。全国高校纷纷组织大学生以志愿形式深入农村，传播先进文化和科技，体验基层民众生活，调研基层社会现状，服务基层群众，通过一系列社会实践活动提高大学生的思想认识和实践能力，在实践活动中"受教育、长才干、做贡献"②。二是中国青年志愿者协会。为适应社会主义市场经济发展的需要，推动青年志愿服务体系的建立和完善，培养青年的公民意识、奉献精神和服务能力，促进青年健康成长，1994 年 12 月 5 日在团中央指导下成立中国青年志愿者协会。各高校遵循协会的宗旨和准则，纷纷成立大学生青年志愿组织，还有的学生围绕"奉献、友爱、互助、奉献"的准则，组建志愿服务性质的社团。青年学生纷纷加入协会或社团，参与到志愿服务活动中。

2. 志愿服务西部计划的实施

这一时期，继续深化青年志愿者行动，继续开展大中专学生"三下乡"和"四进社区"社会实践活动。从 2003 年开始实施大学生志愿服务西部计

---

① 中共中央办公厅转发中央组织部、中央宣传部关于在党的基层组织和党员中深入开展创先争优活动的意见的通知：中办发［2010］12 号［Z/OL］.（2010-05-13）［2010-06-21］. http：//www. sjzu. edu. cn/info/1261/24391. htm.

② 王洋."三下乡"，征途上［J］. 中国大学生就业，2009（12）：18.

划。该计划由团中央、教育部、财政部、人力资源社会保障部根据国务院常务会议和全国高校毕业生就业工作会议精神联合实施，按照公开招募、自愿报名、组织选拔、集中派遣的方式，每年招募一定数量的普通高等学校应届毕业生和在读研究生，到西部基层开展为期 1~3 年的教育、卫生、农技、扶贫等志愿服务。引导青年学生通过西部基层实践进一步坚定理想信念，锤炼意志品格；引导青年学生到西部去、到基层去、到祖国和人民最需要的地方去干事创业，促进优秀人才的区域流动。①

（五）"挑战杯"全国大学生系列学术科技竞赛

"挑战杯"由教育部、团中央、中国科学技术协会、中华全国学生联合会共同举办，有两个并列项目，一是"挑战杯"全国大学生课外学术科技作品竞赛；二是"挑战杯"中国大学生创业计划竞赛。这两个项目的全国赛事每两年举办一届，交叉轮流举办。"挑战杯"全国大学生课外学术科技作品竞赛旨在引导大学生崇尚科学、追求真知、勤奋学习、锐意创新、迎接挑战，培养学生创新精神和实践能力。竞赛包含自然科学类学术论文、哲学社会科学类社会调查和学术论文、科技发明制作三大类。② 第一届比赛于 1989 年举行，由清华大学承办。"挑战杯"中国大学生创业计划竞赛旨在培养创新意识、启迪创意思维、提升创造能力、造就创业人才，引导和激励高校学生将所学知识与经济社会发展紧密结合，培养创新、创造、创业的意识和能力。竞赛作品分已创业和未创业两类。第一届比赛于 1999 年举行，由清华大学承办。"挑战杯"是大学生课余科技文化活动中一项具有导向性、示范性、权威性的全国性的竞赛活动，被誉为中国大学生学术科技"奥林匹克"。

（六）青年马克思主义者培养工程

2007 年 5 月 15 日，团中央在北京启动了"青年马克思主义者培养工程"，通过教育培训和实践锻炼等方式不断提高大学生骨干、团干部、青年知识分

---

① 薛妍琴，贾春远，方夏荃. 志愿服务"西部计划"大学生的现状、问题与对策 [J]. 青年探索，2010（6）：54.

② 叶学丽. "挑战杯"全国大学生系列科技学术竞赛——当代大学生素质教育的有效载体 [J]. 中国共青团，2016（12）：61-62.

子等青年群体的思想政治素质、政策理论水平、创新能力、实践能力和组织协调能力，使他们进一步坚定跟党走中国特色社会主义道路的信念，成为中国特色社会主义事业的合格建设者和可靠接班人。各地、各高校纷纷实施"青年马克思主义者培养工程"，旨在为党培养信仰坚定、能力突出、素质优良、作风过硬的青年政治骨干。①

三、2012 年至今活动载体的运用

党的十八大以来，中国特色社会主义进入了新时代，以习近平同志为核心的党中央把高校思想政治工作摆在突出位置，并做出一系列重大决策部署。2016 年 12 月 7 日至 8 日，全国高校思想政治工作会议在北京举行，习近平同志出席并发表重要讲话。讲话中强调，高校思想政治工作关系高校培养什么样的人、如何培养人以及为谁培养人这个根本问题。做好高校思想政治工作，要因事而化、因时而进、因势而新。要坚持把立德树人作为中心环节，把思想政治工作贯穿教育教学全过程，实现全程育人、全方位育人，努力开创我国高等教育事业发展新局面。2017 年 2 月，中共中央、国务院印发《关于加强和改进新形势下高校思想政治工作的意见》，《意见》指出，加强和改进高校思想政治工作的指导思想是高举中国特色社会主义伟大旗帜，全面贯彻党的十八大和十八届三中、四中、五中、六中全会精神，以马克思列宁主义、毛泽东思想、邓小平理论、"三个代表"重要思想、科学发展观为指导，深入学习贯彻习近平总书记系列重要讲话精神和治国理政新理念、新思想、新战略，全面贯彻党的教育方针，坚持社会主义办学方向，扎根中国大地办大学，以立德树人为根本，以理想信念教育为核心，以社会主义核心价值观为引领，切实抓好各方面基础性建设和基础性工作，切实加强和改善党的领导，全面提升思想政治工作水平，紧密团结在以习近平同志为核心的党中央周围，牢固树立政治意识、大局意识、核心意识、看齐意识，坚定不移维护党中央权威和党中央集中统一领导，为实现"两个一百年"奋斗目标、实现中华民族

---

① 石国亮，黄尹，廖艳琳. 新时期青年马克思主义者研究综述［J］. 中国青年研究，2009（12）：40-41.

伟大复兴的中国梦，培养又红又专、德才兼备、全面发展的中国特色社会主义合格建设者和可靠接班人。加强和改进高校思想政治工作的基本原则是坚持党对高校的领导，坚持社会主义办学方向，坚持全员全过程全方位育人，坚持遵循教育规律、思想政治工作规律、学生成长规律，坚持改革创新。①

这一时期，随着思想政治教育载体研究的深入发展，高校思想政治教育活动载体的运用实践在内容和表现形式上呈现出接续发展态势，对一些教育效果好、师生喜欢的品牌活动，如"三下乡""四进社区"志愿服务活动、"青年马克思主义者培养工程"、大学生艺术展演、高雅艺术进校园及争先创优、文明创建、心理健康教育、网络思想政治教育等类别的特色活动继续传承发展。同时，伴随着网络对人们生产生活的日益广泛深入渗透，高校思想政治教育活动载体运用也在顺应新媒体时代新要求的过程中，不断推陈出新，通过一些具有时代特色、符合形势要求的品牌活动的开展，实现了把"思政小课堂同社会大课堂结合起来，教育引导学生立鸿鹄志，做奋斗者"②的目标要求。

（一）主题教育活动

1. "我的中国梦"主题教育实践活动

该项活动于2013年由团中央组织实施，活动着力引导青少年深刻认识中国梦的基本内涵，认识实现中国梦需要亿万青年脚踏实地、不懈奋斗，自觉把个人梦想融入中国梦之中。活动以"我的中国梦"宣讲、主题团日、青春典型故事讲述、微博编创传播、手机报交流等具体形式来展开。之后，该项活动成为各高校以理想信念教育为核心，以增强当代大学生责任感、使命感和奋斗精神为重点的品牌活动。③

---

① 中共中央，国务院. 关于加强和改进新形势下高校思想政治工作的意见：中发［2016］31号［Z/OL］.（2017-02-27）［2020-08-16］. http：//www. csnn. cn/zx/201702/t20170227 _ 3432295. shtml.

② 习近平谈治国理政（第3卷）［M］. 北京：外文出版社，2020：331.

③ 共青团中央. 关于印发"我的中国梦"主题教育实践活动总体方案的通知：中青发［2013］11号［Z/OL］.（2013-04-15）［2013-04-18］https：//www. 12371. cn/2013/04/18/ARTI1366230931129510. shtml.

2. "社会主义核心价值观"宣传教育实践活动

该项活动于 2014 年开始在各高校组织实施,具体有以报告会、分享会、研讨会、演讲赛等为表现形式的"社会主义核心价值观主题宣传月"活动;有以文字、图片、视频、动漫、微电影等多种个性表达和自我传播为表现形式的"我为核心价值观代言"活动;有以社会调查、文艺演出、公益服务等为表现形式的践行社会主义核心价值观主题社会实践和志愿公益活动;社会主义核心价值观主题文化作品征集传播活动;践行社会主义核心价值观先进个人寻访、优秀集体创建活动等具体内容。该项活动也已成为各高校思想道德教育品牌活动。①

3. "礼敬中华优秀传统文化"系列活动

该项活动于 2014 年由教育部在全国高校组织实施,至今已举行了五届,分别以"文化根·民族魂·中国梦""阅读传统经典·品味书香生活""爱国情·强国志·报国行""传承发展·自信担当""爱国心·奉献情·奋斗行"为主题,活动目的在于深入挖掘中华优秀传统文化资源,大力营造弘扬中华优秀传统文化的浓厚氛围,教育引导高校学生领悟优秀传统文化精华、感受优秀传统文化魅力、接受优秀传统文化洗礼,提升民族自信,振奋民族精神,自觉传承和弘扬中华优秀传统文化,努力为培育和践行社会主义核心价值观做贡献。

4. 纪念性活动及其他理论学习活动

以纪念中国人民抗日战争暨世界反法西斯战争胜利 70 周年、改革开放 40 周年、五四运动 100 周年、中华人民共和国成立 70 周年等重大活动、重大事件和重大节庆为契机开展主题宣传教育活动。同时,在高校师生中开展了党的十八大、十九大精神,习近平系列讲话精神,习近平新时代中国特色社会主义思想及党的创新理论的学习教育活动。

---

① 共青团中央. 关于在广大青少年中深入开展社会主义核心价值观宣传教育和实践活动的通知:中青发[2014] 8 号[Z/OL]. (2014-03-17)[2020-04-09] https://www.shkjdw. gov. cn/c/2014-04-11/485385. shtml.

5. "青年大学习"行动

该项行动由团中央 2018 年 3 月发出，是一项组织引导广大青年深入学习宣传贯彻习近平新时代中国特色社会主义思想和党的十九大精神持续引向深入组织的青年学习行动。突出理论武装和思想引导，通过构建"导学、讲学、研学、比学、践学、督学"六位一体的学习体系，着力提升学习的制度化和实效性，推动党的创新理论深入人心，引导广大青年不忘初心、牢记使命，切实增强"四个意识"、树立"四个自信"、做到"两个维护"，坚定不移听党话、跟党走。

（二）习近平新时代中国特色社会主义思想"三进"活动

为深入贯彻落实党的十九大精神，全面推动习近平新时代中国特色社会主义思想进教材、进课堂、进头脑，教育部组织各高校开展了多种形式的教育活动。如"习近平新时代中国特色社会主义思想大学习领航计划"系列主题活动。① 该项活动于 2018 年由教育部在有关高校组织实施，截止 2020 年已组织了两届。为深入推动习近平新时代中国特色社会主义思想进教材、进课堂、进学生头脑，深化新时代高校思政课改革创新，通过全国高校大学生思政课艺术作品展、全国高校大学生讲思政课公开课展示、全国高校大学生微电影展示、全国高校大学生马克思主义理论学习夏令营等具体活动形式，增强学生学习思政课的积极性、主动性，提升学生对思政课的参与度，打牢学生成长成才的科学思想基础，培养德智体美全面发展的社会主义建设者和接班人。"学习新思想，千万师生同上一堂课"活动，邀请高校书记、校长、院士、长江学者、知名理论专家组成讲师团，通过电视对谈、网络传播、竞赛展示、示范课程、校园宣传等方式将习近平新时代中国特色社会主义思想深度融入师生学习生活全过程。② 还有"千名高校优秀辅导员校园巡讲和网络

① 教育部办公厅. 关于开展习近平新时代中国特色社会主义思想大学习领航计划系列主题活动的通知：教社科厅函［2018］18 号［Z/OL］.（2018-06-04）［2018-06-06］ht-tp：//www. moe. gov. cn/srcsite/A13/moe_ 772/201806/t20180615_ 340013. html.

② 教育部. 各地各高校广泛开展"学习新思想千万师生同上一堂课"活动持续掀起学习贯彻习近平总书记重要讲话精神热潮：高校思想政治工作简报［2018］第 33 期［A/OL］.（2018-06-12）［2018-06-12］. http：//www. moe. gov. cn/s78/A12/gongzuo/moe_ 2154/201806/t20180612_ 339220. html.

巡礼活动"等。

（三）校园文化活动

1. 全国高校廉政文化作品征集暨廉洁教育系列活动

全国高校廉政文化作品大赛。为进一步推进高校廉洁教育和廉政文化建设，营造风清气正的校园环境，引领以崇尚廉洁为价值取向的社会风尚，教育部于 2012 年开始面向全国高校举办该项活动，每年举行一届。第一届到第三届称为"全国高校廉政文化作品大赛"，从第四届更名为"全国高校廉政文化作品征集暨廉洁教育系列活动"。活动分为作品征集、优秀作品展示、廉洁知识在线问答三种形式，其中作品又分为表演艺术类、书画摄影类、艺术设计类、网络新媒体类四大类。

2. "学宪法讲宪法"活动

为全面推动各级各类学校广泛深入地开展宪法教育，使广大青少年学生深入了解宪法、尊崇宪法，弘扬宪法精神，增强法治观念，引导青少年学生自觉成为宪法的忠实崇尚者、自觉遵守者、坚定捍卫者，教育部从 2016 年开始组织开展"学宪法讲宪法"活动。主要活动形式有：线上线下宪法学习宣传、宪法主题演讲主题辩论、法治知识网络大赛、国家宪法日"宪法晨读"活动、"法治进校园"全国巡讲、"我与宪法"微视频等。

3. 全国学生军事训练营

为充分发挥学生军训综合育人功能，切实加强国家安全和国防形势教育，全面激发学生献身国防、报效国家的热情，推动形成全社会关心国防、热爱国防、建设国防、保卫国防的思想共识和自觉行动。教育部、原总参谋部、原总政治部于 2014 年开始在大学生和高二学生中选拔人员参加该项活动，这也是我国 2013 年推行大中学生军训改革以来的首次教学成果检验。每年一届，至今已经开展了六届，从第五届开始便是由教育部和中央军委国防动员部联合举办。训练营主要活动内容有军事理论教学、军事技能训练、观摩体验、实地见学、军营文化活动等。坚持军事理论与军事技能相结合、实地见学与训练体验相结合，不断引领学生军事训练创新发展，充分发挥学生军训综合育人功能。

4."三走"活动

2014年，为贯彻落实党的十八届三中全会关于"强化体育课和课外锻炼，促进青少年身心健康、体魄强健"的精神，团中央、教育部、国家体育总局、中华全国学生联合会在全国高校开展了大学生"走下网络、走出宿舍、走向操场"主题群众性课外体育锻炼活动（简称"三走"活动）。活动以促进大学生意识提升、习惯养成、意志磨炼、体质增强、健康成长为主要任务，开展系列主题课外体育活动、体育文化创建活动、趣味性体育竞赛活动。①

（四）"互联网+"大学生创新创业大赛

为进一步激发高校学生创新创业热情，展示高校创新创业教育成果，教育部于2015年举办首届中国"互联网+"大学生创新创业大赛，之后每年举行一届，至今已经是第六届了，这是继"挑战杯"后又一项覆盖全国各高校、激发大学生创造力的大赛。大赛采用校级初赛、省级复赛、全国总决赛三级赛制，比赛类型由第一届的"互联网+"传统产业、"互联网+"新业态、"互联网+"公共服务、"互联网+"技术支撑平台四种类型发展到"互联网+"现代农业、"互联网+"制造业、"互联网+"信息技术服务、"互联网+"文化创意服务、"互联网+"商务服务、"互联网+"公共服务、"互联网+"公益创业七种类型；从一个赛事发展到"1+6"系列活动，"1"是主体赛事，包括高教主赛道、"青年红色筑梦之旅"赛道、职教赛道、萌芽赛道，"6"是6项同期活动，包括"智闯未来"青年红色筑梦之旅活动、"智创未来"全球创新创业成果展、"智绘未来"世界湾区高等教育峰会、"智联未来"全球独角兽企业尖峰论坛、"智享未来"全球青年学术大咖面对面、"智投未来"投融资竞标会。大赛朝着更国际、更教育、更全面、更创新、更中国的方向不断深化发展。以赛促学，培养创新创业生力军；以赛促教，探索素质教育新途径，以赛促创，搭建成果转化新平台。

---

① 团中央，教育部，国家体育总局. 关于深入开展大学生"走下网络、走出宿舍、走向操场"主题群众性课外体育锻炼活动的指导意见:中青联发［2015］4号［Z/OL］.（2015-01-23）［2015-03-19］http://xgb.hfut.edu.cn/info/1135/9430.htm.

第二节　活动载体运用的实践反思

活动载体作为整个高校思想政治教育体系中必不可少的重要存在，对于提升高校思想政治教育的实效性具有重要影响。中华人民共和国成立以来，党领导人民在教育实践中不断推动高校思想政治教育活动载体有所发现、有所创造，从而逐渐确立了一整套具有中国特色、中国风格、中国气派的高校思想政治教育活动载体体系，并形成了优良传统。"以史为鉴，可以知兴替。"历史是一面镜子，我们通过对中华人民共和国成立以来高校思想政治教育活动载体运用的系统梳理和历史回顾，就是要从历史中总结高校思想政治教育活动载体运用过程中积累的宝贵经验，以指导高校思想政治教育活动载体在新时代不断得到发展和完善，为落实立德树人根本任务，为培养担当民族复兴大任的时代新人更好地服务。

一、活动载体发展趋势

中华人民共和国成立以来的高校思想政治教育活动载体伴随着中华民族从站起来、富起来到强起来的伟大飞跃历程而逐渐从单一走向多样、从不成熟走向成熟、从不完善走向完善，经历了艰苦曲折的过程，呈现出以下发展趋势。

（一）活动种类的日趋多样

1. 不断创造出新的活动类型

1963 年 3 月，毛泽东同志题词"向雷锋同志学习"，并于当年将每年的 3 月 5 日定为"学雷锋纪念日"，向雷锋同志学习的活动便在高校广泛开展，一直延续至今。十一届三中全会以后，我们党提出了"社会主义精神文明"科学概念，精神文明创建活动便开始兴起，高校广泛开展"五讲四美"等文明创建活动，发展至今，"文明校园""文明高校"等创建活动仍然备受关注。20 世纪 90 年代新增了大中专学生文化科技卫生"三下乡"活动、"挑战杯"

大赛；进入 21 世纪后兴起的心理健康教育活动、大学生艺术展演活动、青年马克思主义者培养工程、网络思想政治教育活动及新类型的校园文化活动等。

2. 传统的活动类型不断演变创新

随着社会的发展，教育的需求，一些不符合发展需要的活动逐渐退出历史舞台，如土地改革运动、反右派斗争等活动，一些新的活动不断出世，还有一些传统的有价值的活动也在不断演变发展。有的活动性质不变但表现内容有一定的变化，如文艺团队进行校园到现在的高雅艺术进校园活动，高校师生下乡下厂参加劳动生产到现在的社会调研、"三下乡"社会实践活动等；有的活动改进了类型，如把传统的会议活动改进为"主题班会""主题团日活动"等；有的活动增加了类型，如志愿服务活动除了"学雷锋"活动外还增加了"四进社区""志愿服务西部""保护母亲河"等活动，各高校纷纷成立志愿者协会，开展特色各异、类型多样的志愿服务活动。

（二）活动形式的日趋丰富

只有当更多的学生参与到活动中来，活动才能更好地发挥效能；只有当活动具有吸引力，才能有更多的学生参与。活动吸引力的提升涉及诸多因素，但活动形式是其主要因素之一。

1. 形成了"四位一体"的活动组织形式

中华人民共和国成立初期，活动的组织形式几乎都是全国性自上而下的，比较单一。随着社会的发展，高校活动的特殊性逐渐彰显，活动的组织形式也越来越丰富。发展至今，有针对全国高校统一组织的活动，也有各高校特色性活动，还有高校内各学院组织的活动以及团委、学生会、学生社团等学生群团组织活动，形成了国家、高校、学院、学生自组织"四位一体"的活动组织形式。

2. "线上线下""校内校外"相结合的参与形式

随着科学技术的进步，互联网影响和改变了人们的生活方式，为了满足学生们的需求，网络思想政治教育活动应运而生。除了开拓网络教育空间外，校外的教育因素也积极调动起来，如很多高校在革命根据地或革命活动纪念地建立爱国主义教育基地，组织学生走下教室、走出校门，在爱国主义教育基地亲身体验和感受革命精神和红色文化。

（三）活动内容的日趋多元

中华人民共和国成立初期，高校思想政治教育活动基本上以围绕巩固政权的政治性活动为主，随着改革开放，社会转型发展，学生的自我意识充分激发，需求多元化，使得活动的内容也多元化发展。一方面，活动的内容从最初的思想改造、政治斗争逐渐发展成为涵盖世界观、人生观、价值观、理想信念、爱国主义、道德素养、法治意识、国防安全、科学精神、心理健康等多个方面的内容。另一方面，作为载体的活动不仅配合完成思想政治理论课教育任务，还积极开展了一些与专业课程相联系的学习竞赛活动，如创新创业大赛、广告设计大赛、职业经理人大赛等，在活动中植入思政元素、在专业课程中挖掘思政元素，从活动载体这一角度开始了思政课程和课程思政相结合的运用实践。

（四）活动参与的趋向自愿

改革开放之前，高校思想政治教育活动都是以教育者的意愿出发，强制性地要求受教育者参加，如果不参加将会受到批判。改革开放后，受教育者慢慢开始对活动的参与有了选择和取舍，活动由强制性向自愿性转变。比如，改革开放前的上山下乡，是强制性要求参加的，发展到如今的"三下乡"社会主义实践活动，则是学生自愿报名参加。根据活动参与形式的变化，多种形式的志愿活动出现并深受学生们的喜爱，如志愿服务西部计划、大学生义务支教团、保护母亲河等一大批品牌活动不断形成。同时，之前不参加活动将会受到批判的方式逐渐发展成为积极参加活动的给予奖励，由重惩罚发展到重激励。

（五）活动双主体特征的日益突出

思想政治教育必须遵循受教育者的思想发展规律，活动载体的设计必须建立在受教育者的思想特点之上。思想政治教育是一项主体和主体之间的活动，是一项主体间性活动。而在改革开放前，教育者的主体地位充分彰显，而受教育者的主体性被忽视，他们被动地参与或接受活动。改革开放后，学生的自我能动性得到释放，他们不仅积极主动地参与到活动中，而且还积极加入活动的组织者队伍，既是组织者又是参与者还是总结者，与教育者一并构成活动的双主体。

二、活动载体存在的问题

回顾中华人民共和国成立以来高校思想政治教育活动载体运用实践的历程，活动载体在实现思想政治教育目的、促进思想政治教育发展等方面发挥了一定的积极作用，然而受社会历史条件的制约，会不可避免地存在着一定的不足和缺陷。

（一）活动载体运用中存在的问题

中华人民共和国成立至十一届三中全会召开期间，为了实现高校思想政治教育目的，尝试运用各种活动形式进行教育宣传，如学习改造活动、文艺宣传活动、向先进典型学习活动、生产实践活动等，这些活动有的具有开创性意义，对于活动载体的研究与发展具有十分重要的影响。但也存在着一定的缺陷，主要表现为以下三点。

第一，活动载体运用的不自觉。在向社会主义转型时期，思想政治教育理论得到了一定的发展和突破，但也遭受了一些挫折和困境，对于构建社会主义思想政治教育体系还处于实践和感性经验积累时期，思想政治教育的很多理论还未能得到科学论证、理性提炼和实践完善，如思想政治教育这一概念先后用政治工作、思想工作、思想政治工作、政治思想工作等术语来指代。而在当时，思想政治教育载体这一理论研究还是空白的。这一时期虽然有了活动载体设计和运用的实践，也成功地发挥了载体的作用，如向先进典型学习活动，雷锋精神、焦裕禄精神至今仍激励着一代代青年学生健康成长。可是在当时的客观条件下，活动载体设计和运用的自觉意识性不够，往往归类到思想政治教育途径、方法去认识。由于自觉意识不清楚，导致活动的目的性和针对性不强，甚至有些活动载体的运用还带有盲目性，凭借感性经验去实践，活动的失误率高，如反右派斗争。活动载体运用的自觉意识缺乏影响载体理论研究的发展，制约了活动载体运用的实践过程和实践效果。然而，这些对活动载体不自觉地运用的实践却是迈向自觉运用、理论研究的必然过程，这个过程为思想政治教育活动载体理论的形成和发展奠定了实践基础。

第二，活动载体运用的泛政治化。这里所指的政治并不是指党的政治任务，而是指政治斗争。中华人民共和国成立初期，为巩固无产阶级政权，阶级斗争成为思想政治教育的主要任务。而当生产资料社会主义改造基本任务完成后，阶级斗争已不是社会的主要矛盾，中共八大也明确地指出了社会的主要矛盾和党的中心任务应该转移到社会主义建设上来。可是由于"左"倾思想影响，党的中心工作未能向经济建设转移，仍然坚持政治高于一切，坚持以阶级斗争为纲。在这种历史背景下，这一时期思想政治教育活动载体的运用表现出泛政治化，在社会主要矛盾发生变化时，活动载体并没有因时而进、因势而新，仍然沿用阶级斗争的活动方式，与政治运动结合成一体，成为政治运动的附属品，成为揭发、批判和惩治阶级敌人的工具。这种泛政治化的思想政治教育活动造成了活动载体的运用与社会发展实际不相符，在活动载体走向科学化的道路上造成了障碍和制约。

第三，活动载体运用的单一性。一是活动类型的单一性。多样性是活动的本质特征，然而在这一时期，活动的多样性未能充分展示。政治运动是活动的主要表现形式，学校成为政治运动的大舞台，特别在"文化大革命"时期，政治运动几乎成为唯一的活动载体表现形式。在泛政治性的影响下，活动的内容集中体现为政治性的阶级斗争；活动的组织是全国、全校性的；活动的受众是所有师生都参与的群体性的。二是活动主体单一性。思想政治教育必须遵循受教育者的思想发展规律，活动载体的设计必须建立在受教育者的思想特点之上。而这一阶段，思想政治教育的双主体性没有得到体现，受教育者的主体性被忽视，受教育者差异性和需求被泛政治化所压制和淹没，受教育者被动、盲目地受到影响，成为活动载体的附属物。三是载体功能的单一性。活动载体功能的多样性受到了限制，受政治运动的影响，传达政治指令成为活动载体的唯一职能。四是载体运作过程单一性。全国性自上而下的政治运动千篇一律，忽略了职业、年龄的差别，脱离了社会实际，高校的特殊性没有得到彰显。

十一届三中全会以后，针对思想政治教育活动载体运用中存在的不足给予了纠正，对思想政治教育活动载体的理论认识和实践运用进入了快速发展时期。高校思想政治教育活动载体的个性化、多样化特征日益突显，活动的类型丰富多彩，主题教育、公益活动、校园文化活动、竞赛评比活动、社团活动、网络活动等层出不穷；活动的组织者多元化发展，活动中学生的自主性增强，如大量的学生社团及社团活动涌现，在这些活动中，设计和组织基本上都是由学生自主完成，教育者只是辅助指导学生把握正确的方向和目标，等等。活动载体的快速发展大大增强了思想政治教育的活力，但在发展中也存在着一些值得注意的问题，主要有以下三点。

第一，活动载体运用的盲目性。十一届三中全会后，开始了从政治中心向经济中心的转换，活动载体的运用逐渐摆脱了泛政治化的弊端，但又出现了盲目性的缺陷。随着改革开放的不断深入、社会各领域逐步转型，面临的新问题、新事物不断出现，新的观念与旧的经验之间的摩擦时有发生。虽然马克思主义意识形态一直以来都是我国的主导意识，但受西方敌对势力意识渗透的影响，社会上个别人的"个人意识"还是出现了"混乱"。这种"混乱"使得人们的思想发生了变化，心理发生了变迁，个别教育者、组织者对教育目的的理解和掌握出现了偏差，部分受教育者对于教育目的的认同出现了问题，思想政治教育目的对于活动载体的运用实践失去了良好的指导和约束作用，进而活动载体的设计与运用方向紊乱，也出现了盲目性现象。比如，一些低俗化、泛娱乐化的活动便是活动载体盲目性的体现。在泛娱乐化社会背景下，大学生是受其影响深刻的群体之一，一大批娱乐性学生社团组建，追星、网红、选秀、直播等活动深受大学生喜欢，因为可以给大学生带来感官享受，而这些活动传递出的消费主义、享乐主义对大学生的理想信念起着消解和误导的作用。

第二，活动载体运用的碎片化。随着信息化、网络化、全球化时代的来临，"碎片化"现象充斥着校园生活。社会思潮的多元化导致当代大学生认知结构多元，学生很难就一种思潮进行系统、全面、深入的了解和学习，从这个意义上理解，多元的认知结构又是片面和零碎的，出现"碎片化"特征；

知识爆炸增长和海量传播、快节奏的生活方式致使当代大学生通过网络媒体间断地、零散地、片面地获取自身所需求的知识，出现"碎片化"特征；新媒体的诞生、传播手段的多样化又产生了大量的"碎片化"信息，加强了当代大学生对"碎片化"信息的获取。在这样的时代下，不仅传播内容、传播途径在"碎片化"，青年学生也被分割成一个个"碎片"，被隔离成一个个"圈层"。因此，作为承载和传递思想政治教育内容和信息，联结教育主体、教育客体、教育介体和教育环体并促使它们相互作用的活动载体不可避免地会出现"碎片化"特征。活动载体的碎片化使得活动的设计和运用缺少规划性、整体性和制度性建设，凸显了工具性，而忽视了价值理性，喜欢用活动的参与人数、新闻报道数来评价评比活动，而实质上活动载体的终极目标是服务于"人的全面发展"，这并不能仅仅依靠一个活动的参与人数和新闻报道数来衡量。

第三，活动载体运用的形式化。改革开放以来，高校思想政治教育活动载体的建设越来越受到关注和重视，甚至在文明单位或文明校园评比活动中、各高校组织的各项评优评先工作中，将组织和参加活动作为评选指标内容。高校思想政治教育活动载体的运用实践出现了突飞猛进的发展势头，活动类型越来越多，活动范围越来越大，活动的更迭越来越快，任务式的活动让思想政治工作者应接不暇，活动与学习时间的冲突让学生莫衷一是，追求活动数量而忽略活动质量，活动的形式化特征逐渐凸显。学生参与活动也出现了被动、功利现象，如某高校在组织学生听讲座时，为了保证参与人数，便给各学院下达参与活动的指标，各学院为了完成学校的任务便将参加活动纳入学生学习考勤或综合测评中。活动载体运用的形式化致使一些活动的连续性、稳定性和继承性受到影响，活动的持续作用越来越短，出现了"三七现象"，即只有30%的学生参与了70%的活动，活动载体的效能没有得到很好的发挥。

（二）活动载体认识上存在的误区

1. 对娱乐活动与活动的泛娱乐化的混淆认识

现在高校娱乐性的思想政治教育活动比较多，除了提升艺术修养的娱乐活动外，其他的教育内容也使用文艺表演等娱乐形式来表现。如为了培养学生的爱国主义情怀，很多高校选择在"五四"青年节开展"唱红歌比赛"；为了推动"四史"（党史、新中国史、改革开放史、社会主义发展史）学习教育，很多高校就历史英雄人物的事迹编排成小品、话剧、舞蹈，并组织公开演出，等等。这些都属于娱乐活动。娱乐活动很受大学生们的欢迎，因为娱乐活动让教育的内容形象化、直观化，展现的形式带有煽情、刺激的特征，很容易吸引大学生们的眼球。匈牙利裔美国心理学家米哈里·齐克森米哈里便是通过研究人们在休闲、娱乐等活动中的表现首次了提出沉浸理论，他发现人们在休闲娱乐的活动中会过滤掉所有不相关的直觉，完全地投入情境中，进入一种沉浸的状态。① 在沉浸状态下人的意识是高度集中的，人的情绪是高度兴奋的。将教育内容融入娱乐活动中，学生们在娱乐活动中有着较强的自我获得感和满足感，能够促进自我的整合，能够取得好的教育效果。所以，娱乐活动的存在是有价值的。

泛娱乐化，指的是一种以消费主义、享受主义为核心，以现代媒介（电视、戏剧、网络、电影等）为主要载体，以内容浅薄空洞甚至不惜以粗鄙搞怪、戏谑的方式，通过戏剧化的滥情表演，试图放松人们的紧张神经，从而达到快感的一种文化现象。② 泛娱乐化在思想政治教育活动中具体表现为坚持娱乐至上的原则，以"取悦活动参与者"为活动设计和组织开展的唯一衡量标准，是思想政治教育活动中思想性、政治性、理论性的基本要求，对活动的内容和组织形式随意组合加工，甚至篡改历史、抹黑革命英烈。泛娱乐化弱化了活动的思想性，淡化了活动的政治性，泛娱乐化中娱乐元素的增添也挤压了活动内容思想性和政治性存在的空间，甚至为了对愉悦的过分追求而黑化、扭曲和抹杀活动内容的思想和政治性，不利于学生的健康成长和全面发展。

娱乐活动与泛娱乐化有着本质性的区别，我们在开展思想政治教育活动中提出"去娱乐化"并不是否定娱乐活动的价值，而是指要杜绝泛娱乐化现象的产生。但这两者又是有着联系的，因为都是以娱乐形式呈现，我们在开

① 邵晰. 技术沉浸式数字化校园建设模型研究［D］. 武汉：华中师范大学，2013：6.
② 邢少花. 当前中国社会文化"泛娱乐化"现象探析［D］. 天津：天津理工大学，2014：3.

展思想政治教育活动时一定要把握好度，不能让娱乐活动走向泛娱乐化。这个度就是活动内容的思想性和政治性。娱乐活动的内容一定要紧紧围绕高校思想政治教育的目的和任务，一定要具有价值性、先进性、积极性和高雅性。

2. 对活动形式多样化与活动形式化的混淆认识

在高校思想政治教育活动载体运用过程中，大学生的主体意识逐渐凸显，对活动的选择及参与越来越倾向于自己的要求和喜好。为了提高活动的参与度，教育者要以生为本，要从学生的需求和关注点出发去设计组织活动。对应多元的需求必然出现多元的供给，思想政治教育活动形式多样化是符合教育发展规律和学生成长需求的。多样化的活动可以扩大教育的覆盖面，让更多的学生在活动中实现"两个转化"，达到教育与自我教育的统一。

活动形式化是一种形式主义的体现，其实质是主观主义和功利主义。活动形式化首先表现为活动的设计与组织脱离学生实际。活动载体的价值不仅仅体现在承载教育内容上，更重要的是让受教育者在活动中受到教育，提高受教育者的思想素质。所以在活动中要充分尊重学生的主体地位，要通过活动把教育内容具象为学生们乐于接受的表现方式。这就需要充分认识和了解学生们的成长规律和发展需求。然而在实际的教育实践过程中，活动载体的运用并不都是建立在与学生的充分沟通、对学生充分调研基础之上的，教育者有时从自己的主观认知出发或惯性使然去设计和组织活动。活动看起来热热闹闹，花费了大量的人、财、物，但实际取得的教育效果并不是很理想。其次表现在为了应付考核检查而组织开展活动。在高校，活动的指导老师一般都是由团委老师和学生辅导员来担任，对于活动的指导没有计入工作量，一些活动的指导教师因为日常事务工作烦琐疲于应付，仅仅只是完成上级布置的任务，没有付出更多的精力去指导学生开展活动，活动缺乏新意，形式大于内容。最后还表现在学生参与的敷衍性和功利性。由于学生的思想水平和认知能力的局限，学生并不是都能自觉自愿、积极主动参与到活动中来。在应试教育的影响下一些学生重视专业知识学习，轻视思想政治素质能力的培养，认为参加活动会占用自己的时间，很少参加活动，即使参加了也是应付了事；有些学生本身对活动不感兴趣，但为了综合测评加分，为了能够入党参加了活动；有些学生是迫于老师强制性的要求而参加活动。非自愿参加活动的学生在活动中并不能积极发挥主观能动性，活动的教育效果在他们身上得不到很好的体现。

活动形式多样化与活动形式化是两个完全不同的概念，我们在开展思想政治教育活动时要从学生需求出发积极探索符合教育规律和时代要求的新的活动形式，切忌脱离学生实际，要充分发挥活动载体的教育功能，避免活动流于形式化。

三、活动载体运用启示

中华人民共和国成立以来，全国高校广大思想政治教育工作者结合党领导人民进行的新民主主义革命、社会主义革命、社会主义建设、社会主义改革开放和中国特色社会主义新时代的伟大实践，不断改进和加强高校思想政治教育活动载体运用的改革创新，取得了可喜的成就，积累了丰富的开展思想政治教育活动载体运用的宝贵经验，对新时代的高校思想政治教育活动载体运用有着重要的启示意义。

（一）坚持马克思主义指导地位，用党的路线方针政策武装大学生头脑

高校思想政治教育活动载体运用的发展历程充分证明，只有坚持马克思主义的指导地位，高校思想政治教育活动载体的运用才会正常运转、取得成效，反之就会遭遇挫折、适得其反。毛泽东在《论人民民主专政》中指出："十月革命一声炮响，给我们送来了马克思列宁主义。十月革命帮助了全世界的也帮助了中国的先进分子，用无产阶级的宇宙观作为观察国家命运的工具，重新考虑自己的问题。走俄国人的路——这就是结论。"① 正是因为有了马克思主义在中国的广泛传播和指导，中国共产党思想政治教育工作才有声有色地广泛开展起来，高校思想政治教育活动载体的运用也才能够一步步地趋向成熟完善。

回顾高校思想政治教育活动载体运用的历程，可以清晰地看到，由于我

---

① 毛泽东选集（第4卷）[M]. 北京：人民出版社，1991：1471.

们坚持用马克思列宁主义、毛泽东思想、邓小平理论、"三个代表"重要思想、科学发展观及习近平新时代中国特色社会主义思想武装一代又一代大学生的头脑，启发大学生的觉悟，适时运用思想政治教育活动载体开展中国化马克思主义指导下党的路线方针政策教育，因而能够使青年大学生即使在条件非常艰苦、环境异常严峻的情况下，也能够保持坚定的理想信念和旺盛的革命斗志，从而把各项事业坚定地推向前进。

中华人民共和国成立初期，高校思想政治教育工作者围绕新政权的巩固，结合经济工作政治运动而采取了卓有成效的高校思想政治教育活动载体运用实践，使青年大学生认识到新政权的来之不易和巩固新生政权的重要性，认识到过渡时期总路线是反映和代表人民利益的，因而能真心真意地拥护这条总路线，促进了社会主义改造和建设的基本胜利。改革开放新时期，高校思想政治教育工作者重视对青年大学生开展党的十一届三中全会以来的路线、方针和政策的教育，通过一系列卓有成效的思想政治教育活动载体的运用使"一个中心，两个基本点"的基本路线深深植根于青年大学生心灵深处，为确保改革开放和社会主义现代化建设事业不断取得新的伟大胜利奠定了基础。新时代，高校思想政治教育工作者紧紧围绕社会主要矛盾的发展变化，坚持习近平新时代中国特色社会主义思想的指导，贯彻党的教育方针，坚持社会主义办学方向，落实立德树人根本任务，以学生需求为中心，积极探索符合新时代特点的高校思想政治教育活动载体运用方式方法，为努力培养担当民族复兴大任的时代新人做出了重大贡献。

（二）坚持实事求是原则，遵循"三个规律"提高教育的实效性

实事求是，体现的是做学问、做事情的一种严谨态度和求实学风。毛泽东在《改造我们的学习》一文中指出："'实事'就是客观存在着的一切事物，'是'就是客观事物的内部联系，即规律性，'求'就是我们去研究。我们要从国内外、省内外、县内外、区内外的实际情况出发，从其中引出其固有的而不是臆造的规律性，即找出周围事变的内部联系，作为我们行动的向导。"① 实事

---

① 毛泽东选集（第3卷）［M］. 北京：人民出版社，1991：801.

求是涵盖了辩证唯物主义的基本内容，是科学的辩证法和认识论。坚持这一科学的根本方法，体现在高校思想政治教育活动载体运用上，就是要立足于活动载体运用的客观实际，通过科学研判、精准设计，理顺活动载体运用过程中各种内外因素的联系，遵循思想政治工作规律，遵循教书育人规律，遵循学生成长规律，把这"三个规律"作为我们工作的向导，不断提高工作能力和水平，切实增强思想政治教育的针对性和实效性。

思想政治教育的根本目的是促进人的全面发展。高校思想政治教育活动载体的运用要起到引导新时代大学生"坚定正确的政治方向，提供强大的精神动力，培育高尚的思想道德，塑造健全的人格品质，形成良好的思想政治素质"[①] 的效果和作用，就必须主动适应社会环境的发展变化，立足于大学生的思想实际，研究把握大学生思想行为变化发展的规律，探讨创新出高校思想政治教育活动载体运用的新方法、新路子，才能不断促进思想政治教育目标的实现。新时代，面对中华民族伟大复兴的战略全局和世界百年未有之大变局这"两个大局"，我们要实现党的十九大确定的战略目标，克服诸如新冠肺炎疫情以及逆全球化行为等各种不确定因素的影响，夺取中国特色社会主义事业的新胜利，更加需要坚定信心、鼓舞斗志。高校思想政治教育活动载体的运用就更要坚持实事求是原则，遵循客观规律，把新时代大学生对美好学习生活的向往作为我们的奋斗目标，以大学生喜闻乐见的方式方法推进活动载体的创新发展，在着力解决好大学生思想问题的过程中去更好地强信心、暖人心、筑同心。

（三）坚持齐抓共管原则，发挥各方面积极性形成教育合力

中国共产党高度重视思想政治教育工作，认为它是政治工作、经济工作乃至一切社会工作的生命线，对思想政治教育在整个社会系统中的重要地位予以充分肯定，为思想政治教育发挥作用提供了科学依据。并进而要求，"思想政治工作，各个部门都要负责任。共产党应该管，共青团应该管，政府主

---

① 郑永廷. 思想政治教育学原理［M］. 第 2 版. 北京：高等教育出版社，2018：155.

管部门应该管，学校的校长教师更应该管"①。在中国共产党的历史上，一直都有这样一个优良传统，即"思想政治教育从来都是全党的事情，在党委统一领导下，党政工团共同努力，齐抓共管，各部门密切协作，专业队伍与群众队伍紧密配合，构建了一个纵横交错的思想政治教育网络，群策群力，把群众的思想政治教育做得有声有色"②。中华人民共和国成立后，高校思想政治教育活动载体运用的历史发展过程，实际上也是在高校党委统一领导下，各职能部门、各教学单位、各教辅部门从上而下，齐抓共管，上下协调，互相配合而达成的结果。

实践证明，高校思想政治教育活动载体的运用，能否在不同时期的社会语境下结合不同的社会形势，有效整合思想政治教育各种资源并形成合力，是思想政治教育真正发挥生命线作用的关键所在。长期以来，高校思想政治教育工作者认真研究思想政治教育活动载体运用的科学化和现代化问题，继承发扬全党动手做好思想政治教育，齐抓共管的优良传统，建立起党委统一领导、党政齐抓共管、有关部门各负其责、全校协同配合的工作格局，组成了一个同频共振、纵横交错的思想政治教育工作网，营造出一种使大学生能够耳濡目染、切身体悟的思想政治教育良好氛围，使得高校思想政治教育活动载体的运用取得了长足进步。

新时代，要保证高校思想政治教育载体在运用过程中始终能够以强大的教育合力扎实引导大学生"增强中国特色社会主义道路自信、理论自信、制度自信、文化自信，厚植爱国主义情怀，把爱国情、强国志、报国行自觉融入坚持和发展中国特色社会主义事业、建设社会主义现代化强国、实现中华民族伟大复兴的奋斗之中"③，就必须着力推进高校思想政治教育活动载体运用的制度化建设，使高校思想政治教育活动载体的有效运转在过程、管理、服务、评价、监督等各个环节均能形成制度，并长期稳定下来，打造出丰富多彩、生机盎然、卓有成效的高校思想政治教育活动载体运用机制。

---

① 毛泽东文集（第7卷）[M]. 北京：人民出版社，1999：226.
② 张耀灿. 中国共产党思想政治教育史论 [M]. 北京：高等教育出版社，2006：388-389.
③ 习近平谈治国理政（第3卷）[M]. 北京：外文出版社，2020：329.

（四）坚持以学生为本的原则，保证活动载体运用的时代性

纵观中华人民共和国成立以来高校思想政治教育活动载体运用的成功实践，可以看到，无论是活动种类的日趋多样、活动形式的日益丰富还是活动内容的日趋多元，都深深印刻着高校思想政治教育活动载体运用的"以学生为本"原则。具体说来，这一原则至少包括如下要义：活动载体的设计必须把维护和发展好大学生根本利益作为出发点和落脚点；活动载体的内容选择须注重满足大学生的自然性和社会性需要，以激发大学生的主体性；活动载体的目标设定须立足于促进大学生的全面发展；活动载体运行的整个过程须注重对大学生的人文关怀和心理疏导。

在思想政治教育工作实践中，我们认识到，只有教育者的积极性，而无广大青年学生的积极性与之相配合，是收不到任何实质性成效的。早在中国共产党第七次全国代表大会上，毛泽东就在《论联合政府》政治报告中强调了和最广大的人民群众取得最密切的联系是中国共产党人区别于其他任何政党的一个显著标志，他深刻地指出："共产党人必须随时准备坚持真理，因为任何真理都是符合于人民利益的；共产党人必须随时准备修正错误，因为任何错误都是不符合于人民利益的。二十四年的经验告诉我们，凡属正确的任务、政策和工作作风，都是和当时当地的群众要求相适合的，都是联系群众的；凡属错误的任务、政策和工作作风，都是和当时当地的群众要求不相适合，都是脱离群众的。"[1] 所以，"以学生为本"这一原则，应该成为新时代高校思想政治教育活动载体运用的基本遵循。

置身于中国特色社会主义新时代，立足于大众传媒和网络传媒迅速发展的崭新形式，高校思想政治教育活动载体的运用需要着重从以下三个方面做好努力：一是打造特色网站吸引大学生关注。新媒体时代，高校应着力打造在新媒体技术支持下的特色网站，以直观性和超语言性在不知不觉中确保对大学生世界观、人生观、价值观和思想道德的正确引导，使他们在"日用而不觉"的潜移默化中自觉地修身立德。二是关注学生需求，加快校园网建设。

---

[1] 毛泽东选集（第3卷）[M]. 北京：人民出版社，1991：1095.

新媒体时代的高校校园网建设是拉近思想政治教育工作者与大学生之间距离的重要工程，它因为"能直接、方便、快捷地实现师生间的良好沟通交流"而成为高校"积极弘扬思想政治先进文化，满足广大高校学生的需求，逐步地引导学生成长、成才、成人"① 的重要平台和主要依托。三是及时关注并正面引导校园网络舆情。大学生因为思想活跃，易于接受新生事物而对新媒体传播的信息内容热衷于发表自己的观点和看法，他们往往采取"跟帖"的方式对这些带有思想传播的信息内容表达自己的支持、反对、质疑或是同情。对此，思想政治教育工作者必须予以及时、高度关注，根据不同地区高校学生思想的实际情况，对校园网络舆情进行积极正面引导，让学生们能对这些信息作出理性的分析判断，最大限度地避免受到不良影响。

第三节 活动载体运用的规律探寻

高校思想政治教育活动载体运用是中国特色社会主义大学坚持社会主义办学方向，落实立德树人根本任务，培养德智体美劳全面发展的社会主义建设者和接班人不可或缺的特殊实践活动，有其自身内在的特殊规律性。系统研究、科学把握高校思想政治教育活动载体运用的规律，能够使高校思想政治教育工作者在不断增强思想政治教育的思想性、理论性和亲和力、针对性的基础上，更好地加强对高校思想政治教育活动载体的创新，构建新时代高校思想政治教育的新平台，为切实提高新时代思想政治教育的实效性做出更大贡献。

一、适应社会发展和促进社会发展的规律

马克思在《〈政治经济学批判〉序言》中指出："物质生活的生产方式制约着整个社会生活、政治生活和精神生活的过程。不是人们的意识决定人们

① 左柏州. 新媒体时代下的高校思想政治教育研究［M］. 北京：经济管理出版社，2019：124.

的存在，相反，是人们的社会存在决定人们的意识。"① 这个原理告诉我们，人类社会存在和发展的基础是物质资料的生产活动。正是这种物质资料的生产活动，在为人们的精神生活和思想政治教育提供着必要物质条件的同时又根据人们在生产活动中形成的生产关系以及在生产关系中的不同地位，决定了人们不同的政治立场、价值取向和精神境界。

依据这个基本原理，高校思想政治教育活动载体的运用作为人类特有的一种具有特定目的的社会性活动，就必然是在一定的社会历史条件下进行的，其具体载体的选择方式甚至是具体形式都不可避免既要受社会意识形态的制约，也要受社会经济发展状况特别是社会发展文明程度的制约。一般来说，在一个社会经济发展形势较为单一、经济发展程度较为低下的情况中，高校思想政治教育活动载体的设计、选择和运用，即使单一或低水平，也足以承担起相应的工作任务，因为当时的社会条件无法提供出更多样化的载体形式。而随着社会经济发展水平的提高和人们物质生活状况的改善，特别是新时代人们日益增长的对美好生活的向往与追求，决定了人们精神生活的需求层次和水平必然会逐渐提高，这就使得新时代高校思想政治教育活动载体的时代性、多样性、科学化发展成为一种必然要求。因此，新时代高校思想政治教育活动载体的运用必须要自觉适应社会发展。要坚定正确发展方向，使高校思想政治教育活动载体的运用自觉服务于中国特色社会主义现代化建设事业；要正视所处环境的变化，在高校思想政治教育活动载体内容的设计和方法的选择上跟上社会发展步伐，开拓创新，适应时代需求；要以包容开放的心态，积极适应现代社会发展的多样化特征，在坚持以社会主义核心价值观为主导的基础上，不故步自封、不因循守旧，积极探索适应现代社会发展的"时空压缩"境遇下的高校思想政治教育活动载体创新发展新模式、新方法，以更好地实现思想政治教育的目标。②

高校思想政治教育活动载体的运用作为一种社会性活动，一定是具有自

---

① 马克思恩格斯文集（第 2 卷）[M]. 北京：人民出版社，2009：591.
② 郑永廷. 思想政治教育学原理 [M]. 第 2 版. 北京：高等教育出版社，2018：148-151.

已的相对独立性的，对社会发展发挥能动的促进作用。它能够通过促进人们开展政治活动，实现政治角色认同，进而促进社会政治健康发展；它能够通过保证经济发展的正确方向，为经济发展提供精神动力而促进社会与经济发展；它能够通过所开展的文化价值教育，提高新时代大学生的思想政治素质，自觉抵制社会不良行为，进而促进社会文明发展。在具体的实践操作层面，应该注意到，任何社会秩序，都要植根于一种共同的价值体系，高校思想政治教育活动载体的运用必须要通过培育和践行社会主义核心价值观来引领发展方向，来构筑大学生的精神支柱，来激发大学生的精神动力，来促进大学生的全面成长，否则就没有灵魂，就会失去凝聚力和生命力。①

二、把握恰当时间与有利时机开展纪念活动的规律

高校思想政治教育活动载体运用的基本思路是设计要精心、内容要鲜活，形式需新颖、引力需强大。这一方面凸显的是高校思想政治教育活动载体在运用时应体现相应的教育目标，要呈现明确的教育目的，而不能流于形式的具体要求；另一方面凸显的则是高校思想政治教育活动载体在运用时要充分发挥受教育者的主体性原则，即高校思想政治教育活动载体的运用必须使受教育者能够"通过自我组织、角色扮演、实践考察、社会调查、志愿服务等方式展示才华，体验生活，接受教育"②。唯其如此，才能真正实现教育与自我教育的有机统一。

高校思想政治教育活动载体运用的基本思路及要求客观上决定了"重大历史事件纪念活动""重大纪念日"等以直接实施思想政治教育内容为主的纪念活动载体的运用一定要把握好恰当的时间和有利的时机，才能更好地营造出思想政治教育的氛围，实现思想政治教育的目标。因为纪念活动作为一种社会资源和政治资源，蕴含着丰富的、不可替代的、独特的思想政治教育资源，有其独特的思想政治教育功能。对于青年大学生来说，纪念活动作为一种仪式之所以被认为有意义，主要是因为"仪式能够把价值和意义赋予那些

---

① 郑永廷. 思想政治教育学原理［M］. 第 2 版. 北京：高等教育出版社，2018：151-152.
② 郑永廷. 思想政治教育学原理［M］. 第 2 版. 北京：高等教育出版社，2018：238.

操演者的全部生活"①。通过纪念活动的开展,青年大学生以这种震撼人心的仪式,达到了亲身体会历史的沧桑、真切感悟伟人的崇高、深刻领略奉献的价值的良好效果。

为提高纪念活动的教育效果,高校思想政治教育工作者必须注意要在活动中采取与之相适应的仪典来加以辅助。与纪念活动相适应的仪典,具有"将过去的、原型的观念与现在的、现实的观念联系起来"的特殊功能。新时代大学生们可以通过这种联系"传承过去的传统或精神,为今天提供精神援助"②。对此,涂尔干指出,人们在现实的教育实践中举行一定的仪典,其"唯一目的,就是要唤醒某些观念和情感,把现在归为过去,把个体归为群体"③。显然,有了这种观念上的认同和情感上的共鸣,政治动员也好,政治整合也罢,都会在协调了关系、凝聚了人心的基础上达成水到渠成、自然天成的效果。

三、新媒体时代发挥高校思想政治教育载体合力的规律

高校思想政治教育活动载体的全面展现要建立在时代转变背景之下,但又不能脱离所处的时代。新时代,互联网作为开发和使用信息资源的新兴工具和平台,已经日益深入地融入人们的日常工作、生活和学习之中。特别是新时代的大学生,他们因文化素质较高,善于接受新生事物且思维活跃、创新意识强而成为互联网的"原住民"。对此,高校思想政治教育工作者必须及时转变观念意识,把握新媒体时代的特点,推进高校思想政治教育活动载体因事而化、因时而进、因势而新,以崭新的跨界思维和宽广的教育视野,在扎实推进活动载体创新发展的基础上,积极促成新媒体时代高校思想政治教育活动载体合力的生成发展,以利于高校思想政治教育工作巨大优势的形成。

在高校思想政治教育工作实践中,载体作为对高校思想政治教育具体内容的良好承载,作为"高校思想政治教育运行过程中各要素相互联系的枢纽,

---

① [美] 康纳顿. 社会如何记忆 [M]. 上海:上海人民出版社,2000:50.
② 王员. 建国初期党的思想政治教育及其基本经验 [M]. 北京:社会科学文献出版社,2013:156.
③ [法] 涂尔干. 宗教生活的基本形式 [M]. 上海:上海人民出版社,2006:361.

不仅能激发各要素之间的相互作用，还能协调各要素之间的统一关系，对总体合力大小和作用产生直接影响"①。因此，当高校思想政治教育活动载体合力选择恰到好处时，思想政治教育各个要素之间的同向互动作用就能得到最大限度的发挥，可以积极促进思想政治教育主体与客体之间的交流沟通和信息传播，思想政治教育的预期效果也就能够得到充分展现；反之，思想政治教育各个要素之间则会相互牵制，也就无法从根本上保证思想政治教育预期效果的实现。

新媒体这种不受时间与空间限制的交流渠道，因其具有能够及时互动反馈且拥有简洁、直观等话语优势而为新时代高校思想政治教育活动载体合力的合理运行提供了更加宽广的空间和舞台。但从具体的操作层面来看，应该认识到，"作为有机系统的高校思想政治教育载体的良好稳健运行取决于系统中各个载体形态相互作用、相互影响融合的整体合力结果，且每个载体都不能游离在高校思想政治教育载体系统之外，必须聚合在系统整体之中，共同朝着总合力的活动方向前进，以最佳的结合方式推动总合力的发展，达到最大效率"②。因而，我们需要加强对高校思想政治教育载体系统中各个不同载体形态的研究和审视，即对活动载体之外的其他形态如课程载体、物质载体、文化载体、管理载体、传媒载体等均应加以分析研判，从彼此的独立状态到互相之间的作用机制与规律等都要予以高度关注，才能积极协调处理好高校思想政治教育各种载体形态之间的合作，发挥出协同功能，在确保载体系统良好运行的基础上，通过努力打造"网络教学平台和教学资源中心"的课程载体；构建能够发挥物质载体与管理载体功能的特色网站和导航系统；强化以丰富延伸校园文化功能为核心的校园文化建设；积极搭建师生信息快捷传递、以学生为本的校园网工程、微德育平台等手段方法，最终实现高校思想政治教育载体系统整体合力的效用最大化。

---

① 左柏州. 新媒体时代下的高校思想政治教育研究 [M]. 北京：经济管理出版社，2019：117.

② 左柏州. 新媒体时代下的高校思想政治教育研究 [M]. 北京：经济管理出版社，2019：116.

第四章 大学生培育和践行社会主义核心价值观活动载体运用的现实审视

历史反思是从纵向维度来概括活动载体发展的规律，为创新发展提供经验和奠定基础，接下来的现实审视则是从横向维度来探寻当下活动载体存在的现状以及面临的问题和挑战，为创新发展提供动力支撑。解决矛盾是创新发展的动力，要解决矛盾首先就是要找准问题。"问题就是时代的口号，是它表现自己精神状态的最实际的呼声。"[1] "什么叫问题？问题就是事物的矛盾。哪里有没有解决的矛盾，哪里就有问题。"[2] 发现问题、研究问题、解决问题，这就是创新发展的基本过程。我们不仅要知晓当下活动载体的现状问题和挑战，更需要去掌握这些问题背后各因素的关联性进而认识到产生问题的原因。

第一节 活动载体运用的问卷调查

受教育者对活动的参与评价是分析培育和践行社会主义核心价值观活动载体现状的关键点，为全面、客观、准确地探讨活动载体现状及存在的问题，本研究通过文献综述和深入访谈，对高校培育和践行社会主义核心价值观活

---

[1] 马克思恩格斯全集（第40卷）[M]. 北京：人民出版社，1979：290.
[2] 毛泽东选集（第3卷）[M]. 北京：人民出版社，1991：839.

动载体现状的影响因素进行分析和研究，自编了"大学生培育和践行社会主义核心价值观活动开展情况调查问卷"。本调查中"活动"是指作为培育和践行社会主义核心价值观载体的活动，即高校思想政治教育工作者为了达到一定的教育目的，在专门的课堂教学之外，有计划、有组织开展的各种活动。问卷从大学生参与活动的频率、兴趣及目的，大学生对活动的丰富性、合理性、政治导向性、针对性和创新性等方面的评价来调查大学生培育和践行社会主义核心价值观活动载体的现状，进而对影响大学生培育和践行社会主义核心价值观活动载体的因素，以及对各因素之间的关系进行深入探析（以下调查分析中对作为培育和践行社会主义核心价值观载体的活动简称为活动）。

一、调查过程与方法

本调查研究采用整群随机取样的方式，面向全国十二所普通高校，随机发放调查问卷 11465 份，回收有效问卷 11347 份。通过问卷星编制网络版电子问卷，在填写问卷前所有被试者均填写了知情同意书。运用 SPSS20.0 统计软件对调查数据进行统计分析。

（一）调查对象

调查问卷随机选取国内十二所普通高校的学生作为样本。其中男生 3578人，女生 7769 人；研究生 77 人，本科生 10869 人，专科生 401 人；学生干部4239 人，非学生干部 7108 人；中共党员 497 人，共青团员 10408 人，其他442 人（见表4-1）。

表4-1　大学生样本人口学变量描述性统计（%）

变量	1	2	3	4	5
1. 性别	31.5	68.5			
2. 学生身份	0.7	95.8	3.5		
3. 是否学生干部	37.4	62.6			
4. 政治面貌	4.4	91.7	3.9		

注：性别，1=男，2=女；学生身份，1=研究生，2=本科生，3=专科生；是否为学生干部，1=是，2=否；政治面貌，1=党员，2=共青团员，3=其他。

（二）调查工具

自编"大学生培育和践行社会主义核心价值观活动开展情况调查问卷"共包括 31 个条目。分单选、多选、自我陈述主观题三种方式，还包括一个测谎题。其中单选题 23 个，多选题 5 个，主观陈述题 2 个（问卷的 Cronbach's α 系数即内部一致性系数符合统计学标准，α＝0.84，测试结果具有良好的信效度）。

（三）统计方法

采用描述性统计法，呈现学生在各因素上的偏好百分比；采用相关分析和回归分析法分析影响社会主义核心价值观培育和践行活动现状的因素及各因素之间的相互关系。

二、调查结果分析

（一）目前活动开展现状的描述性分析

本调查研究从学生的参与度和学生对活动的满意度评价两个方面描述目前活动开展状况。其中学生参与度主要描述：学生在实际活动中的参与比率和参与频度。学生对活动的满意度评价描述分析包括：活动实效性评价（含内容、形式、受教育程度）、活动组织者的组织和管理能力评价、活动丰富性评价、活动合理性评价、活动政治导向性评价、活动针对性评价和活动时代性评价。

1. 学生参与度

（1）活动参与比率

数据结果显示：高校学生对活动有着较高的关注度，很关注和非常关注的有 51.1%，46.9% 的学生表示出一般程度的关注，只有 2.1% 的人不关注。学生对思想政治教育活动的参与度高，参与比例达到了 99.5%，只有 0.5% 的同学不参加活动。但参与活动的主动性不是特别高，有 48.7% 的同学是被要求参加的。

（2）参与频度

在参加活动频率中，学生对一周 1 次的活动频率接受度稍高一些，有 27.4%，活动频率一周 2 次以上的活动参与率最低，只有 14%。在参与活动的规模喜好方面，学院（系）组织的活动更受学生的欢迎，有31.3%（见表4-2）。

表4-2　学生参与活动的自评描述性统计（%）

条目	1	2	3	4	5
1. 参加活动情况	33.7	17.0	48.7	0.5	
2. 参加活动的频率	14.0	27.4	20.7	21.9	15.5
3. 喜欢参加什么规模的活动	29.6	31.3	23.3	9.8	4.2

注：1.1=经常，1.2=不经常，1.3=学校或学院安排，1.4=从不参加；2.1=一周2~3次，2.2=一周1次，2.3=一月2~3次，2.4=每学期参加5次左右，2.5=很少参加；3.1=全校，3.2=全院（系），3.3=班级，3.4=宿舍，3.5=社团。

2. 学生对活动的满意度评价

（1）活动实效性评价

数据结果显示：学生对活动的效果评价积极，有41.2%的同学认为教育效果好，水平和档次都较高。51.9的同学认为还有较大的提升空间，只有0.5%的同学评价消极。有87.4%的学生自我评价在活动中受到了教育，并且有一部分学生表示收获很大，认为自己在活动中没有收获的学生只有0.6%。在对活动内容的评价中，有49.2%的学生认为活动有深度，这在4个选项中比例最大，只有6.7%的学生认为活动内容比较单一和很单一。在对活动形式的评价中，评价一般的居多，有49.5%，认为活动形式丰富、吸引力强的有43.2%，认为活动形式比较单一和很单一的有7.3%（见表4-3）。

表4-3　学生对活动实效性的自评描述性统计（%）

条目	1	2	3	4
1. 对活动效果的总体评价	41.2	51.9	6.4	0.5
2. 对在活动中受教育程度评价	31.8	55.6	12.1	0.6
3. 对活动内容的评价	49.2	44.1	5.9	0.8
4. 对活动形式的评价	43.2	49.5	6.4	0.9

注：1.1=效果好，1.2=有较大提升空间，1.3=一般，1.4=差；2.1=收获很大，2.2=受到教育，2.3=感觉不明显，2.4=没有收获；3.1=有深度，3.2=一般，3.3=比较单一，3.4=很单一；4.1=丰富有吸引力，4.2=一般，4.3=比较单一，4.4=很单一。

（2）活动组织者的组织和管理能力评价

调查针对活动的不同三类组织者的组织能力和管理能力进行了评价，学生的满意程度均较高。其中对专职教师的满意程度为84.6%，对校、院团组织或学生会的满意程度为81.1%，对社团的满意程度为79%。

（3）活动丰富性评价

活动丰富性主要从是否能够紧跟当下大学生的所思所想，从多方面、多角度满足年轻人的喜好角度进行考察，调查结果显示，认为目前的活动丰富及很丰富的有61.3%的学生。

（4）活动合理性评价

活动的合理性从活动的务实落地，贴近实际、贴近生活、贴近学生，不过虚的角度及活动有一定的理论深度，提升认知水平，产生价值思考，不过实的角度来展开调查。有73.7%的学生认为参加的活动能够务实落地，能够从身边实际中获得思考，有所感悟。有76%的学生认为参加的活动体现了一定的理论深度，能够提升认知水平，产生价值层面的思考。

（5）活动政治导向性评价

在活动的政治导向性方面，有64.7%的学生认为通过参加活动对自身的政治素养稍有提升，政治理论稍有增长；有33.4%的学生认为通过参加活动使自身的政治素养和政治理论有极大的提升。

（6）活动针对性评价

从活动是否根据学生的具体情况分阶段、分专业开展评价活动的针对性，有74%的学生认为活动做到了针对性开展，有3%的学生认为活动没有针对性。

（7）活动时代性评价

有78.9%的学生认为活动能够紧跟时代的步伐，具备新兴元素，让自己开阔了眼界，增长了新见识。

（二）目前活动存在的问题

数据结果显示："特色不明确，没有吸引力""宣传不到位，知晓人数少""活动内容乏味，无创新"这三个问题是目前活动存在的最突出的问题，分别有40%以上的学生选择了这三个问题。对于目前活动存在的最突出的问题，有37.5%的学生认为是活动频率，有23.7%的学生认为是活动组织情况，有19.9%的学生认为是活动奖励。还有4.4%的学生选择了其他，提出了形式主义、强制性要求、活动名额有限、活动与学习冲突等方面的问题。

（三）影响学生满意度和活动实效性的因素及相互关系

1. 影响学生对活动满意度的因素分析

数据分析显示：活动的教育实效性（包括教育的合规律性、合目的性、合时代性）、活动内容的吸引度、活动形式的多样化以及活动组织过程中的执行度均与学生的满意度呈正相关。即活动的教育实效性、活动内容的吸引度、活动形式的多样化以及活动执行度越高，学生的满意度也越高，相关系数分别为0.683、0.639、0.668、0.738，P值均小于0.01，相关较为显著。其中学生的参与度与满意度也是呈正相关的，表示学生越能积极主动地参与活动，对活动的满意度也越高，相关系数为0.460，P值小于0.01，相关也较为显著（见表4-4）。

表4-4　学生满意度与其影响因素之间的相关关系

项目	学生满意度	活动参与度	活动教育实效性	内容吸引度	形式多样化	组织执行度
1. 学生满意度	—	0.460**	0.683**	0.639**	0.668**	0.738**
2. 活动参与度	—	—	0.436**	0.345**	0.364**	0.407**
3. 活动教育实效性	—	—	—	0.597**	0.585**	0.634**
4. 内容吸引度	—	—	—	—	0.712**	0.631**
5. 形式多样化	—	—	—	—	—	0.675**
6. 组织执行度	—	—	—	—	—	—

注：**表示统计学上的相关较为显著（P<0.01）；*表示统计学意义上的相关显著（P<0.05）。

2. 影响活动教育实效性的因素分析

回归分析显示：活动设计中的合规律性、合目的性和合时代性能对活动的教育实效性具有预测作用，即较高的活动合规律性（$b=0.126$，$SE=0.015$，$t=8.453$，$p<0.01$）、合目的性（$b=0.529$，$SE=0.015$，$t=34.687$，$p<0.01$）和合时代性（$b=0.091$，$SE=0.001$，$t=7.999$，$p<0.01$）能预测较高的活动教育实效性（见表4-5）。

表4-5　活动教育实效性的线性回归模型

	活动的教育实效性	
	b	SE
1. 常数	1.124[**]	0.024
2. 活动合规律性	0.126[**]	0.015
3. 活动合目的性	0.529[**]	0.015
4. 活动合时代性	0.091[**]	0.011

注：[**]表示统计学上的相关较为显著（P<0.01）；[*]表示统计学意义上的相关显著（P<0.05）。

3. 学生满意度和学生活动参与度的关系分析

为进一步探索活动载体设计中，影响学生对活动的主动参与度和满意度的各个因素的影响机制，我们将活动的教育实效性、内容吸引度、形式多样化以及组织执行度作为自变量，将学生对活动的主动参与度和满意度作为因变量做回归模型。结果显示：较高的活动教育性（参与度：$b=0.300$，$SE=0.013$，$t=23.609$，$p<0.01$）（满意度：$b=0.264$，$SE=0.007$，$t=36.192$，$p<0.01$）、形式多样化（参与度：$b=0.085$，$SE=0.015$，$t=5.750$，$p<0.01$）（满意度：$b=0.166$，$SE=0.009$，$t=19.475$，$p<0.01$）以及组织执行度（参与度：$b=0.183$，$SE=0.013$，$t=13.752$，$p<0.01$）（满意度：$b=0.344$，$SE=0.008$，$t=44.892$，$p<0.01$）都能预测较高的学生参与度和满意度；而较高的内容吸引度只能预测较高的学生满意度（$b=0.114$，$SE=0.008$，$t=13.885$，$p<0.01$），对学生的主动参与度没有明显的影响（$b=0.024$，$SE=0.014$，$t=1.703$，$p=0.89$）（见表4-6）。

表4-6　学生参与度和学生满意度的线性回归模型

	学生参与度		学生满意度	
	b	SE	b	SE
1. 常数	1.639**	0.036	0.197**	0.021
2. 活动教育实效性	0.300**	0.013	0.264**	0.007
3. 内容吸引度	0.024	0.014	0.114**	0.008
4. 形式多样化	0.085**	0.015	0.166**	0.009
5. 组织执行度	0.183**	0.013	0.344**	0.008

注：** 表示统计学上的相关较为显著（P<0.01）；* 表示统计学意义上的相关显著（P<0.05）。

（四）现有活动设计改善因素分析

1. 改善活动的宣传途径

数据显示分析：微信和QQ是用来宣传活动的较好方式，有47.6%的学生选择这种传播媒介；校园主流媒体仍然有一定的拥护度，有39.3%的学生选择；选择宣传海报的学生有10.7%；也有个别学生提出面对面的宣传方式。

2. 活动内容设计

数据结果显示：活动内容的开放性、教育性、可塑性、时代性、示范性、系统性六个方面，更多学生选择了活动要加强开放性，有62.1%；超过50%的学生选择了加强教育性、可塑性、时代性。在其他选项中，有同学提出了要加强活动的创新性、趣味性和针对性。

3. 其他意见和建议

同学们就活动的开展提出了众多意见和建议，归纳起来主要有：活动内容方面，提出内容要简而精，要贴近生活实际和时代发展，要与学生增强互动性和趣味性，要新颖、有特色。活动形式方面：提出要多样化、创新化，与时俱进、开拓创新的同时要兼顾学生的反映，以更新颖、更有特色、更有意义的内容吸引大家参与，而不是强制要求大家必须参与，可以多增加班级或宿舍的活动；要增强活动的娱乐性，让学生在娱乐和兴趣中感受价值影响，从而达到教育的效果，同时也要减少活动给学生带来的压力，比如每参加一次活动就要求写几千字的心得或者报告，这样就减少了学生的参与度，或者学生纯粹是为了完成任务而参加活动。活动组织频率方面：提出要根据学生的课程情况适当调整，不宜过多，将活动吸引力提高就好；扩大活动规模，活动覆盖面要广，一次可以参加很多人，但是不用太高频率，可以分阶段在不同时间进行有针对性的活动。

此外，还有同学提出活动要加大宣传力度，提高知晓度；要少些形式主义，多求真务实；要加大奖励力度，设置互动奖励；要多举行一些校外活动、实践活动，等等。

三、调查中发现的问题

通过问卷调查，从受教育者（大学生）视角出发，从活动载体运用的现状及影响活动载体的因素进行结果讨论。

（一）活动参与存在形式化现象

根据调查显示，有99.5%的学生都参加过活动，有85%的学生每月至少参加1次以上的活动，学生的活动参与率是很高的，活动已经成为学生学习生活的一部分。然而高参与率并不代表都是有效参与，还存在着参与活动的形式化现象，主要表现在学生并不都是自觉自愿参与到活动中去的，有48.7%的学生是被要求参加的。学生主动参与被动参与活动的教育效果是不一样的，在被动情况下参与活动受教育的程度肯定比不上自主参与活动的效果，只有主动参与到活动中去才是有效参与，才能更好地发挥学生的自我能动性，才能将教育与自我教育有机统一，达到良好的教育效果。

（二）活动载体与其他教育元素的有效衔接和整体推进不够

活动作为价值观教育的载体，它应该纳入教育整体规划中，同课堂教学等载体相互配合，相互补充，共同推进。但在调查中发现，"学业压力太大，没有时间和精力参加活动""时间和地点的安排"是影响学生参加活动的最重要因素，有37.5%的学生认为活动频率太高是活动存在的最大问题，这些数据和描述反映出活动载体没有纳入教育顶层设计中，导致在现实中与其他教学元素产生了冲突，如课堂载体与活动载体在时间上存在着一定的冲突，没有做到很好地统筹融合。如何加强活动载体与其他载体的整合是创新发展活动载体需要解决的问题。

（三）学生对活动的期望和需求高

学生对于活动的关注度达到了98%，但认为活动效果好、水平和档次都较高的只有41.2%的学生；在对活动的丰富性、需求满足度、合理性、针对性、时代性的评价中，活动的丰富性和需求满足度的评价率低于其他三个方面的评价率10%以上；有40%以上的学生认为活动的特色不明确，没有吸引力，活动内容乏味，无创新。以上说明学生对活动载体存在的认同以及存在价值的期望是较高的，目前的活动开展效果没有很好地满足学生们的需求。如何提高活动有效性，提高活动与学生需求的契合度是活动载体创新发展的内容之一。

（四）学生对活动的需求更贴近生活化

根据调查发现，休闲、交友、满足兴趣爱好是学生参与活动的主要目的之一，学生最喜爱的活动主要体现在文体活动、志愿服务活动方面，最喜爱的活动宣传媒介是微信、QQ等自媒体。学生在选择活动时会更注重从自我需求出发，选择最新的科学技术手段，喜欢亲身实践和亲身体验，更愿意接受与现实生活方式相吻合的活动。

第二节 活动载体运用的质性研究

问卷调查主要从学生视角探寻影响活动参与、活动教育实效和活动评价的各因素的相关性，为了更深入客观地了解高校思想政治教育活动载体的影响因素，还需要了解活动组织者对活动成功运行的评价标准，影响活动组织实施的因素以及活动载体面临的困难、机遇和挑战的真实感受，所以为弥补定量问卷调查的局限性，进一步采用质性研究法。

　　所谓质性研究，是以研究者本人作为研究工具，通过与研究对象互动，对其行为和意义建构获得解释性理解的一种研究方法。① 质性研究法是相对于量化研究的另一种研究范式，包括民族志研究、深度访谈、焦点小组访谈、田野调查、参与观察等多种不同的研究方法。本研究采用质性研究范式中的深度访谈法，聚焦活动载体的主要策划者、实施者和参与活动的学生代表，对他们进行深入访谈与研究分析，以深入挖掘样本群体的实践反思。

一、研究对象和分析方法

　　本研究中，从三个角度选择研究对象，即活动的主要策划者、具体实施者以及参与活动的学生对象。主要策划者为高校团委书记、学院分管学生工作的党委书记或副书记代表；具体实施者为学院辅导员、学院专职团干、学生会主席、学生社团负责人代表；参与活动的学生对象包括积极参与活动的学生与不积极参与活动的学生代表。

　　研究采用整群随机取样法，在湖南省内随机选取普通高校和职业高校研究样本，严格核准了被试身份特征，共进行三轮编码和被试筛选，直至样本饱和，最终共有 61 位被试进入研究。研究采用质性研究的编码方式，对访谈的文本材料进行反复和深入的阅读和编码。通过对资料不断地归纳与总结，形成理论框架。

二、研究工具和研究流程

　　数据收集的研究工具包括：知情同意书、自编访谈提纲和访谈笔记。访谈提纲采用结构式的提问方式，针对活动成功开展的标准，影响活动组织实施的因素以及活动面临的困难、机遇和挑战五个问题做深入的反思和交谈。每人次访谈为 0.5~1 小时，对每次的访谈进行录音，访谈结束后将访谈的全过程转为文本格式。访谈笔记是研究者在访谈之后，记录对访谈过程的描述，

---

　　① 陈向明. 质的研究方法与社会科学研究［M］. 北京：教育科学出版社，2000：9.

包括受访者的言语行为表现及非言语行为，以及对访谈内容和过程的一些补充细节等。

三、研究结果

将被试编码后的因素源进行进一步的频次统计，结果如下。

（一）成功的活动的评价标准

通过编码分析发现，成功的活动开展的评价标准有六个，分别为：参与率、好评率、教育性、满意度、实效性、安全性。这六个维度的评价标准为我们在设计、组织和实施活动过程中提供了指向目标，要想充分发挥活动载体功能，达到活动的育人效果就必须从这六个方面的因素入手。根据被试的反应频次排序结果发现，这六个因素中频次比例排序前三的分别是：活动的参与率、活动的满意度和活动的实效性。这一质性研究的结论与之前定量问卷调查的结果是一致的。也就是说，一个成功的活动必然要有高的参与度、满意度和实效性。我们在运用活动载体时主要围绕参与度、满意度和实效性发力（见表4-7）。

表4-7　成功的活动的评价标准频次及排序

核心类别	频次	占被试数量的比例	核心类别比例排序
参与率	61	100%	1
好评率	50	82%	4
教育性	48	79%	5
满意度	55	90%	2
实效性	52	85%	3
安全性	5	8%	6

（二）活动组织实施的影响因素

通过编码分析发现，影响活动组织实施的因素有八个，分别为活动目的、活动时间、活动场地、活动内容、活动形式、活动经费、执行团队、参与者。

这与本研究对活动载体的构成要素的分析是相吻合的。活动执行团队和参与者属于活动主体要素，活动时间、活动场地、活动经费属于活动保障要素。一个完整的活动必须包含这八个因素，在活动方案的设计时就必须把这八个因素考虑进去。活动的参与者、执行团队是影响活动的组织实施排序第一和第二的因素，说明一个活动的组织实施最重要、最关键的是活动主体。激发活动主体的组织、参与活动的自觉性、积极性是活动载体首要关注的问题（见表4-8）。

表4-8 活动组织实施的影响因素频次及排序

核心类别	频次	占被试数量的比例	核心类别比例排序
活动目的	40	66%	8
活动时间	45	74%	7
活动场地	48	79%	6
活动内容	50	82%	5
活动形式	52	85%	3
活动经费	51	84%	4
执行团队	56	92%	2
参与者	61	100%	1

（三）活动载体运用面临的机遇

通过编码分析发现，活动载体运用面临的机遇有：政策支持、教育氛围、信息技术、平台丰富、素材丰富。运用活动载体需要抓住并充分利用这些机遇，特别是要充分利用丰富的平台和现代信息技术进行活动载体的创新（见表4-9）。

表4-9 活动载体运用面临的机遇频次及排序

核心类别	频次	占被试数量的比例	核心类别比例排序
政策支持	40	66%	5
教育氛围	50	82%	4

续表

核心类别	频次	占被试数量的比例	核心类别比例排序
信息技术	56	92%	2
平台丰富	60	98%	1
素材丰富	54	89%	3

（四）活动载体运用面临的挑战

通过编码分析发现，活动载体运用存在的挑战为：信息多元、价值观多元、自由意识、信息过度、网络自由、自媒体发展。这些挑战既是活动载体运用时要解决的问题，也是活动载体创新发展的动力（见表4-10）。

表4-10　活动载体运用面临的挑战频次及排序

核心类别	频次	占被试数量的比例	核心类别比例排序
信息多元	58	95%	1
价值观多元	30	49%	5
自由意识	35	57%	4
信息过度	40	66%	3
网络自由	45	74%	2
自媒体发展	3	5%	6

（五）活动载体运用面临的困难

通过编码分析发现，活动载体运用面临的困难包括：形式不新颖、内容不吸引、经费不足、宣传不够、教育人才缺乏、学生主动参与度低、学生满意度低。其中排序前两位的困难是学生主动参与度低、学生满意度低，占被试数量比例79%以上，其他的各种困难占被试数量比例不到三分之一。再一次论证了活动载体运用和创新要关注的群体是受教育者（主要是指大学生），要解决的问题是提高学生对活动的参与度和满意度（见表4-11）。

表4-11　活动载体运用面临的困难频次及排序

核心类别	频次	占被试数量的比例	核心类别比例排序
形式不新颖	15	25%	4
内容不吸引	19	31%	3
经费不足	10	16%	5
宣传不够	8	13%	6
教育人才缺乏	5	8%	7
学生主动参与度低	50	82%	1
学生满意度低	48	79%	2

第三节　活动载体运用的境遇分析

实证调研是从活动主体，即教育者和受教育者的角度对活动载体运用现状及影响因素进行研究分析，然而对活动载体现状分析还有一个视角是不容忽视的，即活动载体所存在的客观时空环境。当今世界正处于百年未有之大变局，中国正处于实现中华民族伟大复兴的关键时期，国际国内两个大局相互影响、相互制约，从而造就了机遇与挑战并存、风险与收益共生的时代境遇。新的时代境遇，对培育和践行社会主义核心价值观活动载体的创新运用提出新的要求，带来新的机遇与挑战。

一、活动载体运用的新要求

新矛盾孕育新时代，新时代催生新使命，新使命呼唤时代新人。中国特色社会主义进入新时代，中国共产党和中国人民肩负着实现中华民族伟大复兴中国梦的时代使命，迫切要求培养担当民族复兴大任的时代新人，构建中国特色哲学社会科学，办好中国特色社会主义大学。活动载体是培养大学生的重要载体，是高校思想政治教育的基本要素，是中国特色社会主义大学的内在构成。因此大学生培育和践行社会主义核心价值观的活动载体必须面向和适应新的时代境遇提出的新要求。

大学生培育和践行社会主义核心价值观活动载体的运用必须以培养担当民族复兴大任的时代新人为根本目标。"中国梦是历史的、现实的,也是未来的;是我们这一代的,更是青年一代的。"① 青年一代特别是大学生在实现中华民族伟大复兴的历史进程中肩负着重要的历史使命,发挥着后备军和新生力量的角色作用。但是这一历史使命不是轻轻松松、敲锣打鼓就能实现的,必须进行许多具有新的历史特点的时代斗争,对大学生的理想信念、能力本领、责任担当等提出了更高更严的要求,从而对大学完成立德树人根本任务的质量提出了更高更严的要求。活动载体作为立德树人的关键一环,是帮助大学生坚定理想信念、锻炼实践能力、扩大交往关系的重要中介,对促进大学生自由全面发展具有独特作用。因此活动载体运用必须坚持以马克思主义为指导,以党的创新理论特别是习近平新时代中国特色社会主义思想为核心内容,以大学生思想特点和成长成才规律为遵循,选择符合大学生思想特点、适应大学生精神文化需要的内容和形式,以实现"在活动中学"的最佳效果,从而培养和造就一批批有理想、有本领、有担当的时代新人。

大学生培育和践行社会主义核心价值观的活动载体的运用必须以推进大学生社会主义核心价值观教育与时俱进为发展宗旨。大学生是具体的、现实的、不断变化发展的,而社会主义核心价值观的培育是一个复杂的、动态的有机整体,需要经历一个由部分到整体的长期的渐进的过程。活动载体能够成为推进社会主义核心价值观的培育的突破口和切入点。因此在大学生培育和践行社会主义核心价值观的活动载体运用实践过程中,必须及时总结宝贵经验教训,深刻提炼理论认识,以着力丰富和深化活动载体理论的研究领域和思想内涵,进而促进大学生社会主义核心价值观教育的与时俱进、创新发展。

大学生培育和践行社会主义核心价值观的活动载体的运用必须以办好中国特色社会主义大学为价值追求。马克思主义是我国大学最鲜亮的底色,办

---

① 习近平. 决胜全面建成小康社会 夺取新时代中国特色社会主义伟大胜利——在中国共产党第十九次全国代表大会上的报告 [M]. 北京:人民出版社,2017:70.

好中国特色社会主义大学必须坚持马克思主义的根本指导，坚持社会主义办学方向，从而解决培养什么样的人、怎样培养人、为谁培养人的根本问题。大学生培育和践行社会主义核心价值观的活动载体是凸显马克思主义底色、彰显社会主义办学特色的重要标杆，对于帮助大学生形成马克思主义的世界观、人生观、价值观，引领大学课外活动的价值导向具有重要作用。因此大学生培育和践行社会主义核心价值观的活动载体必须做大做强，打造精品活动，打响活动口碑，创新活动机制，以赢得大学生的信赖和认可，成为其他载体学习借鉴的典范，从而延续和壮大大学的红色基因，站稳马克思主义立场，办好中国特色社会主义大学。

二、活动载体运用的新机遇

随着经济全球化、政治多极化、社会信息化、文化多样化的快速发展，人们的思维方式和交往方式、生产方式和生活方式等都发生深刻变革，使得人们特别是大学生的思想观念日趋活跃、差异、多变，大学校园活动的类型日益丰富、数量快速增长、举办更加自由，网络空间日渐成为人们生活、学习、工作、交往的主要空间，世界范围内文化开放交流愈加频繁，从而为大学生培育和践行社会主义核心价值观的活动载体的运用提供了新的机遇。

大学校园活动为大学生培育和践行社会主义核心价值观活动载体的探索提供了宝贵经验。大学生是大学校园活动的创造者、参与者和享受者，决定着大学校园活动的类型、内容、形式。随着大学生的兴趣爱好、发展要求、价值选择日趋个性化、多样化、分众化，大学校园活动为了迎合大学生的不同精神文化需要而呈现出类型不断丰富、形式不断多样的发展趋势，由最初的理论学习活动、文体活动、社团活动等逐渐发展为理论学习活动、文体活动、志愿服务活动、社团活动、心理健康活动、创新创业活动、职业规划活动、知识竞赛活动等，并在长期的运用实践中形成了一些活动品牌、活动标杆，拓展了活动形式、活动方法，积累了活动口碑、活动信誉。活动载体作为大学校园活动的一种，与其他大学校园活动面对的是共同的活动对象，因而可以立足自身实际，选择性地学习其他大学校园活动关于适应大学生接受特点、遵循大学生成长成才规律、满足大学生发展需要的宝贵经验，从而在活动内涵、活动形式、活动过程等方面实现集成创新。

网络空间为大学生培育和践行社会主义核心价值观活动载体拓展了新的活动领域。随着网络技术的快速发展和互联网的日益普及，网络空间日益成为人们生产生活的重要空间，网络化生存逐渐成为社会的常态。大学生是互联网的原住民，网络空间是其信息获取、理论学习、休闲娱乐、社会交往、思想表达、情感交流的重要场域。"宣传思想工作是做人的工作的，人在哪儿重点就应该在哪儿。"① 占领网络空间阵地是大学生培育和践行社会主义核心价值观活动载体的内在要求。因此，在活动载体运用过程中，充分发挥网络空间的虚拟性、超时空性、开放性、多向性、交互性等优势，将社会主义核心价值观内容同网络化的存在方式、组织方式、表达形式、传播形式和话语方式相结合，有助于创新具有网络特点、遵循网络信息传播接受规律的活动载体，从而实现大学生培育和践行社会主义核心价值观活动载体的时代化。

国外道德教育活动载体运用实践为大学生培育和践行社会主义核心价值观的活动载体提供了有益借鉴。随着工业化的深入发展，世界日益由前喻文化时代、同喻文化时代向后喻文化时代演进，青年日益质疑和反对老一辈的权威。其中大学生具有较高的文化素养和较强的主体意识，对陈旧老套的说教、规训愈发不感兴趣。而大学生正处于确立稳定世界观、人生观、价值观的关键时期，通过道德教育将主导的社会意识形态转化为大学生的个体意识是促进大学生社会化，确保大学生形成民族认同与国家认同、政治认同与文化认同的重要路径。如何实现尊重大学生主体意识和有效实施道德教育的有机统一成为亟须解决的问题。在此情况下，具有隐性道德教育功能的活动载体日益受到世界各国的重视和运用。且世界各国在运用道德教育活动载体的过程中创新了"服务学习"理念、社区服务活动等形式，从而为大学生培育和践行社会主义核心价值观的活动载体在制度化、体系化、规范化等方面进行创新提供了有益借鉴。

---

① 习近平关于社会主义文化建设论述摘编［M］.北京：中央文献出版社，2017：29.

三、活动载体运用的新挑战

当今世界正面临百年未有之大变局，经济全球化、政治多极化、社会信息化、文化多样化的特征突出。当今中国正处于深化改革时期，在坚持和发展中国特色社会主义、实现"两个一百年"奋斗目标的进程中面临着许多现实问题。国内外形势的变化对活动载体提出了新的挑战，这些挑战增加了活动载体创新发展的紧迫性。

（一）西方意识形态借助活动载体进行渗透

随着世界多极化、经济全球化发展，一些发达的西方国家在霸权主义思想的推动下将经济全球化过程演绎成资本主义生产关系全球化扩张过程，无论是冷战时期还是和平发展时期，西方敌对势力对我国"西化""分化"的战略从未停止过。随着我国经济的发展壮大，西方敌对势力把我国视为西方价值观和制度模式的威胁，更是加紧对我国实施"西化""分化"政治图谋，意识形态的斗争更加复杂尖锐，体现在政治、经济、文化、科学等各方面，出现在企业、学校、机关单位等各个角度，敌对势力利用项目援助、网络炒作、宗教渗透、引诱拉拢、制造经贸摩擦等各种斗争手段想攻破我们的思想防线，扰乱和阻止我国的经济社会发展。

青年是祖国的未来，民族的希望，青年强大的求知欲和发展的可塑性使他们成了敌对势力煽动蛊惑的重点对象，成为敌对势力与我们争夺的重点人群。高校是教育引导青年学生的思想高地，由此也成了意识形态斗争的前沿阵地。意识形态的斗争随着社会的发展也呈现出新的特点，更具隐蔽性和欺骗性。他们选择师生们特别关注的民生话题，如环境保护、动物保护、转基因、经济转型等大做反动文章，以此来否定我们党和国家的决策，动摇我们党和政府的领导。他们借用多个载体完成渗透目的，活动载体成了敌对势力对高校师生进行意识形态渗透的重要载体之一。他们利用学术交流、调查研究、社会实践、扶贫援助等活动作为幌子，或者是以出资组建学生社团、出资赞助学生活动等方式参与到高校的各类活动中来，在活动中鼓吹西方民主自由，传播西方价值观。敌对势力在意识形态斗争中对活动载体的占领和使用是不得不面对的问题，如何抢夺活动载体的主动权，利用活动载体坚定学生的马克思主义信念，凝聚学生的共识，激发学生的力量，是大学生培育和践行社会主义核心价值观活动载体的运用必须解决的课题。

（二）多元价值对活动载体的需求

在经济全球化、社会信息化的背景下，不同民族、不同国家的文化交流日益频繁。文化交流应该是对等的、平等的，然而在以西方发达国家为主导的全球化过程中，西方发达国家不仅仅主导着国际经济的合作与交流，而且在全球范围内宣扬、输出和渗透他们的意识形态、政治制度、价值观念和生活方式，试图主导思想文化，实现文化全球化，而一些民族和国家为了自身的利益，不可避免地在文化领域中呈现出冲突与斗争，又在斗争中发生着相融。随着社会的发展，开放的国家中的文化在冲突状态下形成了多元并存，文化越是多元，价值也越是多样化。

当代大学生面对民族文化与外来文化的冲突、传统文化与现代文化的差异、主流文化与大众文化的并存，表现得有些无所适从。随着网络技术的发展，大学生们快速地、片段地接收着海量信息，在还没能厘清这些信息、文化时便已经接受了它们的存在。多元文化冲击着大学生的价值选择，导致大学生的价值观也出现多元且多变的特征，受西方文化的影响，极端个人主义、享乐主义、利己主义等思想在当代大学生群体中蔓延。多元价值带来多元的需求，甚至有些需求与我们提倡的主流文化、核心价值是矛盾冲突的。在这样的情况下，传统的活动载体满足不了学生的需要，承载着主流思想和文化内容的活动对学生的吸引力不强，他们更喜欢具有个性化特色的活动，于是学生们纷纷组建社团来开展自己喜欢的活动，高校的学生社团数量逐年增长，几乎每所高校都有一百个以上的学生社团，学生社团活动在高校数量最多。在学生社团活动中休闲娱乐性活动很受学生的喜爱，存在着活动内容低俗化、活动泛娱乐化的现象。如何利用活动载体发挥社会主义核心价值观的主流地位和引领作用是当前面临的挑战之一。

（三）现代生活方式对活动载体的要求

生活方式是以生产为基础，由生产方式来决定的，每个时代有自己的生产方式，每个时代也有不同的生活方式。在古代，人们没有摆脱自然界的束缚，对自然界的依赖形成了"日出而作，日落而息"的生活方式；在近代，随着生产机器的普遍使用，机器化、社会化大生产的方式使人们从自然界独立和解放出来，人与人的社会关系也发生了改变，从人对自然界的依赖演化成对物的依赖，生产规划代替了生活规则；在现代，随着计算机技术、网络信息技术、人工智能技术的发展，人们打破了规范性、统一性的机械大生产模式，进入了网络化、数字化、符号化、虚拟化、智能化的新的生活模式，开始了多元化、多样化、个性化的生活方式。

在高校，网络化、智能化已经成为大学生们重要的生活方式，他们通过网络来进行人际交流，通过网络来获取知识和信息，通过网络来休闲娱乐。网络是把双刃剑，一方面，在知识获取上，网络技术的出现缩短了空间距离，世界各国、各行各业海量的信息通过网络都可以查阅，可以根据自己的兴趣爱好随时查阅自己需要的信息，有利于个性的充分发展；在交往方式上，网络打破了现实生活中的时空限制，不管身在何处都可以实现实时交往，可以自由选择交往对象，拓展了人际交往的广度和深度。另一方面，网络是个"万花筒"，一些错误的、低俗的信息都可以在网络上呈现，对大学生的身心健康造成极为恶劣的影响；虚拟的交往会带来诚信危机，也会引发人与人的疏离，导致人的孤独、冷漠，不愿意参与现实的集体的活动，缺乏社会责任感和义务感，甚至还出现"拖延症""低头族"，出现沉迷于网络娱乐消遣、迷恋网游、网络赌博、网络犯罪等现象。此外，网络改变了高校思想政治教育的传播环境，同时实现了点对面的传播和点对点的互动，传播主体更加多元，受众分化更加明显。如何利用活动载体引领网络新风尚，如何在活动中营造健康的、积极向上的生活方式，是大学生培育和践行社会主义核心价值观活动载体的运用需要解决的问题。

（四）现代载体对传统载体的消解

传统载体是指在过去的教育过程中，曾经被人们广泛使用并发挥了积极教育功能的载体形式，它不仅仅是从时间角度上的划分，更多的是对载体所具有的历史价值的规定。现代载体是在现代教育过程中，正在被人们选择和运用的具有时代特征和意义的载体形式。① 现代载体与传统载体不是截然分开的，它的出现基于两个因素，一是由于科学技术的发展而产生的新事物，如网络，在过去的社会生活中没有出现网络，网络载体只存在于现代教育过程中。二是由于创新发展而具有了现代特征的传统载体，从这个意义上理解，现代载体是由传统载体演化而来。如报纸、电影等大众传媒载体，报纸从手抄到印刷，电影从无声到有声、从黑白到彩色，这些变化发展便是传统载体向现代载体发展的过程。

在现代社会条件下，现代载体的存在挤压和消解着传统载体的生存空间。大学生培育和践行社会主义核心价值观的活动载体，既有传统载体的形式，如开会、政治运动，又具有现代载体的特征，如网络活动；还有一些活动形式没有改变，但活动内容或主题随着社会的发展有了变化和增加，如志愿服务活动，从"学雷锋"到"三下乡"再到"四进社区""志愿服务西部""保护母亲河"等。在与现代载体的激烈竞争中，大学生培育和践行社会主义核心价值观的活动载体要在与众多思想政治教育载体的竞争中保持自己的特色和优势，发挥自己的存在价值；要传承优秀的品牌活动，让"学雷锋""三下乡""精神文明创建""大学生艺术展演""高雅艺术进校园"等一些优秀的传统品牌活动永葆生命力，要不断加深与其他载体的融合，要做到这三点就必须要创新发展活动载体，就要不断吸收和兼容现代科学技术成果，不断改变自己的形式或丰富自己的内容，为自己的存在打上时代特征的烙印。

（五）风险挑战下活动载体的应对

党的十九大把防范化解重大风险放在三大攻坚战之首。当前，我国面临的重大风险挑战日益剧增，有来自国内的，也有来自国际的；有来自人类社会的，也有来自自然界的；有来自政治、经济的，也有来自社会、文化、卫生等领域的。如 1997 年的亚洲金融危机、2003 年的非典、2008 年的汶川地震、2018 年开始的中美经贸摩擦、2020 年的新冠肺炎疫情等。新冠肺炎疫情是百年来全球发生的最严重的传染病大流行，是中华人民共和国成立以来我

---

① 董世军. 现代思想政治教育载体论 [D]. 长春：吉林大学，2006：15-16.

国遭遇的传播速度最快、感染范围最广、防控难度最大的重大突发公共卫生事件。① 抗击新冠肺炎疫情斗争是一次国家发展的特殊大考，也是一次民族生命力的特殊考验，同时也对社会主义核心价值观提出了挑战。新冠肺炎疫情对经济、政治、文化、社会生活带来了一定的影响，也打破了高校的正常教学秩序。各高校延期开学，甚至有的高校春季学期全部采取线上教学的方式，在没有了面对面的监督管理下，加深了一些自律性差的学生对网络的依赖，突发的疫情改变了同学们学习的环境，由集中到教室学习变为一人在家网络学习，打破了正常的生活节奏，扰乱了现有的生活方式，惯有的方式发生变化会导致学生的思想也产生波动，越是在特殊时期，社会主义核心价值观的教育越不能缺席。如何在突发状态下利用活动载体，讲好中国故事，传播正能量，是对活动载体应对能力的挑战。

---

① 习近平. 在全国抗击新冠肺炎疫情表彰大会上的讲话 [J]. 求是，2020（20）：2.

第五章 大学生培育和践行社会主义核心价值观活动载体及其运用的创新

面临挑战要创新，解决问题要创新，可关键的问题是如何创新。创新不是随心所欲、任意而为的，本研究以高校思想政治教育活动载体运用的历史经验与反思为创新的基础，以大学生培育和践行社会主义核心价值观活动载体现状分析和时代境遇为创新的导向，以充分激发活动载体"活化"功能，实现其教育价值为创新的目标，从活动载体的理论更新、运行模式的完善、运用方法的优化、管理机制的制度化来探寻大学生培育和践行社会主义核心价值观活动载体的创新举措。

第一节 推进活动载体理念更新

中共中央、国务院印发的《关于加强和改进新形势下高校思想政治工作的意见》中指出：要坚持改革创新。推进理念思路、内容形式、方法手段创新，增强工作时代感和实效性。① 大学生培育和践行社会主义核心价值观活动载体的理念是对活动载体客观性、规律性、科学性的阐释，是对活动载体的

①　中共中央，国务院. 关于加强和改进新形势下高校思想政治工作的意见：中发［2016］31号［Z/OL］.（2017-02-27）［2020-08-16］. http：//www. csnn. cn/zx/201702/t20170227_3432295. shtml.

价值追求的明确。大学生培育和践行社会主义核心价值观活动载体的理念贯穿于教育活动全过程，对大学生培育和践行社会主义核心价值观起着引领性和规范性的作用。活动载体的理念会随着社会发展需要和个人发展需求而不断发展更新，这种更新是"主体融合创新介体的功能特征，建立符合时代变化、反映时代特点和趋势的新思维，扬弃不合时宜的传统旧思维的过程"①。在创新大学生培育和践行社会主义核心价值观活动载体过程中，理念的更新是先导，是基石。

一、"双驱联动"的育人理念

"双驱联动"即课堂教学与活动载体并重，二者联合发力成为大学生培育和践行社会主义核心价值观的左右驱动。对活动载体的概念界定时明确了，作为载体的活动是狭义的活动，是指除了课堂教学之外的活动。活动载体和课堂教学都是为教育服务的，课堂教学也是一种载体形式。所以，二者的关系是在同一层面且相互关联的。然而在具体的教育实践中，活动载体与课堂教学的并重性和联动性没有充分的体现。首先，课堂教学得到规范的管理和充分的保障，而对活动载体管理的随意性较大，有的甚至不在教学管理中，活动载体还达不到与课堂教学并驾齐驱的地位。其次，课堂教学实施一般是学校教务处管理，思政课老师来完成，而活动载体的运用实践一般是团委和学工部管理，辅导员、专职团干、学生干部来具体实施。因为管理部门的不同、教育实施者的不同，导致课堂教学与活动载体二者的融合度不强，特别体现在时间冲突方面。

在实际的教育实践中，课堂教学的地位和功能得到充分的认可和保障，所以"双驱联动"理念的形成更突出是在于明确和认可活动载体在培育和践行社会主义核心价值观中的定位，将活动载体的运用纳入高校人才培养方案和教学管理体系之中，做好课堂教学与活动载体的有效衔接。首先，在顶层设计上做好两个载体的融合。活动载体是课堂教学的延伸，课堂教学是活动

---

① 杨业华. 思想政治教育创新的价值基础［M］. 北京：中国社会科学出版社，2017：153.

载体的理论指导，把活动载体的管理纳入教学管理体系中，在内容上做好融合，在形式方法上确定原则，做好二者的相互补充、相互联动。其次，实施"学分制"。可以将课程的学分分成两部分，一是课堂教学的考核，二是参加活动的考核；也可以将活动的考核单列学分。如团中央在高校进行推广实施的"第二课堂成绩单"就是对活动载体运用的"学分制"的探索。对师生的学习创新活动有很大的激励作用。最后，认定活动指导工作量。工作量是对教师工作付出的一种认可，工作量的认定一方面可以鼓励更多的老师参与到活动的指导、设计和组织实施中来，另一方面也鞭策老师们认真负责对待每一项活动，活动设计前做好充分的调查，活动实施中积极发挥主导作用，活动结束后做好总结评估。

二、供需平衡的双主体理念

在培育和践行社会主义核心价值观的活动中，教育者精心策划、组织实施活动，处于主导地位；受教育者是活动的参与者和践行者，在活动中积极发挥主观能动性，处于主体地位。充分调动和发挥受教育者的主体性是教育者主体性发挥的出发点和最终归宿。所以在培育和践行社会主义核心价值观的活动中既要充分发挥教育者的主导性，又要合理激发受教育者的主体性，形成双主体理念才能最大限度地实现活动载体的价值。双主体不仅意味着在培育和践行社会主义核心价值观的活动中存在着两个主体，而且意味着这两个主体的地位是平等的，在活动中相互联系并发生着双向互动的关系，而这种联系是由需要来决定的，"人们之间一开始就有一种物质的联系。这种联系是由需要和生产方式决定的"①。所以要实现双主体的理论必须要处理好这两个主体间需求和供给的关系，供需矛盾推动着活动载体不断创新，建立平衡的供需关系是活动载体创新的一个指向目标。

需求和供给是相互的，教育者既有对受教育者的需求也有对受教育者的供给，反之，受教育者既有对教育者的需求也有对教育者的供给。为体现以

① 马克思恩格斯选集（第1卷）[M]. 北京：人民出版社，2012：160.

学生为本的理念，我们主要分析受教育者的需求与教育者的供给关系。

当下，文化的多元导致价值的多元，价值的多元引起需求的多元。在高校，大学生是主要受教育者，对于大学生们多元化的需求需要教育者积极及时做出供给反应。首先，实现活动的组织者的多元供给。要实施全员育人，在校内打造专、兼职队伍，优化主体结构。除了思政课老师、辅导员等专职思政工作人员外，党务干部、专业老师都加入活动组织队伍，同时，还可吸收优秀的学生加入活动组织队伍，发挥朋辈影响作用，提升学生自我教育意识。此外，还要形成校地联动、校家联动机制，发动社会、家庭的力量加入活动的组织中来。比如，聘请校外辅导老师组织受教育者在校外教育基地开展教育活动。其次，活动的场域实现多样供给。随着受教育者需求的多样变化，实施全方位育人，活动实施的场域全面拓展。从校内走向校外、走进社区，加强线上线下的统一推进，发挥支部、社团、宿舍的育人功能。最后，活动的方式实现多态供给。尊重受教育者的主体性，实施全程育人，在受教育者的不同学段有针对性开展各项活动，围绕"课程、科研、实践、文化、网络、心理、管理、服务、资助、组织"十个方面打造精品活动。

除了积极有效地做好供给反馈之外，教育者还要充分发挥主导作用，对大学生们的需求要合理引导。首先，要抵制和排斥不合理、不正当的需要。受教育者的需要不一定都是合理的、正当的。袁贵仁在《马克思的人学思想》一书中指出，除那些明显的罪恶需要外，主要还有虚假的需要、过量的需要、冲突的需要这三种不合理、不正当的需要。对于受教育者不合理、不正当的需要不仅不能满足，还要进行说服教育，使其放弃这种不合理、不正当的需要。其次，明确需要的满足要符合现实的客观条件。受教育者的需要是多元化的，不可能所有人的需要都能满足到，另外还有些合理的需要当前条件满足不了，要引导受教育者客观地对待自己的需要，在现实中找到需要的平衡。最后，引导个人的需要与社会、国家的发展需要相结合。利用受教育者们喜闻乐见的活动形式引导受教育者将自己的发展需求与教育目标统一起来，适时地把受教育者的需要引上更高层次。使受教育者认识到，受教育者的需要与社会、国家的发展需要是紧密联系在一起不能相互脱离的，受教育者的发展是国家、社会发展的基础，国家、社会的发展又是受教育者发展的保障。人的高层次需要是实现全面发展，而社会、国家思想政治教育目标也是促进人的全面发展，二者是具有内在一致性的。激发受教育者自觉将个人需要与社会、国家的需要结合起来。

三、品牌化的培育理念

目前，作为培育和践行社会主义核心价值观的活动是丰富的、多元化的，但却是良莠混杂、质量参差不齐的，还存在着"形式化""泛娱乐化""碎片化"问题，活动载体的育人功能并没有得到充分有效的实现，创新活动载体其目的就是要增强活动育人的实效性，要让每个活动都蕴含育人之魂，让每个活动都成为教育品牌。培育和践行社会主义核心价值观活动品牌化的培育是凝练和打造品牌活动的必由之路，是创新活动载体的必然举措。

品牌的本义是一个营销学词语，在《现代经济词典》中解释为加在商品上的标志，用以识别一种产品，使之与其他竞争者的产品相区别。从词义上理解，品牌是具有认知性的，它是一种标志；是具有代表性的，它具有识别某种事物的特点；是具有独特性的，它是某种事物与其他事物相区分的标志。引申到培育和践行社会主义核心价值观的活动中来，品牌活动是具有学校个性特色的活动，蕴含着学校文化精神，具有与一般活动和其他高校活动所不同的特点，因为它的特色性能够吸引更多师生积极参与到活动中；品牌活动是有内涵高质量的活动，代表学校最高的教育质量和水平，是学校优秀的思想政治教育成果，引领着学校思想政治教育活动发展方向；品牌活动是有品位影响的活动，一旦形成品牌，就会产生巨大的品牌效应和能动影响，能够获得广大师生的喜爱和认同，有助于校园文化的建设和育人目标的实现。①

打造品牌活动，首先，需要有一支精英团队。可采用项目化管理模式，实施项目负责制，组建结构合理、功能齐全的实施团队，从活动的设计到组织实施、监督考核、评价反馈，每个环节都做好分工与合作，发挥资源效能

---

① 侯旻翡，谭钊. 高校校园文化活动品牌培育探究——以广东省高校校园文化活动优秀品牌为例 [J]. 广西青年干部学院学报，2013（6）：58.

最大化。

其次，要体现丰富的文化内涵。可将教育内容与学校的文化精神、办学特色、人才培养目标结合起来，与学生的特点和需求结合起来，与社会发展的客观需要结合起来，形成鲜明的活动主题。比如，吉首大学地处湘西，是武陵山区唯一一所综合性大学，学校将服务地区经济社会发展与培育师生的学术调研能力和社会实践能力相结合，从 2014 年开始打造"万名师生走进武陵山"社会实践活动，每年暑期组建"专家学者调研团""研究生会调研团""三下乡"团队，近万名师生深入武陵山区调研、实践，将论文写在祖国大地，将青春热血洒向乡间地头。该校结合实践活动出版的 4 部《连片特困区蓝皮书》全部入选皮书综合评价结果 TOP100，产生了广泛的社会影响。总报告《产业扶贫的生计响应、益贫机制与可持续脱贫建议》荣获全国第十一届"优秀皮书报告奖"二等奖。该项活动至今实施了 6 年，已成为该校的品牌活动。

最后，要体现鲜明的时代特征。品牌活动并不是一次形成的，它需要多年的积累和完善，可持续性是对品牌活动的基本要求，要保持持久的生命力就需要紧跟时代发展步伐，不断在内容和形式上进行继承与创新。如教育部、文化部、财政部等联合实施的"高雅艺术进校园"活动从 2006 年开始持续至今，已经成为引领高校学生弘扬优秀民族文化，吸纳人类先进文化的成果，提高艺术修养和文化素质的品牌活动。从最初的国家级艺术院团到后面吸引更多的地方艺术院团和优秀高校学生艺术社团赴高校演出，从艺术演出到艺术专题讲座，从专家进校园到学生进剧院等，不断进行着形式的创新。

四、协同优化的发展理念

当前，培育和践行社会主义核心价值观的活动多而杂，可真正能取得教育实效的活动却不多，创新高校思想政治教育活动载体就要打好结合牌，整合活动资源，优化活动质量，提炼精品活动。

（一）传统载体与现代载体的结合

活动载体是随着历史条件的变化而不断发展的。对优秀传统载体的发扬是创新活动载体的基础和前提，但是也要清醒地认识到随着生活方式的改变，一些传统的活动形式已经远远不能满足大学生的期望和需求，必须跟随时代的脚步而前进，对传统的活动形式进行加工、改造和吸收，将网络、自媒体、微视频等现代化元素植入活动载体中。

（二）活动载体与其他载体的协同优化

首先，与课堂载体的结合。这里的课程不仅仅指思政理论课，而是指大学所有的课程。思政理论课是思想政治教育的"主渠道"，是落实立德树人根本任务的关键，但不代表着其他课程上老师们就不用进行价值引导了，不代表着其他课程就没有思政元素可挖掘了。大力推进课程思政建设，思政课程积极发挥主渠道作用，课程思政做好延伸、补充和完善，思政课程和课程思政同向而行，思政课程和课程思政的协同优化。以大学生的内在需要为切入点，思政理论课老师在思政课程里注入专业元素，让繁杂的理论知识变得生动有趣，融入具体事例，联系大学生的生活实际，比如在给医学专业学生授课时，老师在"马原"课堂上融入"大医精诚"的理想追求，在"近代史"课程上注入"钟南山""张定宇"等医界时代楷模的先进事迹，在"思修"课堂上融入"救死扶伤"敬岗爱业的职业操守，在"形势政策"课堂上深入挖掘抗"疫"的"政能量"，以此激发大学生的爱国情怀，引发学生思考自身专业的社会价值和使命担当。① 在专业课程中融入思想政治教育元素，真正做到潜移默化、润物无声的协同育人。专业教师通过专业教学、实验、实践等方式向学生传递爱国奉献精神、法律法规意识、理想信念教育、新时代青年大学生的担当与作为等"思政元素"，各高校课程思政教学团队探索出符合学校发展的新模式路径，达到"1+1>2"的效果。例如，西北师范大学的"一课一策"的"通识课"入心入味入脑，江苏科技大学的"课程思政聚合行动"形成人人挑起"思政担"，课上出"思政味"的教育体系。活动载体和课程教学的协同优化。化传统的被动式接受形式为"你讲我听"主动式课堂授课形式，将本身繁杂的理论用提问引导、启发、探究、阐释等方式，引

---

① 党志峰. 医学教育中的课程思政［N］. 光明日报，2019-08-27（04）.

发学生兴趣，主动参与问题的讨论，形成开放性的课堂，将课堂变成"双边活动+双向互动"模式；把课堂搬出教室，开展小组讨论、辩论、演讲、社会实践等多种方式，让教学"活"起来、"热"起来；将思政小课堂与社会大课堂有机结合，用好思政"活教材"，让思政课堂场地更加贴近实际和生活。① 比如，2020 年的中国抗"疫"战斗，医护人员、党员干部、武警官兵、志愿工作者等，舍小家为大家勇往直前的英雄精神、忘我精神，为思政教育提供大量的生动事例和深刻感悟，是思政教育的"活教材"。

其次，与网络载体的结合。当今社会正处于"互联网+"开放时代，互联网包罗万千，几乎涵盖了人类认知活动的总和，从深度和广度两方面均成为不可忽视的存在，使得青年学生接收信息的时间和空间不断变大变强，随之衍生出多样化、多元化的"互联网+"载体为高校开展教育工作指明方向。"互联网+社会主义核心价值观教育"的创新举措扩大了教育的覆盖面，只要有网络的地方就可以开展社会主义核心价值观教育；提高了思想政治教育的时效性，通过网络可以缩短空间距离，实现即时、同步；增强了教育的影响力，网络平台集文字、图片、声音、视频等多媒体信息于一体，可以刺激受教育者的感官，让教育内容具有视觉冲击力和亲和力；体现了教育的时代感②，根据目前的"互联网"大数据情况分析，在教育过程中广泛运用了互联网技术，目前熟知的网站、App 平台日益成为大学生学习的新平台，如高校思政教育网站、慕课线上课程、红色微博平台、微信公众号、易班、学习强国、红星云、腾讯会议、各类微视频 App 等，各学校相关教师或是部门不定期通过线上形式向学生推送相关信息，内容主要涵盖：习近平总书记系列重要讲话、"时代英雄""时代楷模"先进事迹、身边榜样的力量等相关内容，互联网成为学生生活和学习的一部分。

在此背景下，在这机遇与挑战并存的时代，高校更应把握机会顺势而上，

① 梁艾曦. 浅谈如何把思政小课堂同社会大课堂结合起来——学习习近平总书记学校思想政治理论课教师座谈会讲话精神有感 [J]. 广东省社会主义学院学报，2020 (6)：110-112.

② 韩君华. 思想政治教育网络载体的研究 [D]. 武汉：华中师范大学，2005：52.

利用"互联网+活动"为社会主义核心价值观培育工作提供更好的服务。开通双向互动平台，积极利用微博和微信公众号等与学生进行线上交流。持续跟进高校教师的网络直播、"云课堂"方式。一场新冠肺炎疫情，让老师们纷纷成了"网红"、走在时代的"弄潮儿"，疫情防控期间，老师们通过直播平台、微视频、"微讲堂""星课堂"等"云上"学习方式向学生教授专业知识的同时传播"政"能量，增添了课堂的趣味性和与学生的互动性，碰撞出更多的火花，同时提升了专业教学和思政教育双项实效。①

最后，与文化载体的结合。文化资源特别是优秀传统文化资源和红色文化资源，它是时代的印记，更是社会主义核心价值观的源头活水，它能够丰富教育内容，提高说服力，同时能激发学生的认知兴趣和文化自信。发挥优秀传统文化与红色文化优势，开展社会实践活动。时代在进步，但历史的印记永存，红色底蕴永不褪色，现如今的大好河山都是先辈们用鲜血和生命换来的，中华大地处处沉淀着红色文化，回顾历史一幕幕鲜活的红色记忆仿佛就在眼前，革命根据地、烈士公园、侵华日军南京大屠杀遇难同胞纪念馆等，这些红色印记无不体现社会主义核心价值观元素。通过将红色资源与大学生社会实践相结合的方式，让学生接受红色文化、认同红色文化、传播红色文化，提升教育实效，丰富教育内涵。利用优质文化资源平台，说好红色故事，"红星云""学习强国"包含各种红色影片、红色传奇、红色家书、红色歌曲、红色作品等各式各样的红色素材，充分利用好这些优质平台，讲好历史的故事更要讲好时代的故事，不仅要牢记历史更要与时俱进，革命先烈的故事要说，当代英雄的故事要说，身边的优秀事迹更要说，让红色文化永葆活力，永不褪色，让红色基因在学生心目中扎根发芽。②

（三）活动载体与社会、家庭的协同优化

家庭因素是影响大学生价值观念形成的一个主要方面，为大学生的价值

---

① 赵斯邈. 新媒体对高校思想政治教育的影响及运用对策研究 [D]. 太原：中北大学，2020：69.

② 李洪侠，刘爱华，季洪辉. 红色文化融入高校思政课教学的实践探索——以"毛泽东思想和中国特色社会主义理论体系概论"课为例 [J]. 毛泽东思想研究，2018（4）：133-137.

观形成奠定了一定基础。随着经济社会的迅猛发展，社会对人才的要求也有了新变化，学校和家庭应探索建立良好的沟通交流机制，将学校教育和家庭教育有机融合，提高大学生价值观教育的时效性。进入大学，由于学生远离家庭，学校与家长在信息传递和沟通上仍存在较大不足。为进一步发挥家校协同育人合力作用，一方面，家校双方应更新观念，提高家校合作认知。高校是教育的主阵地，高校应通过家访、电话访问等形式主动和学生家长沟通，帮助学生家长进一步掌握学生在校期间的表现。与此同时，家长要提高对家庭教育的重视程度，营造良好家风，密切关注孩子的健康成长，积极主动和老师取得沟通联系，共同努力营造良好的育人环境。另一方面，创新教育形式，加强联系沟通。通过在新生开学时建立班级家长联络群、定期召开网络家长会、电话访问等线上形式，同时结合"一封家书"、家校互访等线下形式，形成线上、线下联动的家校合作交流模式，帮助家长全面了解在外求学的孩子的真实近况，增强教育的针对性、时效性，促进学生健康成长和全面发展。高等教育培养的人才必须适合社会之需，培养出社会需要的人才。当前，传统的教育模式大多存在重理论而轻实践的问题，培养的人才也难以适应当前社会的高速发展。因此，高校要加强与社会的联系，通过组织学生进行深入的社会实践，促进学生德智体美劳全面发展和个性成长。首先，大力组织学生参与社会实践。社会实践是大学生进行思想政治教育的重要途径。通过广泛开展社会调查、生产劳动、志愿服务、科技发明、勤工助学等社会实践活动，增强学生表达沟通、团队合作、组织协调、实践操作、敢闯会创的能力。其次，加强校企合作。建立学校与企业资源信息共享、共赢模式，全面整合校内外优质教育资源，加强校企合作、校社合作，为学生实习、实践、就业提供机会，努力解决大学生的实际问题，建立有利于培养学生创新精神、实践能力和提高全面素质的人才培养新模式。

第二节　完善活动载体的运行环节

活动载体的运行包含活动的设计、执行团队的组建、活动的准备、活动的宣传、活动的实施、活动的总结、活动的评估等多个环节，各环节的运行质量关乎着活动效果的好坏。创新活动载体，实现活动载体的教育价值，需要对活动载体的运行环节不断优化和完善。

一、以科学化的活动设计指导活动实施

活动方案的设计是整个活动的起点，也是整个活动的灵魂，就好像是指挥家的乐谱，如果没有乐谱，指挥家不能有效地指挥各位乐手，也不可能会有动人的音乐呈现。科学化的设计是指活动方案的设计合目的性、合规律性、合时代性。

（一）活动设计要与教育的目的和内容相一致

活动载体是为教育服务的，是为实现教育目的而产生并存在的。活动的设计必须紧扣社会主义核心价值观培育的目的和内容，以提高受教育者的思想道德素质、促进受教育者的全面发展为宗旨，构建包含理想信念、中国精神、社会主义核心价值观、心理健康、创新创业、职业规划、法治意识、国家安全等内容的层次分明、重点突出、组合科学、相互联系的科学的活动体系。

理想信念教育活动的设计。活动载体承载着理想信念教育内容，主要以主题教育活动的形式来呈现。比如，"中国梦"主题教育活动，宣传灌输"中国梦"的思想，让广大师生在认知并接受"中国梦"的同时自觉地将自己的理想信念与"中国梦"紧密结合。再如，习近平新时代中国特色社会主义思想主题学习、与信仰对话等一系列主题教育活动。可借助重要历史时间节点开展宣传教育活动，如红军长征胜利80周年纪念活动。开展青年马克思主义者培养工程和入党积极分子培训等活动，吸引优秀的青年学生参加，这些学

生起到模范带头示范的作用，在学生群体中形成良好的导向。

中国精神传承活动的设计。用仪式活动强化意识。仪式活动是学校经常采取的一种教育活动方式，仪式活动承载着传统文化和历史记忆，具有一种神圣感和正式感，让人内心敬畏，在具体运用过程中又加入了现代的元素，具有表演性和参与性，深受学生喜欢。在爱国主义教育中多使用仪式活动，如升国旗、唱国歌。除了每周一的升旗仪式外，在学校的重大活动如党代会、教代会、团代会、学生代表大会、开学典礼、毕业典礼开始之前都会安排升国旗、唱国歌的仪式环节。国家出台了国旗法、国徽法、国歌法，将仪式活动纳入法律规定中，更增添了仪式活动的正式性。除此之外，在入职、入党时还有宣誓仪式，在党性教育中还组织重温入党誓词活动等等。因为仪式活动的庄重严肃和正式规范能够强化国家意识和集体观念。用纪念活动激发热情。充分挖掘重大纪念日、重大历史事件、中国传统节日蕴含的教育资源，组织纪念教育活动。抓住"七一"党的生日、"八一"建军节、国庆节等重要时间节点，广泛深入开展革命历史教育和爱国主义教育活动，通过主题宣讲、文艺演出、故事讲述、快闪、游园活动等形式，引导人们歌唱祖国、致敬祖国、祝福祖国。在中国人民抗日战争胜利纪念日、烈士纪念日、南京大屠杀死难者国家公祭日期间，组织公祭、瞻仰纪念碑、祭扫烈士墓等活动，引导人们缅怀先烈，牢记历史，不忘过去，面向未来。利用春节、元宵、清明、端午、七夕、中秋、重阳等重要传统节日，开展丰富多彩、积极健康、富有价值内涵的民俗文化活动，引导人们感悟中华文化、增进家国情怀。结合元旦、"五一"国际劳动节、"五四"青年节、教师节等，开展各具特色的庆祝活动，激发学生的爱国热情，凝聚奋进力量。① 用主题教育活动培植情怀。围绕中国精神的学习、传承与践行，广泛深入开展主题教育活动，比如，通过知识竞赛、学习讨论等多种形式开展中国特色社会主义理论学习活动，不断增强道路自信、理论自信、制度自信、文化自信；开展"中国梦"主题教育活动，激励青年学生争做新时代的奋斗者、追梦人；组织形势政策报告，

----

① 新时代爱国主义教育实施纲要［M］.北京：人民出版社，2020：223-230.

开展国情教育，引导学生清醒认识国际、国内形势的发展变化，发扬斗争精神；开展民族团结创建活动，加强各民族学生的交往、交流、交融，牢固树立"三个离不开"思想，不断增强"五个认同"，铸牢中华民族共同体意识；开展"讲国史、说巨变、颂党恩、跟党走"主题活动，弘扬革命精神，传承红色基因，引导学生认识到坚持中国共产党的领导，坚持改革开放，坚持和发展中国特色社会主义是必由之路。开展礼敬中华优秀传统文化活动，坚定文化自信，增强民族的认同感和自豪感，等等。通过各类主题教育活动的深入开展，培植了学生的爱国情怀。用实践活动担当责任。把以爱国主义为核心的民族精神和以改革创新为核心的时代精神融入主题党日、主题团日和主题班会活动中，依托各类德育实践基础开展爱国主义教育。深入田间地头、深入社区居民广泛开展文化科技卫生"三下乡""学雷锋""四进社区"、义务支教、爱心公益等志愿服务活动，在活动中长知识、增才干、做贡献，更好地了解国情民情，强化责任担当。

社会主义核心价值观培育活动的设计。开展宣传推广活动。把社会主义核心价值观融入日常宣传工作中，利用网站、报纸、广播、电视台、微博、微信等多个校园媒体进行成就宣传、主题宣传、典型宣传，弘扬主旋律，传播正能量。特别是加强网络宣传，开展网络精品推广活动，形成良好的网上舆论环境，集聚网上舆论引导合力，营造风清气正的网络环境，凝聚共识，不断巩固壮大积极健康向上的主流思想舆论。开展实践养成活动。开展群众性精神文明创建活动，培育人文素养，提升文明素质；开展法律援助、医疗保健、文体活动等志愿服务活动，弘扬奉献、友爱、互助、进步的志愿精神；开展诚信教育活动，引导学生诚实做人，守信做事；开展学法守法活动，增强法治意识；开展节俭养德活动，倡导绿色生活，提倡勤俭节约；开展平安校园建设活动，维护校园和谐稳定；开展民族团结进步创建活动，建设中华民族共同精神家园；开展扶贫济困活动，投身脱贫攻坚战略；开展"三走"活动（走下网络、走出宿舍、走向操场），养成健康生活方式；开展文明上网倡导活动，共同维护风清气正的网络环境，等等。通过各类实践活动的组织与参与，引导师生自觉践行社会主义核心价值观。开展榜样选树活动。榜样的力量是无穷的，特别是来自朋辈之间的影响更大。开展大学生自强之星、孝心大学生、道德模范、身边的好人、我最喜爱的青年教师、师德标兵等榜样选树活动及各类评优表彰活动，树立可亲可敬可学的榜样，对榜样事迹进行宣传推广，开展事迹报告会，激励师生们从小事做起、从身边做起、从现在做起，营造见贤思齐、崇德向善的良好氛围。开展文化培育活动。开展"讲家史学家训传家风""一封家书"等家风家教培育活动，传承和发扬中华民族传统家庭美德；开展优良学风校风创建活动，用校训立德，用大学精神励志；开展师德师风建设活动，引导老师争做有理想信念、有道德情操、有扎实常识、有仁爱之心的好老师；开展高雅艺术进校园、大学生艺术展演等校园文化活动，用优秀的作品感染人，用先进的文化鼓舞人。

心理健康教育活动的设计。开展心理辅导活动。心理辅导活动是心理健康教育常用的有针对性的活动。一般有个体辅导和团队辅导两种。个体辅导是针对有心理困惑的学生一对一展开的，可以采用面谈、电话、信件、微信、QQ等形式来进行。一对一的辅导带有私密性，是针对已经出现的问题或者潜在的即将爆发的问题，只有咨询者对辅导者是信任的，问题才能找准，辅导活动才会取得成效。所以，辅导者必须是具备专业知识和专业技能且品德优秀的老师，不然会适得其反。团队心理辅导主要是针对具有共同特征或具有共同目的的团队展开的。如针对大一新生就可以开展团队辅导，因为他们具有对新环境处于适应期的共同特征，会产生紧张、无助等类似的一些心理问题。对他们开展团队辅导可采用游戏的方式，破冰游戏让他们彼此打破交友障碍，在外力引导下快速认识身边的同学；然后再随机分组组织集体竞赛活动，只有相互团结、相互依靠才能取得活动的成功。通过团队游戏的开展，让新生对身边不再陌生，有了朋友的支持和依靠就能很快适应新的生活学习环境。开展校园文化建设活动。如果说心理辅导活动是针对性的治愈活动的话，那么校园文化建设活动则是广撒网的预防。首先，开展丰富多彩的校园文化活动，如"5·25"大学生心理健康节主题活动，通过心理健康教育讲座、论坛、科普宣传、知识竞赛、心理沙龙等多种形式，让学生关注了解心理健康知识，关注自己的心理健康，引导学生积极健康地成长。其次，营造健康和谐的校园文化环境，对学生的心理健康教育有着潜移默化的影响。如开展文明宿舍创建活动，让学生在宿舍里感受到家的温暖。绿色、清洁、安静、优雅的校园环境可以让学生心灵愉悦、放松。开展实践历练活动。组织广大学生深入农村、走进农户开展社会调查、社会实践、志愿服务等实践活动，当学生用自己所学所能帮助了老百姓，学生的自我价值得到了体现，同时他们也意识到了自己担负的使命。在实践中学生走到基层、走入社会，了解国情，能力素质和意志品质得到了锻炼，社会适应能力和自我调节能力得到了提升，身心都得到了历练。

创新创业教育活动的设计。主要以"挑战杯"全国大学生课外学术科技作品竞赛、"挑战杯"中国大学生创业计划竞赛以及"互联网+"大学生创新创业大赛为主，同时，积极参加社会各界组织的一些创新创业大赛，如程序设计比赛、电子设计比赛、全国高校机器人大赛、广告设计大赛、数模竞赛、模拟股市大赛等。通过创新创业活动的开展，改变了学生的就业观，提升了学生的沟通能力、语言表达能力、应变能力和心理承受能力；锻炼和培育了敢于创新、积极进取、勇于开拓的奋斗精神，同时也领悟了竞争与合作的关系，培养了学生的团队协作精神。

职业规划教育活动的设计。职业生涯规划教育贯穿大学全过程，但根据年级的不同，教育侧重点也不一样。大一主要以了解职业及职业规划相关概念为主；大二主要以了解和分析自我的职业理想和职业选择为主；大三主要以设计职业规划为主；大四主要以就业心理、面试技巧、就业素养等内容为主。职业生涯规划教育的特色活动是职业生涯规划大赛，大赛以规划书和现场问辩形式来开展。同时，职业生涯规划教育也依托主题教育活动、社团活动、校内外实践活动、志愿服务活动等形式来强化教育效果。通过活动的开展让学生清晰认识自我，在给自己进行职业定位和规划时，自觉地把自己的发展与社会的发展融为一体。

（二）活动设计要遵循教育规律

教育规律是在解决教育基本矛盾过程中各要素之间的内在必然联系。科学的活动必须要遵循教育相关规律。

双向互动规律。① 社会主义核心价值观的培育体现出来的是人对人实施的活动，这里有两个主体，一是教育者，根据社会和组织的要求实施教育活动；二是受教育者，接受、参与到教育活动中。教育者的要求与受教育者的实际情况存在着矛盾。解决这一矛盾，就要坚持教育者与受教育者双向互动的规律。双向，其一是教育者面向受教育者开展施教活动，教育者是活动的主体；其二是受教育者面向教育者的接受反馈活动，受教育者是活动的主体。教育者和受教育者共处于思想政治教育活动之中，互相依存，互为主体。互动，是指教育者和受教育者在教育活动中是相互影响、相互作用的。因为受教育者不是消极的接受者，他具有主观能动性。他在接受教育者灌输的思想、观念时是有选择的，并不能够完全满足教育者想要的效果。掌握双向互动规律，在活动设计时，注重与受教育者之间建立民主、平等的关系，既要充分发挥教育者的教育主导作用，又要充分发挥受教育者自我教育的主体能动作用，这样的活动才能取得实效。

内化与外化相统一规律。② 社会主义核心价值观培育的目的是培养或改造人的价值观，这种观念是知、情、意、行的统一，即知行统一。在现实生活中，存在着知与行的矛盾，情、意是解决知与行矛盾必不可少的因素。实现知行统一需要经历两个转化过程，一是受教育者将社会主义核心价值观要求转化成为自己的个体意识，为内化；二是受教育者将自己的价值观念转化成自己的行为习惯，为外化。要解决知行矛盾就要坚持内化与外化相统一的规律。内化与外化虽然作用不同，成果不同，所处的阶段不同，但二者却是不可分割的，二者都建立在实践活动基础之上，统一于教育活动，缺少了任何一个环节，都是不完整的。

自我同一规律。③ 这一规律的依据是人的自我意识的矛盾同一性。在分析双向互动规律时提到，受教育者能动地接受教育活动。这种主观能动性便是

① 童贤成. 思想政治工作规律研究 [D]. 昆明：云南师范大学，2005：16.
② 童贤成. 思想政治工作规律研究 [D]. 昆明：云南师范大学，2005：19.
③ 陈秉公. 21 世纪思想政治教育工作创新理论体系 [M]. 长春：吉林教育出版社，2000：351.

自我意识的一种反映。将接收到的信息进行主观思考，思考的过程也是将外来信息与自我思想的一种比较过程，在比较的过程中有对自我的审视反思，有对自己的肯定也有对自己的否定，理想的我和现实的我出现了矛盾。解决这一矛盾便是实现自我意识的再统一。有的受教育者能够积极发挥主观能动性，加强自我教育，将自我的教育目的与社会主义核心价值观培育的目的统一起来，通过实践将现实的我与理想的我再次同一。可并不是所有的受教育者都会积极走向自我同一，也有受教育者会选择维持现状，矛盾的不断加深会导致自我的分裂和堕落。掌握自我同一规律，在活动运用过程中，教育者要走进受教育者内心，晓之以理，动之以情，引导帮助受教育者正视现实的自我、完善理想的自我，放开心灵枷锁，充分调动受教育者的主观能动性，实现教育与自我教育的统一。

主导性和主体性相结合的规律。在教书育人的过程中，教师是主导，学生是主体。教师的主导体现在教师自身较好的思想道德素质、较强的个人综合素质和能力以及对教育教学全过程的设计、组织和考核。学生的主体性则为学生充分发挥自身的主观能动性和创造思维，主动学习、认真思考、全面总结，在教师所授知识的基础上实现突破和创新。教师主导性的体现最终的落脚点是在学生的主体性上，主体性的发挥一定是在主导性的基础上才能产生，故形成了教书育人中主导性和主体性相结合的规律。

思想政治性和学术性相结合的规律。教书育人的政治性是解决"为谁培养人"的问题，具体表现在以马克思主义中国化最新成果为指导理论，坚定中国特色社会主义的办学方向，培养青年学生为社会发展、国家富强和民族振兴贡献磅礴力量。学术性是解决"培养什么样的人"的问题，体现在要培养有大爱大德大情怀的人，要培养"要立志做大事，不要立志做大官"的人，要培养"成为有理想、有学问、有才干的实干家"。教书育人的政治性是学术性的基础和指引，学术性服务于政治性，是政治性实现的强有力支撑，二者相互促进，相互渗透。

传承性和创新性相结合的规律。人类通过书籍记录历史、传承文化、传授经验和技能，教书育人的过程中也遵循着这样的规律，教师在传承前人知识的基础上，去其糟粕，取其精华，加以整理，再授人以渔，这个过程既是对旧知识的传承，也是对过往经验的创新。传承为创新提供了肥沃的土壤，创新为传承的继续提供了可能和基础。活动载体的创新遵循学生成长规律就要清晰审视学生在不同阶段所呈现的特点和特征，以学生为中心，结合学生需求的多元多样性，不断提升活动载体的专业性和应用性。

学生成长规律。学生的成长是若干个阶段性过程的集合，在不同的阶段学生的成长呈现出不同的特征，亦有着不同的成长规律，本研究结合研究内容和对象，界定所指的学生成长阶段为接受高等教育这一阶段，所揭示的规律也是该阶段学生成长过程中的内在必然联系。第一，年级的差异性。学生个体在高等教育阶段普遍都要经历一个从学习方法、生活模式的剧烈转变到确定职业规划、蓄积能量再到克服恐慌、明确目标、再次起航的过程。刚入大学时，绝大多数学生都需要面对开放的校园、截然不同的教学方式、独立生活和主动学习的要求去改变自己，适应大学生活。在此阶段他们所表现出来的是强烈的新鲜感和好奇心以及高昂的斗志。步入大学的中段，总体处于平稳状态，每个人在老师的指引下，结合自身兴趣爱好和实际情况，正确认识自我，开始尝试着设计自己的职业生涯规划并为此认真学习，积极参与校内外活动，主动开展社会实践，不断提升思想素质和综合能力，在此阶段，学生总体表现是主动的、向上的。到了大学教育尾端，面对择业和继续深造的选择恐惧、就业的压力以及未来不确定的恐慌，学生较为焦躁、迷茫，容易失去自我，面对成长的困惑和挑战，绝大部分学生都能主动调整，克服恐慌情绪，确定目标，重燃斗志，或在继续深造中提升自我，或在社会中锤炼自我。第二，自我意识和需求多元性。信息时代的便捷和高效使得每个人都在不断接受新的消息和内容，让学生开阔了视野、活跃了思维，使他们乐于探索、敢于冒险；越来越民主平等的家庭教育也有利于学生个体自我意识的快速觉醒和成长，表现在学生在大学期间对自我认同的需求、个性的凸显、诉求表达的强烈意愿。稳定的社会环境、丰富的物质条件以及良好的校园氛围使得学生需求往归属和爱的需要、尊重的需要和自我实现的需要层次偏移。第三，求新求变的意愿日渐强烈。"大众创新、万众创业"的宣传引导、国家大力扶持创业的政策落地、草根者创业成功的榜样树立、校园创新创业氛围的大力营造和知识技能的传授都在潜移默化中影响着当代大学生，有效地激发了他们的创新热情和勇气。大学生求新求变的意愿总体较好，价值取向正确，绝大多数都是希望通过自身的努力将梦想付诸实践，但因认识的偏差和社会阅历、专业技术水平、个人能力的缺乏也存在极少部分大学生创新创业是随大流，缺少独立思考。

（三）活动设计要符合时代发展要求

世界在变，人们的思想不能不变。① 不同的时代，世界的表现特征是不同的，人们在不同时代的需求也是不同的。习近平总书记在全国高校思想政治工作会议上指出，要引导学生正确认识时代责任和历史使命，勇做走在时代前列的奋进者、开拓者；要增强思想政治工作的时代感和吸引力。活动载体的产生与发展是由生产力的发展和科技水平的进步所决定的，不仅是历史的产物，也是时代的产物，具有时代性。体现时代性是活动载体创新的目标之一。

时代，指历史上以经济、政治、文化等状况为依据而划分的某个时期。② 时代性就是指具有时代的性质或属性，反映了特定时代世界发展的本质特征、主要矛盾、总趋势和规律性。每个时代有每个时代的特征，也有每个时代的矛盾和问题。如抗日战争时期，帝国主义和中华民族的矛盾，封建主义和人民大众的矛盾；中华人民共和国成立伊始，无产阶级同资产阶级之间的矛盾；在社会主义改造基本完成以后，人民日益增长的物质文化需要同落后的社会生产之间的矛盾；新时代的中国，人民日益增长的美好生活需要和不平衡不充分的发展之间的矛盾，等等。

活动设计要合时代性就是要在创新过程中顺应时代要求，体现时代特征，遵循时代规律，体现时代精神。第一，直面时代的问题和挑战。清醒地认识到全球化、现代化、信息化、市场化时代背景下的各种矛盾和冲突，信息化

---

① 邓小平文选（第3卷）[M].北京：人民出版社，1993：283.
② 阮智富，郭忠新.现代汉语大词典 [M].上海：上海辞书出版社，2011：2197.

网络时代对活动载体带来的机遇和挑战，紧跟技术时代发展趋势，创新发展活动载体。第二，完成与现代科技的结合。随着科学技术的发展，信息化、网络化、虚拟化、智能化改变着人们的思想和生活方式。活动载体要与大数据、"互联网+"等先进的科技手段相结合，提高活动的吸引力和针对性，占领主阵地、掌握主动权。第三，坚持与时俱进。用联系的、全面的、开放的观点来创新活动载体，做到开放与包容并举、继承和发展统一。

二、以多元化的宣传方式扩大活动影响力

这里说的宣传是指对活动的宣传，其目的是吸引更多的受教育者的注意，让更多的受教育者知晓活动。一个好的活动宣传可以渲染活动的氛围，能够促使受教育者产生参与活动的兴趣并发生参与活动的行为，是提高活动信服力、感染力、亲和力和影响力，提高活动参与性的有效方式，也是高校思想政治教育活动载体运行中一个重要的环节。活动的宣传可研究的内容较多，比如宣传内容的凝练、宣传时间的选择、宣传方式的使用等，这里只是就如何打造全方位、立体化的多元宣传方式作出阐述。

传统与新兴媒体的结合，形成全方位的宣传矩阵。人们认识事物最基本的两种途径就是看和听，要形成全方位的宣传矩阵便是要充分利用人们视觉和听觉所能感触到的全媒体宣传方式。首先，要继续发挥传统媒体的宣传优势。随着互联网技术的发展，在激烈的媒体竞赛状态下还能生存下来的传统媒体是具有宣传优势和影响力的。如活动的宣传海报、宣传横幅、广播等传统媒体，在活动中使用率较高。因为这些媒体在固定的时间出现在固定的地点，强制性地进入学生的视觉和听觉，让学生知晓宣传的内容。其次，充分重视新兴媒体的宣传力量。互联网时代的到来给全球传媒行业带来了巨大变革，也深刻改变了人们的生活方式、阅读方式和交流方式，受众大规模向数字平台迁移，互联网新媒体已经逐渐发展成为全球网民跨地域、跨国界、跨时空迅速获取信息，了解世界的主渠道。① 新兴媒体包括网站、App、QQ、微

---

① 张燕英. 中国梦的对外宣传研究［D］. 哈尔滨：东北林业大学，2016：34.

博、微信、微视频等，这类媒体更新速度快，信息量大，而且能够结合智能手机平台呈现，虽然强制性不如传统媒体强，但因为更满足了学生的自主选择需求，所以更深受学生喜欢。比如，2019 年"青春，为祖国歌唱"的网络拉歌活动在全国众多高校唱响，短短三个月时间拉歌活动覆盖了全国 30 个省（区、市）2000 多所高校，拉歌视频总播放量近 40 亿，微博话题阅读量 3.2 亿。这一活动从内容上看，只是一个较为普通的唱歌活动，可它之所以比其他的唱歌活动的影响力和教育性要强很多，就是因为运用了微视频这一新兴媒体在网络上宣传，产生了巨大的凝聚力量。

发展朋辈宣传，形成立体式的宣传矩阵。所谓立体式是指除了利用媒体这一物对人的宣传外，还可以采用人对人的宣传方式。最传统的人对人的宣传便是口耳相传，如宣读通知、会议宣传等。随着宣传方式的发展，开始把人本身作为宣传的工具了。很多高校都会举行的"百团大战"，即学生社团招新活动，每个社团有着自己的宣传展台，社团的宣传同学将自己作为展示物，利用展台宣传该社团的特色，以吸引同学加入他们的社团，这就是一种以人作为宣传工具的宣传方式。如漫画社团，将他们的宣传人员打造成漫画人物形象在展台上展示；吉他协会，他们的宣传人员在展台上弹奏吉他等。我们不可小觑当人成为宣传工具时的力量。比如，近年来很红火的网络带货这一网络商品促销活动，最后的商品交易额与商品本身质量和价值关系不大，而与带货主播的影响力相关，所以众多网商平台纷纷邀请各界明星来担任带货主播。在人人相传的宣传模式里，朋辈宣传已经进入高校思想政治教育活动宣传视野，并发挥着独特的作用。朋辈宣传就是利用受教育者的同辈、朋友的语言和行为所进行的一种宣传。在思想政治教育中我们一直强调教育者与受教育者之间的平等，但实际上由于年龄、职责、角色等相关因素的影响，教育者与受教育者在思想和心理上还是有距离的，由教育者直接向受教育者实施的宣传，总是会让受教育者感到自上而下的教育气息，受教育者也不会完全真实表达自己的接受程度。而朋辈就不一样了，他们生活学习在一起，地位角色是一样的，交流起来更真实、更顺畅。朋辈宣传，是受教育者之间的一种宣传，但不意味着教育者在这种宣传方式中可以缺位，教育者只是用更隐性的方式参与到活动中来。从理论上讲，所有的受教育者都可以成为宣传工具，但在具体实践过程中，不是所有的受教育者都愿意或者能够承担宣传任务。教育者的任务便是选树优秀的学生榜样，因为在学习生活中，学生总会不自觉地将榜样人物作为自己具体的奋斗目标去学习、去模仿，优秀的学生榜样很自然地就会成为一种宣传力量，有着激励和引导作用。

三、以虚拟化的网络平台拓宽活动空间

随着信息化、智能化技术的迅速发展，人们的生活方式和生活关系随之发生了改变。网络、智能手机已经成为人们生活的必备工具，特别是喜欢且容易接受新鲜事物的大学生们，网络和智能手机不仅成为他们生活交往的主要工具，也成为他们学习的主要工具。网络这一新兴技术，只是作为人们交往的工具存在，它本身是无意识性的，但因为使用它的人具有意识性，所以它对人们的影响也会带有意识性。网络最大的特征就是能够承载海量的信息，它无法区分信息的优劣，好的坏的都会显示出来，所以大学生们在网络阅读的海量资源信息中有先进的也会有低俗的，需要学生自己去识别。可由于大学生正处于人生观、价值观形成时期，识别信息的能力是有限的，这就需要社会主义核心价值观的教育进入网络空间，对大学生们做好有效的引导。

同时，网络还可以缩短人们的交往距离，拓宽人们的交往范围，如通过网络视频可以让身居不同国度的人鲜活地出现在自己的眼前。但我们也要认识到，网络技术给人们提供的空间是数据化、虚拟化的。当学生过分地依赖网络时，会把现实世界和虚拟世界混淆，缺乏对现实世界的客观认识。同时，在虚拟世界里，人也被虚拟化了，每个人都成了一个代码，一个数字符号，在虚拟空间里，人的知行统一性、人们交往的真实性得不到保障。这也需要社会主义核心价值观的教育进入网络空间，占领网络阵地，掌握网络教育主动权。

拓宽高校思想政治教育活动的空间，开创"互联网+活动"模式，做到"网上网下"相结合。如知识竞赛活动，一般都会采取网络答题的方式，因为利用网络平台就不会受现实空间的限制，对参与人员的数量就可以不用限制。

但要注意的是答题结果的真实性得不到保障。榜样的选树和评选活动，利用网络平台将候选人的事迹进行宣传报道，组织广大同学进行投票，同学们在投票之前需要了解候选人的事迹，了解的过程其实就是一个学习的过程。当然，需要注意的是，因为投票不是实名制，所以投票结果的运用在整个评选过程中比例不能占据太大，而且在折算票数时一定要科学合理。此外，还有一些教育者利用 QQ 直播间、微信等平台开通教育活动专栏，就学生关注的问题、社会的热点问题组织交流讨论。还有的学校设定了校领导网络接待日，在接待日这天利用网络平台与学生交流，为学生答疑解惑。

第三节　活动载体运用的体验式方法

培育和践行社会主义核心价值观的活动载体是指利用活动承载社会主义核心价值观的内容及信息，教育者和受教育者通过活动联结起来并产生双向互动关系。那么活动是如何承载内容的？活动是如何将教育者和受教育者联结起来并产生双向互动关系的？这就涉及对方法的使用问题。方法是人们为了认识世界和改造世界，达到一定目的所采取的活动方式、程序和手段的总和。① 方法的选择和运用不是固定不变的，一定的时代内容、理论内容、环境内容决定一定的方法。② 新时代新形势对高校思想政治教育提出了新的要求，教育者和教育对象也出现了很多新的特征，体验式的方法进入教育视野，深受广大教育者和受教育者的喜爱，而且也取得了一定的效果。将体验式方法嵌入活动载体运用实践中，是创新活动载体的举措探索。

体验是指通过实践来认识周围的事物，亲身地经历或亲身地感受。③ 在教育学领域，体验被认为是一种教育方法。美国教育家杜威认为，教育的重要

---

① 张耀灿，郑永廷，吴潜涛，等. 现代思想政治教育学 [M] 北京：人民出版社，2006：361.
② 郑永廷. 思想政治教育方法论 [M]. 北京：高等教育出版社，1999：54.
③ 新编实用现代汉语词典 [M]. 长春：吉林教育出版社，2011：769.

本质就是经验或体验的不断改造或改组，并提出了"做中学""教育即生活"等浓厚体验色彩的教育思想。德国教育家卡尔·雅思贝尔斯认为，教育的过程是让受教育者在实践中自我练习、自我学习和成长，而实践的特征是自由游戏和不断尝试与体验。① 在教育学领域里，体验既是一种活动，也是活动的结果。作为一种活动，即主体亲历某件事并获得相应的认识和情感；作为活动的结果，即主体从其亲历中获得的认识和情感。②

一、实践体验

实践是客观对于主观的必然及主观对于客观的必然，是主体见之于客体的一种包括情感在内的社会活动，是体验生成的基石。③ 实践体验就是让受教育者亲身体验实践活动每个环节的一种方式。第一，这种方法更注重的是受教育者的主体实践性，活动中教育者只是从活动的目的性、思想性和政治性方面做出引导，在活动实施过程中做好宏观调控、物资保障和安全建设，活动从设计到组织再到实施整个环节都由受教育者亲身去经历、去选择、去操作、去实施，清晰呈现出了教育者的主导性和受教育者的主体性。第二，这种方法更强调的是亲身体验实践活动产生情感。首先，是教育者与受教育者之间的共同情感性。这种情感性不是教育者强制植入的，而是在活动的过程中由受教育者体验产生的。比如相互的尊重与信任，整个活动中都是受教育者占据着主体地位，教育者则以观察员身份出现，这种尊重和信任让受教育者很受鼓舞，更能激发他们发挥主观能动性的自觉，相应地，受教育者反而会更相信和依赖教育者，在体验活动过程中遇到困难和迷惑时会主动向教育者请教。教育者看似是一个外围旁观者，其实掌握着整个活动的方向和节奏，掌握着整个活动的主动权，而这个主动权是受教育者心甘情愿赋予的。一个

---

① 蒋文英. 体验、情感体验与大学生思想政治教育实效性分析 [J]. 传承，2012 (12)：40.

② 李英. 体验：一种教育学的话语——初探教育学的体验范畴 [J]. 教育理论与实践，2001 (12)：1.

③ 蒋文英. 体验、情感体验与大学生思想政治教育实效性分析 [J]. 传承，2012 (12)：41.

好的体验活动能够增强教育者和受教育者之间的情感。其次，体验产生的情感来自通过活动认识周围的事物的亲身感受。受教育者在积极主动的情感下去体验周边的人或事，以自己的身份和视角去体验和形成对社会各个方面真实、直观、深刻的感受，在教育者的尊重和信任的情感触动下，受教育者会积极发挥自己的主观能动性，会结合活动的内容去思考去分析自己的这种情感体验，领悟到活动的意义及活动内容所蕴含的思想观念，形成的思想认识又会与自身先前已有的思想认识发生碰撞和融合。此时，教育者在对受教育者参与活动的表现给予肯定和激励的基础上说出自己引导性的意见，帮助受教育者进行正确的认识选择，以实现受教育者思想道德素质水平的提高与发展。

案例分析：吉首大学 2019 年"走进武陵山"大学生志愿者暑期"三下乡"社会实践活动

案例介绍：暑期大学生志愿者"三下乡"活动已经是各高校常规性活动，2019 年该校以"青春心向党·建功新时代"为主题开展该项活动，活动的目的是引领教育广大青年学生在切实感受中华人民共和国成立 70 周年取得的巨大成就中增强"四个意识"、坚定"四个自信"、做到"两个维护"，在加强志愿服务中增强责任感和使命感，在社会实践中受教育、长才干、做贡献，以实际行动投身打赢脱贫攻坚战，投身乡村振兴战略实施，勇做担当民族复兴大任的时代新人。活动紧密围绕理论普及宣讲、历史成就观察、教育医疗关爱、科技支农帮扶、千村调研计划（第三期）等 11 个方面的主要内容，采取校院集中组团与学生自主就地就近分散实践的模式，组织了 52 支本科生、研究生团队及专家调研团，深入贵州省铜仁市江口县梵瑞社区，湖南省湘西自治州保靖县吕洞山镇、永顺县塔卧镇，张家界市慈利县阳和土家族乡、桑植县等地以及湖南省内 14 个市州 909 个行政村开展志愿服务和科学调研，师生足迹遍及湖南省全境和武陵山区腹地。《人民日报》、中国青年网、光明网等多家媒体以该校"三下乡"活动为主题发布报道 415 篇（次）。

案例实践体验方法分析：（1）团队申报。活动分为校级团队、院级团队、学生自主团队三个层面。校级团队采取项目申报的方式，由学生结合实践活动的需要和自己的专业特点，自主申报团队，团队成员不限，要求团队负责人由学生担任，每个团队必须有2名指导老师。学生从团队组建开始直接进入到活动中，并充分体现其主体地位。（2）团队活动方案的确定。团队组建成立后，团队的成员就实践活动的目的制订具体的活动方案。活动地点、活动时间、活动内容、职责分工等都由学生自己去商定。学生在制订方案时指导老师分配工作任务。活动方案出来后指导老师参与讨论修改。（3）活动的准备。学生根据活动的方案做好各种条件的准备，如医疗团的药品准备、支教团的教案教具准备、宣讲团的宣讲资料准备。物品的购买、资料的收集制作由学生去完成，但是指导老师不会缺位，因为所有的物资资料的经费是由老师掌握的，只有经老师审核通过的物资资料才可以得到经费支持。（4）活动中角色的体验。到了具体活动实施阶段，支教团的学生当起了老师，除了给小朋友们上课之外还要管理小朋友的纪律和安全；医疗团的学生当起了医生，给老乡们开展常规体检；科技支农团的学生当起了科技特快员，和专家老师们一起深入田间地头，对当地的乡村旅游、种植、养殖业进行规划和建议，为基层百姓提供基本的信息技术教学和设备维护。指导老师成了团队的一员，在驻地与团队成员一起睡地铺（一般是在乡镇小学的教室睡地铺），一起在食堂做饭，为团队成员做后勤工作，同吃同住同劳动。（5）活动心得交流。这是该校"三下乡"活动的亮点。晚饭后是团队成员总结交流的时间，也是支部活动的时间。每个成员会将自己当天的活动感受说出来，与大家分析，说出最让他们感动的人或事，说出当天让他们点赞的团队成员。指导老师也会在最后说出心得感受，内容多是肯定激励团队成员，将教育内容的表述蕴含到对团队成员的行为表扬中，潜移默化地教育引导学生。（6）校领导慰问交流。每年该校领导都会到"三下乡"团队驻地去看望团队成员，与学生一起动手做饭，开展感悟"三下乡"主题党日活动，很多团队成员在感悟"三下乡"时会流下眼泪。

案例总结：该校"三下乡"活动连续多年获得团中央的奖励，该校的学生也以能够成为"三下乡"校级立项团队成员而骄傲，认为这是一种荣誉，参加过"三下乡"的学生与指导老师之间亦师亦友，甚至毕业多年后还保持着联系。曾有一名已毕业在中学担任老师的"三下乡"成员在教师节那天给自己的团队指导老师送来的教师节礼物，竟是在自己授课的教室白板上写了六个大字："我终于成了您！"总结该校"三下乡"活动，有以下几点可以借鉴：①以学生实际为切入点。团队设立时就强调学生的学业背景，将学生的学业与服务社会结合起来，可以在活动中让学生找到职业认同感，同时也会让学生感受到基层百姓的需求与自己的差距。特别是医疗组的一名同学，当与农村老乡接触后，农村医疗人才的缺乏与百姓对医生的渴望之间的矛盾深深刺痛了他，所以他大学毕业后毅然选择志愿服务西部，在西部基层当了两年的医疗卫生志愿者。②注重情感的引导。教育者在整个过程中是一个情感调剂师。在策划活动方案时，指导老师给予学生的是"你可以的"的信任；在活动准备和活动初期，给予学生的是"你真棒"的肯定；在活动中期，当学生精神有些松懈或深入接触到社会现实后出现了矛盾迷茫时，给予学生的是"我能理解你"的包容和"你可以相信我"的支持；在活动后期，给予学生的是"你还可以更出色"的赞赏和鼓励。平等、良好的师生情感关系，让受教育者更能自觉接受和认同老师要传达的教育内容和思想，可以提升活动及教育的实效性。③运用有效的形式。在"三下乡"活动实践过程中，设计一些小活动，能够让活动更丰富多彩。如每天的早操锻炼、升国旗及国旗下的分享、饭前一支歌、每日的心得交流会、感悟"三下乡"主题党日活动等，通过参与亲身体验，让爱国主义、集体主义、纪律意识、合作意识、责任意识、社会主义核心价值观等一个个教育内容鲜活起来。

二、沉浸体验

匈牙利裔美国心理学家米哈里·齐克森米哈里通过研究人们在休闲、娱乐等活动中的表现，首次提出了沉浸理论，他发现人们在休闲娱乐的活动中会过滤掉所有不相关的直觉，完全地投入情境中，进入一种沉浸的状态。① 人的这种沉浸状态是依托于外界事物而存在的。沉浸是在受到某种外界事物的

① 邵晰. 技术沉浸式数字化校园建设模型研究［D］. 武汉：华中师范大学，2013：6.

刺激影响下形成的，它与吸引有所不同。虽然吸引也是受外界影响而产生的一种状态，但沉浸的程度更深一些。沉浸是情绪完全投入，注意力高度集中，可以过滤其他不相关感觉。再者，沉浸是种情绪状态，是种感官感觉，而这种情绪和感觉是沉入外界事物所带来的感觉中的，是会随着外界事物所带来的感觉的变化而变化的。比如，一部好的电影会让人进入沉浸状态，看电影的人的情绪随着电影情节的变化而变化，会随着剧情哭、笑、气愤。在沉浸状态下人是高度兴奋的，也是很满足的，是对自己所沉浸于此的外界事物认同的。继续用电影来举例，如果一部电影不被观影人接受和认同，那观影人的注意力就不放在电影中了，电影中的情节对观影人的情绪产生不了影响。具体到高校思想政治教育领域中来，沉浸体验是指在某一特定的时间和空间中，让受教育者的感官体验外界因素所带来的刺激和牵引，让受教育者的情绪和感觉沉入外界因素所带来的情感之中的一种方式。这种方法更注重的是受教育者的感官体验。外界因素通过直接刺激受教育者的感官，在感官体验中产生一种情绪状态。这种方法更强调刺激牵引受教育者感官的外部因素所蕴含的情感。受教育者的情绪和感觉浸入了外部因素所蕴含的情感之中，在这种情感沉浸之下，外界因素对受教育者的思想和认识都会起到很大的影响和牵引作用。如果外界因素与内容和信息相一致的话，则通过沉浸体验就会取得很好的教育效果。如何选择与教育内容和信息相一致的外界因素，如何让外界因素能吸引刺激受教育者，让受教育者产生沉浸状态，这便是教育者们要思考和解决的问题。当前，很多高校常在娱乐活动中运用沉浸体验方法。

案例分析：《中山情》音画诗剧

案例介绍：在重要时间节点原创主题文化剧目，通过集中展演、媒体宣传、交流互动，宣扬活动主题，突出沉浸式体验，增强共感共鸣，在潜移默化中感染人、影响人、教化人。音画诗剧《中山情》是2016年中山大学纪念孙中山先生150周年诞辰的重点文化项目，全剧时长75分钟。该剧邀请中山市政协主席、诗人和音乐人丘树宏担任艺术顾问，由中山大学校友、艺术教育中心艺术顾问、青年指挥家周锴担任总导演，演员全部为在校学生。该剧分为"中山少年""中山理想""中山手创""中山情怀"四个篇章，《中山情》创新地融合了音乐、戏剧、诗歌等多种艺术形式，以音画诗剧的形式刻画了伟人孙中山先生为民族复兴和国家昌盛而思索、战斗不息的一生。《中山情》是中山大学的红色三部曲，其余两部为《笃行》和《奋斗的岁月》。自2016年11月首演以来，每年的9月、11月为集中演出月份。9月面向各校区新生，作为新生入学教育的重要课程，11月则为校庆演出，面向师生、校友。一年演出3天左右，有1天连演3场的情况，每年约有6000多人次观看，网络观看人数达10万人次。该剧已经成为新生校史校情教育的重要载体。通过组织观看《中山情》，新生们将了解世纪伟人孙中山先生跌宕起伏的革命人生以及在他手中成长起来的中山大学，在历史的时空中追寻厚重的文化，窥见中华，树立远大理想。

　　案例沉浸体验方法分析：①结合本校独特元素原创剧目。每个学校的学生对自己学校名字的由来和历史都是感兴趣的，就像每个人都想要了解自己的出身一样。中山大学的创立更为特殊，因为它是由历史伟人孙中山先生创立的，孙中山先生家喻户晓，他的主要革命事迹也是广大青年学生所知道的。孙中山先生创立中山大学的故事却不是每个青年学生都知晓的，但又是每一个中山大学的学生都想知晓的。所以以孙中山先生与中山大学的故事为主线，将孙中山先生伟大的爱国主义精神、执着追求社会革命理想的高尚情怀、创学办学的初衷和艰辛与学校的发展历史结合起来进行剧目创作，内容主题对中山大学的学生带有强烈的吸引力。中山大学以学校的创始人孙中山为主角，精心原创和编排了以反映孙中山先生的生平、爱国为民的理想的音画诗剧。②中山大学学生自己表演。有别于专业剧团，学校充分调动校友、师生的积极性，以中大人说中大话、中大人演中大事、中大人述中大情的方式，全部采用学校的学生来当演员。这种朋辈影响让中大的学生极其关注和期待。同时，学生演员在全程参与编创排练的过程也是一次沉浸体验的过程，只有当他们完全浸入故事情节和角色情感中，才能有出色的演绎。由于学生的流动性较大，每年学校还会从新生中补充调整，既保证了剧目表演的完整性，又在交替补充中实现了当代中大人的传承。③时间节点的选择。学校选择每年两个时间点进行集中展演。一是每年的开学季，主要针对新同学，将《中山情》作为认识学校历史文化，传承爱国精神的开学第一课。二是在每年 11 月的校庆，主要针对校友，将《中山情》作为献礼剧目再度展演，逐渐固化成校庆活动的节目单。在特殊的时间节点针对特殊的人群，更能调动情感反应。④剧目呈现方式。剧目采取舞台表演的形式，动听的音乐、历史的画面，再加上声光电等多种现代媒体手段，舞台的氛围营造一下子就抓住了参与学生的视、听感官。该剧全长 75 分钟，分解为四个小剧目，每个剧目一个主题，在音乐设计、剧情表达等方面各有不同。如原创歌曲《山高水长》（需确定歌名和内容）由中大校友原创（需核实），"你是一支动人的歌曲，讲了许多年……"歌曲悠扬婉转，歌词朗朗上口，在音乐的共情共感中，在师生中传唱，被誉为中山大学第二校歌。如在剧情表达上，忠于不同年代，设计的不同内容，让观众穿越历史，感悟中山先生的理想与情怀。通过剧情演绎，一个个真实的画面，让参与学生的情绪投入剧情故事中来，仿佛身临其境地感受着那段历史，感动着孙中山先生伟大的爱国主义精神和执着追求社会革命理想的高尚情怀。

案例总结：该剧目已连续展演 5 年，从献礼校庆的专题原创剧目，已然发展成凝聚中大人、共聚中大情的校园文化品牌活动。①该剧目主题找到了关键切入点。选择贴近生活、能引起师生共鸣的教学素材，将历史伟人与学校的历史发展融合起来，将学生的求知欲望与学校的文化精神宣传结合起来，将学校的认同教育与对革命历史的认同和国家的认同结合起来。用鲜明的主题去诱发和唤醒受教育者的情绪、情感体验。②创新表现形式。用音画诗剧的表现形式，采取现代化音乐、灯光和美编技术，吸引、调动和刺激着参与学生的视听感官，使他们各个方面能够得到积极的情感体验。让学生很自觉地将剧情的内容与已有的认知、现实生活情境结合起来，沉浸于剧目带来的情境感受，在兴奋满足的情绪状态下实现了教育内容的内化效果。

三、互动体验

互动，"互"指相互，"动"指使起作用或变化。① 从教育领域来说，广

---

① 现代汉语词典［M］. 北京：商务印书馆. 1996：1568.

义的互动是指学校教学过程中一切相关的人或事物相互作用和相互影响；狭义的互动是师生之间在教育过程中特殊的人际互动。在社会主义核心价值观的培育和践行中，互动体验就是指教育者和受教育者借助某种特定的场景，通过语言沟通和行为交流，产生思想、情感的碰撞和交互体验，并在体验中形成情感共鸣的一种方式。这种方式发生在教育者和受教育者二者之间，是两个主体之间的思想、情感体验。这种方式必须建立在体验双方平等交流的基础之上。教育者和受教育者因为角色的不同而导致会有教与学的分工，要实现教学相长就要有教与学的互动，在这个互动之中教与学的地位是平等的。在活动载体的运用实践中，互动交流是常用的教育方法。因为活动本身的设计与实施就需要建立在教育者与受教育者的双方互动之中。需要思考的是怎样提高互动效果，除了健全互动机制之外，关键的是从互动的两个主体入手，要让这两个主体从情感上愿意互动，在互动中又形成情感的共识。从情感出发再到情感共识，这就是互动体验的方式。

案例分析：某高校"立人读书沙龙"活动

案例介绍：立人读书沙龙创立于 2014 年 10 月，是该校的一个校园文化品牌。创立初衷是带动学生享受阅读的乐趣，接受经典的熏陶，营造读书的氛围，建设书香校园。沙龙主要通过讲座、读书分享等形式进行。迄今，立人读书沙龙已成功举办 54 期，超过 100 位嘉宾应邀出席。嘉宾中既有著名作家、诗人，文学评论家，鲁迅文学奖、茅盾文学奖评委，也不乏学识渊博的教授、博士。《光明日报》、《中国教育报》、人民网、光明网等数十家媒体对立人读书沙龙系列活动进行了报道。

案例互动体验方法分析：活动强调主动性、开放性、互动性。主动性是指学生自愿参与；开放性是指参加活动的人员不限于学校师生，也有社会各界读书爱好者；互动性是以读书分享和名师讲座的形式为主。名家讲座以互动交流为主，比如两个小时的讲座，至少有一个小时用于书友提问或发言。读书分享，提前做好书目的精选，每期面向学生推荐一本好书，并确立好 1~2 个交流主题。活动现场每个参与者可以根据主题，结合自己的阅读心得自由分享互动。在分享中，不管是老师和学生都以读者的身份出现，在分享中只有思想的碰撞，没有强制性的说教。

案例总结：该活动积极传播阅读理念，营造书香氛围，助推立德树人，荣获第九届高校校园文化建设优秀成果。活动注重学生的阅读感受，注重学生与老师在阅读中的平等对话，一改以往的"你说我听"的模式。学生在阅读分享时与其他同学和老师进行思想、情感的交流互动，启人心智，积淀学养。有个学生陪同学参加过一次活动后给组织老师发了一条短信，说上大学两年多了，没有去过一次图书馆，没有认真地读过一本书。一个偶然的机会，在室友的带动下，他抱着试试看的态度来参加了一次读书沙龙，结果一下就被吸引住了，之后一有读书沙龙，他都主动来参加。通过互动体验，激发学生的自我教育。

第四节　加强活动载体的"制度化"管理

管理是一定的人或组织依据所拥有的权力，通过实施既定措施，对人力、物力、财力及其他资源进行协调或处理，以达到预期目标的活动过程。① 任何活动的顺利开展都离不开科学规范、系统高效的管理，活动载体要实现教育的"活化"功能同样也需要规范有效的管理，通过管理将活动载体的各要素、各资源充分调动和整合，形成最大合力，发挥活动载体的最大效力，保证活动载体的价值实现。科学有效的管理的重要标志和特征，便是实现管理制度化。

制度，是指要求大家共同遵守的办事规程或行动准则。② 制度化则是制度制定和贯彻实施的过程。制度是静态的体现，具有目的性，是社会统治阶层维护自身利益、进行社会管理的工具；具有约束力，是要求人们遵守的规范和调节人的生活和行为的准则；具有普遍性，如学校制度则对学校所有成员适用，国家制度则对国家所有公民都适用；具有稳定性和发展性，制度一旦

---

① 刘熙瑞，张康之. 现代管理学［M］. 北京：高等教育出版社，2000：3.
② 现代汉语词典［M］. 北京：商务印书馆. 1996：257.

形成便会在较长时间内发挥效力，随着社会的发展，制度也会根据形势的变化调整和更新，朝令夕改的制度和一成不变的制度都是不科学、不合理的。制度化是制度的实践过程，是个动态系统，是理论与实践的统一，是社会价值与个人价值的统一。活动载体管理的制度化是指针对活动载体的运用实践建立规范、系统的制度机制，以制度的权威性保障活动载体的科学化、规范化、有效化运用。加强活动管理的制度化建设是当前活动载体破解难题、迎接挑战的有力抓手，是活动载体创新发展的基础和保障。

一、搭建"两端三层"组织机构

完善的组织机构、明确的组织职能、规范的组织制度是活动载体制度化建设的基础。

（一）完善组织机构层级建设

要确保活动组织、实施的有效性就要充分发挥组织机构的作用，加强组织机构的制度化建设。在高校里，活动载体的组织机构纵向多层、横向多极。完善组织机构层级建设，搭建纵横交错的机构设置模式是发挥组织机构作用、优化组织制度的关键。

从纵向角度来看，活动载体的组织机构可分为"两端三层次"。"两端"即教师、学生；"三层次"即校、院（系）、班（支部）。从教师这一端出发，学校层面成立党委领导下的活动领导小组，由学校党政一把手任双组长，分管校领导任副组长，与高校相关联的职能部门负责人、学生代表任成员。可下设多个工作小组，其职责是在党的领导下，落实上级的指示精神，做好学校社会主义核心价值观教育顶层设计，研究制订学校的活动规划并纳入学校人才培养方案和年度计划。院（系）相应成立活动工作小组，在院（系）党政负责人领导下，辅导员、班主任及相关老师共同参与下，根据学校党委相关要求，组织本单位活动的设计与实施。班（支部）成立活动部，在老师指导下，组织参与学校、学院的相关活动，也可自主设计本班（支部）活动。从学生这一端出发，有校级学生会、学生社团，也有院级和班级的。班级是活动实施的最基层组织，是"两端"的重合，这一机构的成员是学生，他们既代表着老师的目的又代表着学生的需求，是老师和学生的交融点，也是相互沟通的关键点。

从横向角度来看，活动载体的组织机构可分为决策机构、执行机构、研究机构、考核机构。决策机构在马克思主义思想指导下，坚持党的领导及社会主义办学方向，决定思想政治教育活动规划、队伍建设、物资保障等问题。执行机构主要是依法行使职权，组织实施各项活动。研究机构主要对活动载体进行科学性、可行性研究，为决策机构提供咨询和建议。考核机构主要负责活动实施情况的监督和效果的评估。

（二）优化组织机构责任制度

组织机构搭建好后，如何做到纵向垂直管理、横向强化职能，就需要有明确的职责要求。通过职责制度建设，建立起党委统一领导、党政齐抓共管、相关部门各司责任、工作人员认真履责的工作格局，实现组织机构纵横交错、矩阵交叉，协调统一、共同发力。

明确各组织机构的职责。高校党委在培育和践行社会主义核心价值观的活动中居于领导地位和核心地位，承担主体责任。其他各职能部门根据职责与权力的划分确定部门责任，如学工部、团委的活动组织职能，宣传部门的活动宣传报道职能，后勤部门的活动物质保障职能，保卫部门的活动安全防患职能，财务处的经费保障职能等。相应地，各部门的工作人员根据工作岗位要求又具有需要个体履行的岗位责任。

强化责任落实。有了职责分工后，还需要压实责任，如第一责任人制度和岗位负责制度；还需要实行问责制度，形成个人对组织负责，下级对上级负责，第一责任人对集体负责，学校对师生负责、对社会负责的问责体制。

优化责任制度，加强组织机构的专业化和规范化建设，发挥工作人员的务实作风和担当精神，才能不断提升组织运用活动载体的能力和水平，更好地为学生成长成才服务。

二、构建"三位一体"运行机制

组织体系建构起来后还需要科学的运行机制才能有效完成高校活动载体

制度化的实践。

（一）建立整体推进的融合机制

活动载体不能孤立存在，在它的运行过程中，离不开时代要求、社会生活等外部条件的影响，也离不开各类教育资源的影响，同时活动本身各个因素之间的联系对活动的运行也有着影响。统筹协调各方资源，建立整体推进的融合机制，才能让活动载体的价值得到体现，效能得到发挥。

建立与新时代相融合的制度。活动载体的创新发展要融合于新时代中国特色社会主义建设之中，要做到因事而化、因时而进、因势而新。新时代，在国际形势深刻复杂变化的状态下，我国改革进入深水区，坚持稳中求进是当前工作的总基调，经济已由高速增长阶段转向高质量发展阶段，完善和发展中国特色社会主义制度、推进国家治理体系和治理能力现代化是改革的总目标，社会主要矛盾转化为人民日益增长的美好生活需要和不平衡不充分的发展之间的矛盾。当前活动载体建设的一个重要任务便是形成与新时代发展要求相融合、相统一的制度模式，从活动的目的、内容、方法、形式等各方面与新时代发展要求融为一体。

建立"大思政"工作机制。活动载体的创新发展需要有效整合教育教学资源，加强各单位、各部门之间的相互配合和沟通，建立"大思政"工作机制，实现活动载体建设的最大合力。首先，推进"思政课程"和"课程思政"相结合。活动载体不仅仅作为思政课程的有效补充，专注于主题教育、政治学习、道德实践等形式，而且要渗透到各学科各专业的教学实践活动中，在专业教学活动中挖掘并强化教育元素。如"挑战杯"课外学术科技作品竞赛就鼓励以团队形式参赛，在比赛中培养学生的团结合作精神。其次，推进学校各部门相结合。学校各部门坚持立德树人的根本任务，在课程、科研、实践、文化、网络、心理、管理、服务、资助、组织等方面充分发挥育人功能，完善育人机制。最后，推进学校同社会、家庭相结合。让思政小课堂与社会大课堂结合起来，建立与社会、家庭联系制度，与社会各机构联合开展学生社会调研、社区服务、参观学习等活动，邀请社会上的模范人物、专家学者进校参与教育活动。

优化活动要素的整合。目前，作为载体的活动多而杂，增强活动载体的有效性就需要将活动的各要素有机整合起来。首先，活动各构成要素的整合。在活动的运行过程中，活动目的、活动主体、活动形式、时空条件、物质条件是相统一的，如为增强学生爱国主义情感组织升旗仪式，升旗仪式这一活动内容是针对增强学生爱国主义情感而开展的，根据活动主体的需求、时空条件和物质条件来制定活动形式：是全校师生都参加？还是分学院参加？升旗结束后是否组织国旗下讲话？选择谁来讲话？学生参加升旗是在操场现场参与还是在宿舍通过网络参与（疫情防控期间组织的网上升旗活动）？这些要素都是在一个整体内环环相扣的，如果哪一环脱离这个整体，活动就达不到预期效果，甚至会失败。其次，各级活动的整合。在高校里，活动的组织主体有四个层级，分别是国家、学校、院（系）、学生自组织（学生会、学生社团），这四个层级的活动如果不整合，就会出现重复、资源和物资浪费等现象，特别是学生社团活动，一个星期就会组织多个演讲比赛、多个征文活动。学校党委要制订总体规划，领导、管理、协调各部门开展活动。学校团委加强对学生会、学生社团活动的指导和管理，实现活动形式最优化。最后，活动载体与其他载体的整合。活动载体是一个综合性载体，在活动载体运用过程中，与多种载体共同呈现，如语言、文字、媒体、管理、网络等。活动载体的创新发展需要在整合传统载体的基础上不断吸收新的载体。

（二）建立双向互动的沟通机制

"主体间性"是活动载体的重要特征，在活动的实施过程中，存在着教育者和受教育者"双主体"。教育活动的有效性建立在两个主体目的和需求相统一的基础之上，二者的统一需要建立在相互沟通的基础之上。

坚持平等互动的原则。在活动中，教育者和受教育者的地位是平等的，只是履行着不同的职责。在活动的运行过程中，活动目的和内容由教育者根据教育的目的来确定，但在活动的形式设计上可充分尊重受教育者的意见，给受教育者提供发表意见的机会，并可邀请受教育者参与活动的组织。只有在平等的环境下双方才会充分发挥主动性，才会有互动的效果。

掌握沟通交流的时机和方法。基于身份的差异，一般在沟通过程中，教育者是主导方。了解受教育者的需求，读懂受教育者是沟通交流的基本前提。教育者要充分掌握受教育者的心理状态，在受教育者愿意或需要交流的基础上进行沟通，如受教育者心情好时会愿意交流，彷徨无助时需要交流。在交流中注意以情动人，与受教育者共情，走进并体验受教育者的内心世界，这样双方才能最真诚地沟通。

注意言传身教。除了情感交流外，教育者自身的行为也是沟通的前提。教育者的言行对受教育者会产生潜移默化的影响。对于学识渊博、品德高尚、关爱学生的老师，学生都是信任的，也是愿意接近与之沟通交流的。

（三）建立多种形式的激励制度

激励可以调动人们的积极性和工作热情，建立激励制度可以进一步加强高校思想政治教育活动载体的建设。激励制度实施的对象是教育者和受教育者，激励的方式有多种，有榜样激励、情感激励、目标激励等，最常用的便是奖励，分精神奖励和物质奖励两类，一般都会采用二者结合的方式。激励与个人的发展需求相结合更能调动工作的热情和积极性，如针对教师，奖励与职称评审挂钩，与课时津贴挂钩；针对学生，奖励与奖学金评定挂钩，与推荐保研挂钩。针对奖励制订详细可行的实施方案，在实施奖励时一定要保证公平性和规范性，并且需要不断更新奖励方式。充分运用奖励结果，宣传推广受到奖励的先进事迹，发挥榜样示范引领作用。

三、建立科学规范的评价制度

建立活动评价制度有利于及时总结工作经验，改进工作方法，为活动载体的创新发展提供决策依据。

明确评价内容。为保证评价的有效性，在评价内容的设置上要尽可能涉及活动的各方面。从活动的构成要素和运行过程出发，至少涵盖以下方面评价指标：活动的目的、活动的内容、活动的形式、活动的环境、活动的保障、活动的参与、活动的影响、活动的组织者、活动的效果、活动的创新、活动的制度建设等，这些指标下面又可细分为若干尽可能量化的二级指标。需要注意的是，针对评价内容的评价标准是有弹性的，一是因为不同学校、不同学院的情况不同所以对于活动的评价标准的制定是会有差异的；二是因为有些内容的评价无法量化，如评价活动效果时，活动效果的好坏是直接体现在受教育者的思想观念的变化中的，对人的思想变化是做不到具体量化的，在无法量化的评价中，形式主义、个人主义会影响评价标准。

丰富评价方式。采取多样的评价方式才可获得全面、客观的评价结果。采用整体评价与个体评价相结合的方式，整体评价是指将活动载体的评价纳入单位年终考核中，个体评价是指对单个活动的实施情况或活动的单个方面进行的评价。采用定性评价与定量评价相结合的方式，前面论述时提到，对于活动载体的评价内容并不是都可以量化评价的，不能量化的只能用定性评价来补充。

拓宽评价主体。活动开展的范围不仅仅局限于学校，所以活动评价的主体除了学校考评人员外还要考虑上级主管部门、校外教育基地、与活动相关的社区和各机构单位等。活动是双向互动的过程，所以活动评价的主体既要考虑活动的设计者、决策者，还要考虑活动的组织者和参与者。

规范评价流程。评价流程的规范化主要体现在两个方面，一是评价人员要专业化、稳定化。评价人员的专业水平不仅影响着评价结果，还影响着评价制度的完善发展。专家队伍的建设和定期培训制度可提高活动评价的科学性，保证活动评价的连续性。二是评价流程要规范化、公开化、公平化。通过建立制度规范评价工作职能，保证评价流程在规范有序中进行，并组织监督力量对评价流程进行全程监督，提高评价过程的公平性、公正性和权威性。

运用评价结果。评价的目的是更好地指导活动载体的发展，所以评价结果的产生并不意味着评价工作的结束。要及时将评价结果进行整理、分析，找出评价结果中的规律性，保持评价结果的客观性，将评价结果反馈给教育者，为下一步活动的设计和决策提供借鉴，并扩大结果使用范围，促进活动载体的科学化建设。

四、完善坚实有力的保障制度

活动载体的创新发展离不开保障机制的完善，它使作为载体的活动得以正常、有序地进行。

队伍保障。建立一支高水平、高质量、专业化的专职教育队伍是活动载体发展的核心，它包括学校各级党政领导、学工部、团委工作人员、思政课教师、学生政治辅导员、班主任、关工委工作人员及相关党建部门工作人员。根据组织目标和任务，明确编制和岗位，做到按需设岗、按岗配人、人岗匹配、人职匹配。学校要加强队伍的专业化建设和职业化发展，针对性、多层次、多渠道地开展理论学习、业务培训、实践历练、岗位轮训，通过学习不断提升专职思想政治教育工作者的政治素养和理论水平，引导他们爱岗敬业、敢于担当。学校要加强制度建设，激励专职思想政治教育工作者的积极性和创造性。如有的高校针对辅导员队伍建设制定了"二五八"制度，即在满足其他相关条件的基础上，在辅导员岗位工作两年享受副科待遇，五年享受正科待遇，八年享受副处待遇。保障了队伍的稳定性，激发了队伍的战斗力。另外，学校要发展专职思想政治教育工作队伍建设，建立专兼职队伍协同机制，形成工作合力。

物质保障。为保障教育活动有效开展，必须投入一定的经费和硬件保障。学校每年要设立专项工作经费支持主题教育活动、社会实践活动、校园文化活动、创新创业大赛、志愿服务活动，支持德育实践基地的建设，支持队伍建设。学校要提供并完善相关设施，保障活动开展所需要的场地建设，完善学生活动场所的配套设施建设。

环境保障。要营造健康高雅的校园文化。一方面用大学精神鼓舞人，通过讲校史、唱校歌、读校训等活动让学生了解学校的办学历史和特色，增强对学校的认同。另一方面要结合学校实际和大学生的自身特点，组织开展丰富多彩的校园文化活动，通过先进文化与特色文化凝聚学生、感染学生、启迪学生、鼓舞学生。要打造积极向上的育人环境。要充分利用校园路牌、教学楼栋、学生宿舍等场所悬挂名人警句，在校园内摆放名人或学者雕塑，加强学风、校风建设，发挥环境的感染和教育作用。要净化校园周边环境，与地方公安联合，整顿高校周边网吧、店铺、酒店和娱乐场所，为学生营造安全、稳定的良好氛围。要净化网络环境，发挥主流舆论引导作用，加强网络内容建设，培育积极健康、向上向善的网络文化，营造风清气正的网络空间。

第六章　活动载体设计方案选例

随着经济的发展和社会的进步，人们的生活方式也发生着变化，培育和践行社会主义核心价值观的活动载体形式和种类也随之不断更新和发展，呈现出多样化的特点。根据不同的划分标准可以将培育和践行社会主义核心价值观的活动载体分为不同的类型。按活动的功能可分为教育类、文体类、服务类的活动载体；按活动的内容性质可分为政治性、价值性、专业性、公益性、兴趣性的活动载体；按活动的组织者可分为全国性、全校性、学院（部门）性、学生自组织性的活动载体；按活动开展的环境可分为校内和校外、线上和线下的活动载体；按活动周期规律可分为常规性、临时性的活动载体。为使研究更加丰富和直观，课题组成员按照活动载体的内容性质分类选择了十个案例，案例中既体现了我国社会主义现代化国家的建设目标，又包含了对美好社会的生动表述，同时也加强了公民基本道德的规范教育。因受客观情况的限制，所选择案例在设计思路和组织方式上存在能进一步优化的可能，但为反映活动载体原貌和实际，本课题组仅对收录案例进行了一些技术处理和文字校正工作。

一、"青年马克思主义者培养工程"实施方案

学习宣传贯彻习近平新时代中国特色社会主义思想和党的十九大精神是全党全国当前和今后一个时期的首要政治任务，也是全国各族各界青年大学生的崇高使命。为认真贯彻落实中青发〔2007〕27号《"青年马克思主义者

培养工程"实施纲要》文件精神,切实学懂弄通做实党的十九大,十九届二中、三中全会和中共中央、国务院《关于加强和改进新形势下高校思想政治工作的意见》《中长期青年发展规划(2016—2025年)》精神,全面推进我校"青年马克思主义者培养工程"(以下简称"青马工程")的科学化、专业化和系统化,进一步发挥共青团的思想引领作用,有效提升大学生综合素质,结合我校实际,特制订本实施方案。

(一)指导思想

高举中国特色社会主义伟大旗帜,全面贯彻落实党的十九大精神,以习近平新时代中国特色社会主义思想为指导,全面贯彻党的教育方针,落实立德树人根本任务,遵循教育规律和大学生成长发展规律,深入系统地学习新时代中国特色社会主义思想,进一步动员组织广大团员青年行动起来,积极参与学习实践,在广大团员青年中着力培养造就一大批用马克思主义中国化的最新成果武装的马克思主义者。

(二)目标要求

通过实施"青马工程",引导青年大学生进一步学习实践马克思主义中国化的最新成果,深入学习贯彻党的十九大,十九届二中、三中全会精神和习近平新时代中国特色社会主义思想,坚持不懈地用社会主义核心价值体系、"中国梦"教育青年学生,通过教育培训、理论研讨和实践锻炼等行之有效的方式,不断提高我校青年大学生的思想政治素质、政策理论水平、创新能力、实践能力和组织协调能力,帮助学生学习和掌握马克思主义基本原理和中国特色社会主义理论体系的科学内涵和精神实质,了解国情,认识社会,提高思想政治素质,坚定理想信念,增强中国特色社会主义道路自信、理论自信、制度自信、文化自信。

(三)培养对象

"青马工程"的培养对象是学校及各二级学院学生会干部、共青团组织干部、学生社团干部、学生党员、入党积极分子、理论学习骨干及在学术科技、文化体育等方面成绩突出的优秀学生。

（四）培养原则

1. 坚持重点与一般相结合

突出抓好学生会、共青团干部、入党积极分子等重点群体，促进他们中的优秀分子成长为青年马克思主义者，为青年树立榜样、树立导向，进而辐射带动其他青年。

2. 坚持理论与实践相结合

发挥共青团实践育人的优势，坚持理论联系实际，通过组织引导优秀青年参加各类社会实践活动，使他们不断加深对马克思主义中国化最新成果的理解和认识。

3. 坚持组织培养与自主教育相结合

充分发挥共青团、中华全国青年联合会、中华全国学生联合会组织的作用，加强指导，科学规划，分步实施，有计划地加强组织培养，同时充分调动各类优秀青年自身的积极性和主动性，引导他们进行自我教育。

4. 坚持阶段培训与长期培养相结合

突出青年马克思主义者培养工作的连续性，既针对各类优秀青年的不同特点进行阶段性培训，同时又坚持贯穿始终，从选拔、培养、使用、举荐等各个环节对他们进行培养。

（五）培训内容及培养方式

1. 培训内容

"青马工程"培训内容主要包含习近平新时代中国特色社会主义思想、共青团的光辉历程与使命、培育和践行社会主义核心价值观、中华民族的伟大复兴，《中国共产党章程》、民族团结教育和马克思主义的基本理论七个主题。各学院也可结合学院专业人才培养目标和团学特色工作等实际情况，在"青马工程"中适当增加特色主题纳入培训内容。

主题一，习近平新时代中国特色社会主义思想。重点学习习近平新时代中国特色社会主义思想的历史地位、时代意义；准确把握这一思想的丰富内涵、精神实质、理论创新和实践要求，用马克思主义中国化的最新理论成果指导实践。

主题二，共青团的光辉历程与使命。重点学习共青团的光辉历程、基本知识；了解习近平青年思想的理论体系、丰富内涵、时代意义；增强共青团员的光荣感和使命感；培养团员的民主管理意识、组织意识；发挥团员的先锋模范作用。

主题三，培育和践行社会主义核心价值观。重点学习社会主义核心价值观基本内涵和基本要求，明确国家、社会、个人的价值取向，引导培养对象立足中华优秀传统文化，坚守中华文化立场，深入挖掘中华文化的精神和价值，结合当今时代要求，进行创造性转化和创新性发展，深耕厚植社会主义核心价值观，切实将社会主义核心价值观内化于心、外化于行。

主题四，中华民族的伟大复兴。重点学习中国共产党的三大历史贡献、中国特色社会主义的优越性；了解中华民族的苦难辉煌，坚定中国特色社会主义的理论自信、制度自信、道路自信、文化自信。

主题五，《中国共产党章程》。重点讲解党的纲领、宗旨，认识党的组织制度，了解党和共产主义青年团的关系，明确中国共产主义青年团是中国共产党领导的先进青年的群众组织，是中国共产党的助手和后备军。

主题六，民族团结教育。重点讲解民族团结政策与理论，进行"五个认同"教育，牢固树立"增强民族团结、维护祖国统一、反对民族分裂"的意识。

主题七，马克思主义的基本理论。通过《共产党宣言》《新民主主义论》《中国革命与中国共产党》《习近平谈治国理政》等马克思主义理论经典导读，使培养对象较为完整而系统地学习科学社会主义基本原理，了解毛泽东思想的深刻内涵，掌握习近平新时代中国特色社会主义思想形成发展的轨迹和成果，深刻把握习近平新时代中国特色社会主义思想为实现中华民族伟大复兴提供了行动指南。促使培养对象提升马克思主义的理论自觉，夯实青年马克思主义者的政治思想基础。

2. 培养方式

"青马工程"培养主要采取理论学习、课题研究、实践锻炼、素质拓展等方式。总学时不低于 20 学时。具体如下：

理论学习 4 次，8 学时。围绕培训内容的前四个主题组织专题讲座，提高培养对象的理论素养和辨析能力。

课题研讨 4 次，8 学时。每位培养对象结合自己所学专业和个人兴趣对培训内容进行自主学习，撰写自学心得并在研讨会上分享和提问，研讨会邀请老师参与，并为学生答疑解惑。

实践锻炼，3~5 天。组织学员深入农村、社区、企业、红色文化及爱国主义教育基地等开展形式多样、内容丰富的生产劳动、社会调查、民俗体验参观考察等体验式教学，增加培养对象对国情和社会的了解，增进与人民群众的感情，提高社会适应能力。

素质拓展，2 学时。组织培养对象开展拓展训练，培养良好的团队精神和积极进取的人生态度。

（六）工作保障

1. 培养体制

"青马工程"培养模式由学院青年马克思主义者培训班、学校青年马克思主义者骨干培训班和省大学生青年马克思主义者骨干（网络）培训三级组成。湖南省大学生青年马克思主义者骨干（网络）培训由团省委实施，校团委配合做好学员的遴选、组织及学习监督工作；学校青年马克思主义者骨干培训班由校团委牵头实施，学院青年马克思主义者培训班由学院团总支牵头实施。

2. 组织管理

学院举行青年马克思主义者培训班前需制订详细的"青马工程"实施计划，实施计划应包含培训时间、地点、授课内容、培训要求、培训名单等具体信息（授课教师由校团委统一从"青马工程"讲师团中安排），并于培训前 7~10 天报校团委审核，审核通过后方可开展。

每期培训结束时须由团总支对本期培训工作进行全面总结，并将总结材料（学员培养情况登记表、学员自学心得、培训照片、培训总结等）和培训合格名单报校团委审验，审验通过后校团委统一发放培训结业证书。为确保培训质量，各学院每期培训班人数不得超过学院学生总人数的 10%。

　　各实施单位应建立健全"青马工程"培养资料档案、培养对象档案、培训结果档案，建立健全考核评价机制，设定量化指标。强化培训结果应用，将青年马克思主义者培养工程的最终成绩纳入学生推优入党的重要衡量指标，团委向党组织推荐的优秀青年必须是"青马工程"培训合格学员。

　　3. 保障措施

　　（1）师资保障：校团委牵头组建一支以党政领导、专家学者、关工委退休教师、专职团干为主体的相对稳定的师资队伍，着力建设"青马工程"精品课程，保障教学质量。

　　（2）经费保障：团委积极争取财政支持和挖掘社会资源，为培养工程的实施提供必要的经费支持。

　　（3）阵地保障：依托学院分党校、各类理论社团等强化阵地建设；努力构建能够广泛影响青少年的强大网络阵地。

　　（4）教材保障：在理论研究的基础上，充分借鉴高校思想政治理论课教材、中央编印的理论读本等，鼓励有条件的组织编写"青马工程"系列丛书。

　　（七）工作要求

　　1. 高度重视，精心组织

　　各级团组织要提高认识、加强领导，主动争取各级党政领导和相关部门的支持，广泛发动团员青年参与到"青马工程"中来，在广大青年中着力培养造就一大批用马克思主义中国化的最新成果武装的马克思主义者。

　　2. 发挥优势，突出重点

　　各级团组织要围绕"青马工程"的目标和任务，从本单位的实际出发选准着力点，狠抓落实，务求实效。

　　3. 广泛宣传，扩大影响

　　要广泛整合资源，提升培养内容的实效性和针对性，扩展"青马工程"内涵，增强"青马工程"的辐射力。

二、万名师生"走进武陵山"2018 年大学生志愿者暑期"三下乡"社会实践活动实施方案

根据《关于开展 2018 年全国大中专学生志愿者暑期文化科技卫生"三下乡"社会实践活动的通知》（中青明电〔2018〕15 号）和团省委、学校相关文件精神和要求，为进一步强化实践育人的成效，实现我校暑期"三下乡"社会实践活动的品牌化，做到突出特色、强化实效，特制订本方案。

（一）活动主题

青春大学习，奋斗新时代。

（二）总体思路

我校 2018 年大学生志愿者暑期"三下乡"社会实践活动围绕理论普及宣讲、国情社情观察、科技支农帮扶、乡风文明建设等 12 个方面，按照"目标精准化、工作系统化、实施项目化、传播立体化"和"按需设项、据项组团、双向受益"的工作原则，组织学生广泛开展形式多样的社会实践活动，探索总结实践育人新机制。在社会实践中引领教育广大青年学生勇做担当民族复兴大任的时代新人，进一步坚定"爱国、励志、求真、力行"的理想信念，以实际行动助力精准扶贫，服务乡村振兴战略，切实在感受改革开放 40 年取得的新成就新面貌的生动实践中受教育、长才干、做贡献，为决胜全面建成小康社会，夺取新时代中国特色社会主义伟大胜利汇聚磅礴青春力量。

（三）活动时间

2018 年 7 月 1 日至 8 月底。

（四）活动内容

1. 理论普及宣讲团

重点围绕习近平新时代中国特色社会主义思想和党的十九大精神，开展宣讲报告、学习座谈、调查研究等形式的社会实践活动。

2. 国情社情观察团

重点围绕改革开放 40 年来的历史性成就、"十三五"规划实施情况等开

展参观考察、国情调研、学习体验等形式的社会实践活动。

3. 依法治国宣讲团

重点围绕实施"七五"普法规划，开展法治宣传教育、法律援助等形式的社会实践活动。

4. 科技支农帮扶团

重点围绕乡村振兴战略，开展农技培训推广、农业科普讲座、金融知识下乡、农村环境治理等形式的社会实践活动。

5. 教育关爱服务团

重点围绕青年志愿者关爱农村留守儿童志愿服务项目和关爱保护农村留守儿童工程，以吉首市联团村和保靖县新码村等武陵山区贫困村落为主阵地，开展学业辅导、亲情陪伴、自护教育、素质拓展等形式的精准关爱志愿服务。

6. 文化艺术服务团

重点围绕社会主义核心价值观培育和践行，开展艺术创作、惠民展演、全民阅读、文化普及等形式的社会实践活动。

7. 爱心医疗服务团

重点围绕健康中国战略，开展健康普查、流行性疾病防治、基本医疗卫生知识普及、乡（村）医疗站建设等形式的社会实践活动。

8. 美丽中国实践团

重点围绕美丽中国建设，开展环境治理、水资源保护、环保知识普及等形式的社会实践活动。

9. 乡风文明建设调研团

重点围绕乡风文明建设，开展湖南省农村地区培育和践行社会主义核心价值观、农村思想道德建设、农村优秀传统文化传承、农村公共文化体系建设、推动移风易俗、文明村镇创建、农村先进典型的选树等内容的千村万户大调研社会实践活动。

10. 健康扶贫青春行社会实践团

重点围绕乡村振兴战略需要，开展医疗现状调研、政策宣讲、知识普及、健康管理、特殊关爱及医疗扶持等社会实践活动。

11. 推普脱贫攻坚社会实践团

重点围绕精准扶贫战略需要，开展普通话口语培训、普通话标准宣讲、阅读写作训练、语言文字游戏设计等社会实践活动。

12. 禁毒防艾社会实践团

重点围绕平安和谐社会构建，开展普及禁毒防艾知识、宣讲禁毒防艾政策法规、进行禁毒防艾专项调查研究等社会实践活动。

（五）活动组织及安排

1. 学校组团

学校将组建综合团队分赴武陵山区乡镇，围绕理论政策宣讲、国情社情观察、依法治国宣讲、科技支农帮扶、教育关爱服务、文化艺术服务、健康扶贫青春行、禁毒防艾宣传、美丽中国实践九个类别开展大学生志愿者暑期"三下乡"社会实践活动。

2. 学院组团

各学院结合专业特色，积极参与2018年暑期"三下乡"社会实践团队项目的申报。校团委审批立项后，给予一定的经费支持。由各申报单位组织实施、宣传、总结。

3. 学生自主组团

未参加集中组队的学生，各学院团总支加强实践活动的指导和组织，学生要结合专业特点、社会实践活动主要内容，利用假期有针对性地开展实践活动，并认真撰写社会实践调查报告。

（六）活动要求

1. 高度重视，加强领导

开展"三下乡"社会实践活动是加强和改进大学生思想政治教育，充分发挥实践育人的重要载体，是让大学生在实践中"受教育、长才干、做贡献"的重要方式，各团总支要充分认识这项活动的重要意义，切实加强领导，统筹安排部署，强调安全纪律，抓好工作落实。

2. 精心组织，确保安全

各团总支要切实加强安全教育和保障，做好前期调研和安全预案，保障学生人身和财产安全，特别是要高度关注极端气候变化和服务地区的自然条件，做好自然灾害和突发事件的应对预案。集中组团的单位必须给每位带队老师和实践队员购买保险。

3. 加强宣传，营造氛围

各团总支要把暑期"三下乡"社会实践活动的宣传摆上重要日程，为活动营造良好的舆论氛围。要积极关注团中央"三下乡"活动官方网站，充分利用团组织微博、微信等新媒体，加强活动中优秀个人和事迹的宣传报道。

4. 认真总结，表彰先进

各团总支要认真总结暑期"三下乡"社会实践活动的情况，将团总支总结、优秀社会实践个人汇总表（按学生总人数的1%评选）于9月7日前交到校团委办公室，电子材料发送至校团委电子邮箱。

附件一：关于开展2018年万名师生"走进武陵山"大学生志愿者暑期"三下乡"社会实践活动团队申报工作的通知

各团总支：

为深入学习贯彻习近平新时代中国特色社会主义思想，引领教育广大青年学生勇做担当民族复兴大任的时代新人，以实际行动助力精准扶贫，服务乡村振兴战略，切实在感受改革开放40年取得的新成就、新面貌的生动实践中受教育、长才干、做贡献，根据团中央、团省委和学校的有关工作要求，2018年我校将继续组织开展"万名师生走进武陵山"大学生暑期"三下乡"社会实践活动。现将团队申报工作有关事项通知如下。

（一）活动主题

青春大学习，奋斗新时代。

（二）总体思路

以纪念改革开放40周年为契机，按照"目标精准化、工作系统化、实施项目化、传播立体化"和"按需设项、据项组团、双向受益"的工作原则，组织和引领学生在社会实践活动中，进一步坚定"爱国、励志、求真、力行"的理想信念，坚持以培育和践行社会主义核心价值观，满足人民群众日益增长的社会服务需求，培养大学生的创新和创造能力，引导大学生崇尚科学、追求真知为出发点，以围绕中心、服务大局，积极投身全面依法治国，扶贫、济困、扶老、助孤、恤病、助残、救灾、助医、助学等为发力点，为决胜全面建成小康社会，夺取新时代中国特色社会主义伟大胜利汇聚磅礴青春力量。

2018 年活动围绕理论普及宣讲、国情社情观察、科技支农帮扶等 8 个方面深入贫困地区、革命老区和少数民族地区开展社会实践活动，引领学生在新时代积极投身全面建成小康社会伟大实践，为实现中华民族伟大复兴的中国梦不懈地奋斗。

（三）活动时间

7 月 17 日—8 月 30 日。

（四）活动内容

1. 理论普及宣讲团

重点围绕习近平新时代中国特色社会主义思想和党的十九大精神，开展宣讲报告、学习座谈、调查研究等形式的社会实践活动。

2. 国情社情观察团

重点围绕改革开放 40 年来的历史性成就和"十三五"规划实施情况等开展参观考察、国情调研、学习体验等形式的社会实践活动。

3. 依法治国宣讲团

重点围绕实施"七五"普法规划，开展法治宣传教育、法律援助等形式的社会实践活动。

4. 科技支农帮扶团

重点围绕乡村振兴战略，开展农技培训推广、农业科普讲座、金融知识下乡、农村环境治理等形式的社会实践活动。

5. 教育关爱服务团

重点围绕青年志愿者关爱农村留守儿童志愿服务项目和关爱保护农村留守儿童工程，以吉首市联团村和保靖县新码村等武陵山区贫困村落为主阵地，开展学业辅导、亲情陪伴、自护教育、素质拓展等形式的精准关爱志愿服务。

6. 文化艺术服务团

重点围绕社会主义核心价值观培育和践行，开展艺术创作、惠民展演、全民阅读、文化普及等形式的社会实践活动。

7. 爱心医疗服务团

重点围绕健康中国战略，开展健康普查、流行性疾病防治、基本医疗卫生知识普及、乡（村）医疗站建设等形式的社会实践活动。

8. 美丽中国实践团

重点围绕美丽中国建设，开展环境治理、水资源保护、环保知识普及等形式的社会实践活动。

（五）申报要求

（1）以团总支为单位组团。团队规模以15~30人为宜，并由1~2名指导教师带队。各学院原则上只能申报一个团队，每个团队成员原则上只能参加一个团队。

（2）各社会实践团队要结合专业特点，依据活动主题和活动内容，确定团队名称，并制订切实可行的活动方案和合理的经费预算。

（3）各团队中还应包含具有较强文字能力和摄影技术的同学，指定其负责本队的宣传报道和信息报送工作，服从学校暑期"三下乡"社会实践新闻中心和学校中青网校园通信站的工作指导和管理。

（4）申报单位须详细填写《2018年大学生暑期"三下乡"社会实践活动项目申报书》，经学院同意后，将申报书一式三份报送校团委办公室，校区交至校区团委办公室，并将电子材料发送至邮箱。申报截止日期为2018年7月3日上午12点。

（六）项目立项及经费支持

（1）校团委对申报项目进行评审，评选出重点团队项目、一般团队项目，并给予一定的经费资助。

（2）立项团队的经费开支及使用严格按照学校财务处及团委工作经费管理办法执行。原则上，未完成项目结项的单位，不予报销实践活动经费。

（七）结项要求

1. 材料要求

各项目团队须上交活动总结、活动经费使用开支情况报告、活动图片（10~20张，图片大小2M以上，标注好图片说明）、活动视频材料、学员心得体会或调研报告、活动宣传报道稿件原稿及新闻截图（5~10张）、社会反响有关证明材料等。以上材料请装订成册交至校团委办公室，电子材料按文件夹命名统一打包发送至校团委邮箱。

2. 时间要求

各团队在9月7日下午5点前将有关总结材料报送至校团委，逾期未完成者或完成质量不高者，根据情况扣减活动经费。

（八）总结与表彰

校团委将根据团队的活动成效对表现突出的单位及个人进行表彰，并作为各项评优的重要参考。

附件二：关于组织开展2018年"走进武陵山"大学生暑期"三下乡"社会实践活动的通知

各团总支：

根据《关于开展2018年全国大中专学生志愿者暑期文化科技卫生"三下乡"社会实践活动的通知》（中青明电〔2018〕15号）和团省委、学校相关文件精神和要求，为进一步强化实践育人的成效，实现我校暑期"三下乡"社会实践活动的品牌化，做到突出特色、强化实效，现就2018年大学生暑期"三下乡"社会实践活动有关工作通知如下。

（一）活动主题

青春大学习，奋斗新时代。

（二）总体思路

我校2018年大学生志愿者暑期"三下乡"社会实践活动围绕理论普及宣讲、国情社情观察、科技支农帮扶、乡风文明建设等12个方面，按照"目标精准化、工作系统化、实施项目化、传播立体化"和"按需设项、据项组团、双向受益"的工作原则，组织学生广泛开展形式多样的社会实践活动，探索总结实践育人新机制。在社会实践中引领教育广大青年学生勇做担当民族复兴大任的时代新人，进一步坚定"爱国、励志、求真、力行"的理想信念，以实际行动助力精准扶贫，服务乡村振兴战略，切实在感受改革开放 40 年取得的新成就、新面貌的生动实践中受教育、长才干、做贡献，为决胜全面建成小康社会，夺取新时代中国特色社会主义伟大胜利汇聚磅礴青春力量。

（三）活动时间

2018 年 7 月 1 日至 8 月底。

（四）活动内容

1. 理论普及宣讲团

重点围绕习近平新时代中国特色社会主义思想和党的十九大精神，开展宣讲报告、学习座谈、调查研究等形式的社会实践活动。

2. 国情社情观察团

重点围绕改革开放 40 年来的历史性成就、"十三五"规划实施情况等开展参观考察、国情调研、学习体验等形式的社会实践活动。

3. 依法治国宣讲团

重点围绕实施"七五"普法规划，开展法治宣传教育、法律援助等形式的社会实践活动。

4. 科技支农帮扶团

重点围绕乡村振兴战略，开展农技培训推广、农业科普讲座、金融知识下乡、农村环境治理等形式的社会实践活动。

5. 教育关爱服务团

重点围绕青年志愿者关爱农村留守儿童志愿服务项目和关爱保护农村留守儿童工程，以吉首市联团村和保靖县新码村等武陵山区贫困村落为主阵地，开展学业辅导、亲情陪伴、自护教育、素质拓展等形式的精准关爱志愿服务。

6. 文化艺术服务团

重点围绕社会主义核心价值观培育和践行，开展艺术创作、惠民展演、全民阅读、文化普及等形式的社会实践活动。

7. 爱心医疗服务团

重点围绕健康中国战略，开展健康普查、流行性疾病防治、基本医疗卫生知识普及、乡（村）医疗站建设等形式的社会实践活动。

8. 美丽中国实践团

重点围绕美丽中国建设，开展环境治理、水资源保护、环保知识普及等形式的社会实践活动。

9. 乡风文明建设调研团

重点围绕乡风文明建设，开展湖南省农村地区培育和践行社会主义核心价值观、农村思想道德建设、农村优秀传统文化传承、农村公共文化体系建设、推动移风易俗、文明村镇创建、农村先进典型的选树等内容的千村万户大调研社会实践活动。

10. 健康扶贫青春行社会实践团

重点围绕乡村振兴战略需要，开展医疗现状调研、政策宣讲、知识普及、健康管理、特殊关爱及医疗扶持等社会实践活动。

11. 推普脱贫攻坚社会实践团

重点围绕精准扶贫战略需要，开展普通话口语培训、普通话标准宣讲、阅读写作训练、语言文字游戏设计等社会实践活动。

12. 禁毒防艾社会实践团

重点围绕平安和谐社会构建，开展普及禁毒防艾知识、宣讲禁毒防艾政策法规、进行禁毒防艾专项调查研究等社会实践活动。

（五）活动形式

1. 学校组团实践

（1）印象红途——毓秀钟灵理论政策宣讲服务团

地点：重庆市秀山县钟灵镇

时间：7月15日—26日

内容：重点围绕习近平新时代中国特色社会主义思想和党的十九大精神，结合全国高校共青团学习宣传贯彻习近平总书记系列重要讲话精神"四进四信"开展活动，深入农村乡镇、厂矿企业，开展宣讲报告、学习座谈、调查研究等形式的社会实践活动。

预期成果：完成编印关于精准扶贫和乡村振兴知识宣传手册两本，发放宣传手册 200 份，组织现场解答 3 场，进行田间访问 50 人次，组织座谈会 1 场，发表校级以上媒体报道 2 篇以及撰写高质量实践心得 12 篇。

（2）印象红途——毓秀钟灵国情社情观察团

地点：重庆市秀山县钟灵镇

时间：7 月 15 日—26 日

内容：深入乡村及各类企业事业单位等，切身感受党的十九大以来我国经济社会发展的新面貌、新成就，围绕改革开放 40 年来的历史性成就和"十三五"规划实施情况，深入观察和领会"十三五"规划以及"四个全面"战略布局，深刻理解以习近平同志为核心的党中央治国理政新理念、新思想、新战略。

预期成果：联合理论政策宣讲团，撰写国情社情观察报告，向政府部门反映基层群众情况和诉求，发表校级以上媒体报道 2 篇。

（3）印象红途——毓秀钟灵依法治国宣讲团

地点：重庆市秀山县钟灵镇

时间：7 月 15 日—26 日

内容：重点围绕实施"七五"普法规划，结合实际情况开展《中华人民共和国环境保护法》《中华人民共和国劳动法》和禁毒知识法治宣传教育、法律援助等形式的社会实践活动。

预期成果：完成编制《中华人民共和国劳动法》和禁毒相关法律知识宣传手册 2 本，发放宣传手册 200 份，组织现场解答 2 场，进行田间访问 50 人次，发表校级以上媒体报道 2 篇及撰写高质量实践心得 14 篇。

（4）印象红途——毓秀钟灵科技支农帮扶团

地点：重庆市秀山县钟灵镇

时间：7 月 15 日—26 日

内容：依托我校学生志愿者的学科专业优势，组建电子科技专业技术团队到服务地开展家电维修、用电安全教育等服务活动；开展居民用电安全排查，为群众安全生活提供保障；为群众提供生产实践指导，提高当地群众的科技知识水平；结合服务地实际，为群众提供科技指导，弥补日常科学知识不足，提供技术指导服务。

预期成果：完成编制科技支农知识宣传手册1本，发放宣传手册200份，组织开展安全用电常识普及宣讲1场，帮助200户家庭排查用电安全隐患，义务维修家电200台，发表校级以上媒体报道2篇及撰写高质量实践心得14篇。

（5）印象红途——毓秀钟灵教育关爱服务团

地点：重庆市秀山县钟灵镇

时间：7月15日—26日

内容：重点围绕青年志愿者关爱农村留守儿童志愿服务项目和关爱保护农村留守儿童工程，开展学业辅导、亲情陪伴、自护教育、素质拓展等形式的精准关爱志愿服务。

预期成果：完成调查问卷200份，开展留守儿童访谈会50场，组织开展与留守儿童足球友谊赛1场，形成留守儿童幸福家庭画集50份，发表校级以上媒体报道2篇以及撰写高质量实践心得26篇。

（6）印象红途——毓秀钟灵文化艺术服务团

地点：重庆市秀山县钟灵镇

时间：7月15日—26日

内容：重点围绕社会主义核心价值观培育和践行，开展艺术创作、惠民展演、全民阅读、文化普及等形式的社会实践活动。

预期成果：组织开展与钟灵镇乡政府工作人员篮球友谊赛1场、文艺会演1场，完成广场舞教学20余小时，发表校级以上媒体报道2篇以及撰写高质量实践心得12篇。

（7）印象红途——毓秀钟灵爱心医疗服务团

地点：重庆市秀山县钟灵镇

时间：7月15日—26日

内容：协助当地卫生、医疗部门开展培训。组织大学生志愿者为当地百姓提供医疗保健、卫生检疫、疾病排查等志愿服务；以关爱自我为主题，大学生志愿者自主开发并在当地开展自我防范、保健卫生等相关课程；开展与当地卫生、医疗机构的交流分享活动，促进基层医疗服务质量的提高，探索高校与当地结对帮扶的长效机制；开展流行性疾病防治宣传、基本医疗卫生知识普及等活动，为农民进行健康普查和常见病治疗。组织学生在基层宣传新型农村合作医疗改革方案，帮助农民全面了解改革的政策和具体内容。

预期成果：完成编制医疗宣传手册（国家医疗基本政策、基本疾病常识指导）1 本，发放宣传手册 100 份，送医药下村，为村民提供体格检查、基本医疗诊断和护理，发表校级以上媒体报道 2 篇以及撰写高质量实践心得12 篇。

（8）印象红途——毓秀钟灵美丽中国实践团

地点：重庆市秀山县钟灵镇

时间：7 月 15 日—26 日

内容：到农村基层、乡镇，围绕环境污染、水资源保护、垃圾处理、气候异常、资源开发、自然灾害预防等，开展科普知识宣讲、社会调查研究、发展建言献策等活动。

预期成果：完成制作环境保护相关法律和知识手册 1 本，发放手册 200份、进行田间访问 50 人次、发表校级以上媒体报道 2 篇以及撰写高质量实践心得 14 篇、开展科普知识（食品安全类）三场、完成调研报告。

（9）印象红途——毓秀钟灵乡风文明建设调研团

地点：重庆市秀山县钟灵镇

时间：7 月 15 日—26 日

内容：重点围绕乡风文明建设，开展湖南省秀山县钟灵镇地区培育和践行社会主义核心价值观、农村思想道德建设、农村优秀传统文化传承、农村公共文化体系建设、推动移风易俗、文明村镇创建、农村先进典型的选树等内容的千村万户大调研社会实践活动。

预期成果：完成"农村公共文化产品供给绩效评估"调查问卷 84 份，进行田间访问 50 人次，发表校级以上媒体报道 2 篇以及撰写高质量实践心得 14

篇，完成调研报告。

（10）云上学堂——教育助学脱贫小分队

地点：保靖县新码村、桑植县花园村

时间：7月15日—26日

内容：针对实践地留守儿童特点开展长期跟踪式心灵关爱及辅导；针对该村的小学、中学生基础知识薄弱的现状，"云上学堂"采用集中培训和个别辅导方式，进行文化课程教学、学业辅导；针对孩子综合素质普遍偏低的情况，开展"云"系列艺术培训课程；开展"暑期快乐成长营"素质拓展培训。以弘扬时代精神、倡导文明新风为目标，以反映社会主义核心价值观为主要内容，精心编排文艺节目到村演出。

预期成果：组织开展"暑期快乐成长营"素质拓展训练，开展文艺汇报演出，开发"云"系列精品网络课程，完成留守儿童心理调查问卷调研。

（11）云上学堂——村民素质提升、村情社情调研小分队

地点：保靖县新码村、桑植县花园村

时间：7月15日—26日

内容：开展新码村、花园村产业扶贫的农户生计响应调查和精准扶贫调查；对村民进行素质技术培训需求摸底，并针对需求制订农技培训方案，开设农技知识培训班；开展农村电子商务培训活动；举办村民文明素质养成讲座，增强村民对村容村貌的维护意识；积极引导广大农民群众崇尚科学、破除迷信、移风易俗，形成文明健康的生活方式；组织村民学跳广场舞，帮助基层群众提高文化素养，传播科学知识，送文化下乡，倡导健康的生活方式。

预期成果：完成调研报告，制作完成人物专访纪录片、活动视频。

2. 学院组团实践

（1）"凤之翼"调研支教社会实践服务团

地点：保靖县吕洞山镇

时间：7月16日—23日

内容：为留守儿童开展义务支教、心灵关爱、亲情陪伴等活动；关爱空巢老人；开展非物质文化遗产传承与保护的宣传活动。

预期成果：完成教学成果汇报演出、活动总结手册、总结视频。

（2）塔卧"灯塔"社会实践服务团

地点：永顺县塔卧镇

时间：7月18日—24日

内容：开展留守儿童家庭经济状况等社会调研；为留守儿童提供义务支教、爱心捐赠等活动。

预期成果：完成教学成果汇报演出、调研报告、活动总结手册。

（3）澧水河水资源环境调查社会实践团

地点：澧水河流域（张家界市永定区）

时间：7月12日—16日

内容：开展澧水河流域（张家界市永定区）河水资源现状调研；宣传普及水资源保护知识等活动。

预期成果：完成调研报告、活动总结手册。

（4）爱在文田调研社会实践团

地点：娄底市新化县水车镇紫鹊界村

时间：7月13日—20日

内容：组织开展农村地区培育践行社会主义核心价值观的情况以及对新时代新思想的理解程度调研，宣传乡村振兴和乡风文明建设知识等活动。

预期成果：完成调研报告、活动总结手册。

（5）法管先声："禁毒防艾，情暖高墙"社会实践服务团

地点：吉首市戒毒所，各社区、街道及周边农村

时间：6月26日—7月20日

内容：联合州劳教（戒毒）所开展"禁毒防艾"公益演出，在戒毒所开展服刑人员与家人的"一封家书"、宣传"禁毒防艾"知识等活动。

预期成果：完成警示教育演出、调研报告、活动总结手册。

（6）爱心"1+1"社会实践服务团

地点：永顺县慈爱园

时间：8月20日—27日

内容：组织开展永顺县慈爱园以及周边城镇社区普通话使用现状调研。为特殊儿童开展普通话推广培训、暑期夏令营等活动。

预期成果：完成教育成果演出、调研报告、活动总结手册。

（7）体育文化人"精准三农"社会实践服务团

地点：保靖县水银乡花桥村

时间：8月20日—28日

内容：组织开展理论普及宣讲和精准扶贫调研，开展体育文艺表演、健身示范、全民健身指导、运动损伤康复指导等活动。

预期成果：完成调研报告、活动总结手册。

（8）阳和土家族乡美丽乡村调研社会实践团

地点：张家界市慈利县阳和土家族乡

时间：7月15日—25日

内容：开展阳和土家族乡水资源现状调研、宣传环境保护知识等活动

预期成果：完成调研报告、活动总结手册。

（9）"心系旅农"乡村旅游调研社会实践团

地点：张家界市桑植县陈家院村、打鼓泉村

时间：7月10日—30日

内容：开展乡村旅游现状调研，宣传普及乡村旅游建设方法和相关法律知识等活动。

预期成果：完成调研报告、活动总结手册。

（10）"土家苗寨"民族历史文化传承调研社会实践团

地点：永顺县王村、凤凰县禾库村、凤凰县新崇礼村

时间：7月23日—29日

内容：开展湘西州凤凰县新崇礼村、永顺县王村、凤凰县禾库村3个村落的村寨社区发展和优秀传统文化的现状和传承情况调研等活动。

预期成果：完成调研报告、活动总结手册。

（11）"湘希计划"社会实践服务团

地点：花垣县鸡坡岭村

时间：7月14日—21日

内容：联合花垣县职业高级中学苗绣老师开展苗绣技艺培训，拍摄苗绣宣传视频，举办苗绣展览等活动。

预期成果：制作完成宣传视频、调研报告、活动总结手册。

（12）"数时代"慕课下乡社会实践服务团

地点：湘西州古丈县

时间：7月17日—24日

内容：开展农村留守儿童学业辅导、亲情陪伴、自护教育、素质拓展等活动。

预期成果：完成调研报告、活动总结手册。

（13）大医精诚社会实践服务团

地点：花垣县麻栗场镇

时间：7月15日—22日

内容：开展健康体检、针灸推拿特色保健医疗服务，开展非物质文化遗产"刘氏小儿推拿"的推广宣传，组织健康知识教育与宣传等活动。

预期成果：完成调研报告、活动总结手册。

（14）医路同行社会实践服务团

地点：花垣县石栏镇

时间：7月15日—22日

内容：开展慢性病患者"健康沙龙"和小学生健康知识教育，关爱留守儿童身体健康、糖尿病和高血压慢性病患者的健康教育指导和卫生计生惠民政策宣讲等活动。

预期成果：完成调研报告、活动总结手册。

（15）"碳氢氧CHO"科技支农帮扶社会实践服务团

地点：花垣县民乐镇、龙山县洗洛镇

时间：8月5日—19日

内容：开展百合种植合作社针对性帮扶，对当地的百合种植、生产、加工、出售、贮存等方面进行深度调研等活动。

预期成果：完成调研报告、活动总结手册。

（16）凤凰遗风社会实践团

地点：凤凰县鸭堡洞村

时间：7月11日—20日

内容：传承国家级非物质文化遗产"凤凰纸扎"技艺，为留守儿童开展美术教育和指导等活动。

预期成果：制作完成凤凰纸扎手工艺品、活动总结手册。

（17）保护母亲河——酉水河美丽中国社会实践服务团

地点：湘西州古丈县、沅陵县

时间：7月14日—19日

内容：探求酉水河及周边环境的空气、水、土壤等方面污染源现状，寻求解决对策；开展科普知识讲座、地区发展建言献策等活动。

预期成果：完成调研报告、宣讲资料汇报、活动总结手册。

3. 学生个人自主实践

（1）社会实践活动是大学生实践教育的重要内容之一，每位大学生都要积极参加暑期社会实践活动。没有参加集中组团实践的同学，要结合专业特点，围绕活动的主题及内容，利用假期就近就便开展实践活动。

（2）个人自主实践的同学也可结合"挑战杯"全国大学生课外学术科技作品竞赛和"创青春"全国大学生创新创业大赛的有关要求积极开展社会调查、科学实验、专业实践、创业体验、创业培训、创业项目孵化等活动，研究论文、创业计划书、调研报告、创业实践总结等均可视为暑期社会实践的成果，并在评比评优中优先推荐。

（3）学生须从学校先锋网站下载"学生假期社会实践活动登记表"，结合实践活动实际，认真填写表格，下学期开学时交由团支部，由团总支汇总评定实践成绩。

（六）经费资助及使用

1. 经费的资助

校团委根据申报项目的服务内容、服务范围、团队人数、项目特色，综合评定并给予一定的经费支持，校级综合立项团队全额经费支持。各团队可根据活动需要采取报账或借支的方式领取活动经费，具体手续按学校财务有关规定办理。

2. 经费的开支范围

经费可用于实践活动的交通费、保险费、资料打印费、活动用品费、学生食宿费、生活用品购置费、宣传费等，不得挪作他用。校级团队按照80元/天/生开支生活补贴，由团队指导老师统一开支。

3. 经费报账要求

经费的报账须经项目成果验收合格后，按照学校财务的规定进行报账。具体流程：项目成果验收，团队负责人和团总支书记分别审核签字，分管学生工作的书记或副书记签字审定后方可报账。

（七）活动要求

1. 高度重视，加强领导

开展"三下乡"社会实践活动是加强和改进大学生思想政治教育、充分发挥实践育人的重要载体，是让大学生在实践中"受教育、长才干、做贡献"的重要方式，各团总支要充分认识这项活动的重要意义，切实加强领导，统筹安排部署，强调安全纪律，抓好工作落实。

2. 精心组织，确保安全

各团总支要将实践育人与加强大学生创新创业能力的培育结合起来，做好"挑战杯"和"创青春"等创新创业大赛项目的培育和孵化。要切实加强安全教育和保障，做好前期调研和安全预案，保障学生人身和财产安全，特别是要高度关注极端气候变化和服务地区的自然条件，做好自然灾害和突发事件的应对预案。集中组团的单位必须给每位带队老师和实践队员购买保险。

3. 加强宣传，营造氛围

各团总支要把暑期"三下乡"社会实践活动的宣传摆上重要日程，为活动营造良好的舆论氛围。要积极关注团中央"三下乡"活动官方网站，充分利用团组织微博、微信等新媒体，加强活动中优秀个人和事迹的宣传报道。为加强宣传，扩大影响，学校成立暑期"三下乡"社会实践新闻中心，负责宣传工作的统筹、指导，宣传工作采取日报送制度，各团队每天14：00、19：00将团队开展活动的宣传资料发送至校团委邮箱。

4. 认真总结，表彰先进

各团总支要认真总结暑期"三下乡"社会实践活动的情况，将团总支总结、优秀社会实践个人汇总表（按学生总人数的1%评选）于9月7日前交到校团委办公室，电子材料发送至校团委邮箱。学校将组织召开总结大会，表彰先进。

三、"乡风文明建设"千村万户大调查实施方案

为全面贯彻落实党的十九大精神和习近平总书记关于大兴调查研究之风的重要指示精神，全面了解我省"乡风文明建设"的现状，推动我省乡村振兴战略的全面实施，根据省委办公厅《关于在全省大兴调查研究之风深入开展"抓重点、补短板、强弱项"大调研活动的通知》要求，湖南省文明办与学校联合开展湖南省"乡风文明建设"千村万户大调查活动。为推动调研活动顺利实施，按照省文明办及学校关于开展湖南省"乡风文明建设"调研活动的要求，特制订本方案。

（一）调研主题

湖南省乡风文明建设的现状。

（二）调研内容

本次调研活动紧扣"乡风文明建设"这一主题，具体围绕湖南省农村地区培育和践行社会主义核心价值观、农村思想道德建设、农村优秀传统文化传承、农村公共文化体系建设、推动移风易俗、文明村镇创建、农村先进典型的选树等内容展开。

（三）主要任务

（1）组织1000余名大学生，深入湖南省14个市州的1000个以上行政村，走村入户，调查走访10000户以上农户。

（2）组织成立29支调查队，深入湖南省14个市州的部分乡村，深度调

查乡风文明建设的现状。

（3）在调研的基础上，对调研资料和数据进行整理和分析，撰写调研报告和学术论文。

（4）认真总结，全面了解我省乡风文明建设现状，找出存在的问题，提出有针对性的政策建议，为有关部门决策提供参考依据，助推乡村振兴。

（四）领导小组及职责分工

1. 领导小组

本次调研活动由省文明办和学校联合开展，为了保证调研活动顺利开展，双方共同成立湖南省"乡风文明建设"千村万户大调查领导小组。

2. 职责分工

省文明办负责对本次调研活动进行全程指导，对调研导向严格把关，参与调研报告的撰写。协调新闻媒体和相关单位为本次调研活动提供支持，湖南省文明网负责及时报道活动开展情况，网上发布优秀调研报告。

学校负责调研教师及学生的选拔，制作调查问卷，开展调查技能培训和安全教育等工作。组织调研团队和1000名以上学生深入农户调查，统计分析数据，撰写调研报告，组织启动仪式和成果发布会等相关工作。

（1）湖南乡村振兴战略研究中心和武陵山区发展研究院牵头负责调研活动的组织开展，负责调研方案的制订、成果发布等工作。

（2）学校团委负责本科生调研活动宣传动员、启动仪式及本科生调研情况的信息统计、汇总等工作。

（3）研究生院负责研究生调研活动宣传动员及研究生调研情况的信息统计、汇总等工作。

（4）马克思主义学院负责调查问卷的制作、调研业务指导、调研技能培训、调研总结分析，撰写调研活动总报告。马克思主义学院院长廖胜刚教授为本次活动的首席专家。各学院（所）负责本院（所）调研活动的人员选拔、安全教育等工作。

（5）财务处负责调研活动的经费保障。

（6）宣传部负责调研活动的宣传报道。

（7）其他相关部门积极协助调研活动的开展。

（五）队伍组建与时间安排

1. 调研队伍及调研要求

此次调研采取实地调查与问卷调查相结合的方式，组织专家团队、研究生团队、本科生团队深度调研，调研队伍包括专家调研团、研究生调研团和本科生调研团。专家调研团分为 7 个调研队，每个队至少负责 2 个以上市（州）的 3 个以上的行政村，将其作为调研对象。研究生调研团分为 7 个调研队，本科生调研团分为 15 个调研队，每个队至少负责 1 个以上市（州）的 2 个以上的行政村，将其作为调研对象。

为更广泛、更全面地了解我省"乡风文明"的现状，学校从全校选拔 1000 名在校大学生，每位学生利用暑期回家的机会，就近就便至少调查一个行政村、10 户以上农户。

调查的每个行政村要求点面结合，既要全面了解调查对象的基本情况，又要突出重点，选取"农村地区培育和践行社会主义核心价值观、农村思想道德建设、农村优秀传统文化传承、农村公共文化体系建设、推动移风易俗、文明村镇创建、农村先进典型的选树"中的一个或几个方面进行专题调研。

2. 调研时间

调研时间为 2018 年 7 月—10 月，具体安排如下：

（1）前期准备（5 月 15 日—6 月 25 日）；

（2）举行启动仪式（6 月 30 日上午）；

（3）入户调研（7 月 1 日—8 月 28 日）；

（4）数据的统计与分析，撰写并上交调研报告（9 月 1 日—9 月 30 日）；

（5）成果发布，总结表彰（暂定 10 月 10 日）。

（六）纪律要求

1. 注重安全

调研人员在调研过程中要高度重视人身、财产等安全问题，增强安全意识。选择安全的交通方式；挑选安全的调查对象；避免单独到私密、偏僻场合和不安全地点进行调研；严禁调研人员下河下塘游泳洗澡；注意防暑降温，注意饮食卫生，避免蚊虫叮咬等。外出调研要全程开手机，并告知家人行程。

2. 注意保密

调研人员要保护调查工具（问卷、数据表、提纲）和调查资料的知识产权，未经授权，不得向外界透露调查工具、调查数据、调查报告。湖南省"乡风文明建设"大调查的调研成果由省文明办和学校统一发布，个人不得泄露调查数据和调查结果。

3. 文明礼貌

调研人员要充分尊重当地的风俗习惯，做到为人礼貌谦逊，避免与调查对象发生冲突。认真引导村民填写调查问卷，落实调研任务。调查中言谈举止不卑不亢、严谨稳重，做到文明礼貌；不随意评判受调查人和当地的情况；不介入当地纠纷，不与当地人和调查对象争吵。

4. 服从管理

参加调查团队的教师和学生，必须自觉遵守团队制定的纪律，接受团队负责人的领导，服从团队负责人的工作安排，按要求完成调查任务和调研报告。团队成员之间要团结协作，互帮互助。不允许单独行动或外出，特殊情况必须向团队负责人请假。

5. 廉洁自律

调研人员不得接受调查对象或村组赠送的物品、礼品，不得接受调查对象或村组的食宿招待。

6. 表达严谨

调研人员不得在网络媒体上散布不切实际的言论，不得随意臆造相关数据。不要随意解释问卷和提纲，不明之处询问老师；注意身份，不就有关政府政策发表意见或做出许诺。

附件：关于开展湖南省"乡风文明建设"千村万户大调查的活动通知

各团总支：

为全面贯彻落实党的十九大精神和习近平总书记关于大兴调查研究之风

的重要批示精神，推动我省乡村振兴战略的全面实施，根据省委办公厅《关于在全省大兴调查研究之风深入开展"抓重点、补短板、强弱项"大调研活动的通知》要求，湖南省文明办与我校联合开展湖南省"乡风文明建设"千村万户大调查社会实践活动，该项活动将纳入学校 2018 年大学生暑期"三下乡"社会实践系列活动中。现将调查相关事项通知如下。

（一）活动主题

调研将围绕我省农村地区培育和践行社会主义核心价值观、农村思想道德建设、农村优秀传统文化传承、农村公共文化体系建设、推动移风易俗、文明村镇创建、农村先进典型选树等方面开展，旨在掌握我省乡风文明建设现状，找出工作短板和弱项，为有关部门提供决策参考依据，助力乡村振兴。

（二）活动任务

调研团队（个人）通过走村入户，深入调查湖南省内 1000 个以上行政村、10000 户以上农户，完成湖南省"乡风文明建设"千村万户调查问卷填写，结合调研村庄实际情况，撰写调研报告，调研报告不少于 3000 字。

（三）活动安排

1. 人员安排

本次活动采取学院组建团队定点调研和学生个人就近就便调研相结合的原则。

调研团队组建以学院为单位申请，团队规模以 5~10 人为宜，并有 1~2 名指导教师带队，每个团队成员原则上只能参加一个团队。申报单位须填写"湖南省'乡风文明建设'千村万户大调查团队组建申报书"，经学院同意后，将申报书一式三份报送校团委办公室，校区交至校区团工委办公室，并将电子材料发送至校团委邮箱。申报截止日期为 2018 年 6 月 1 日。

在团队定点调研的基础上，从全校选派 1000 名志愿者利用暑期时间就近就便开展湖南省"乡风文明建设"千村万户大调查，原则上要求志愿者为党员、学生干部，身体健康，有较高的思想政治素质，以大二（含）以上学生为主，优先动员湖南省的学生参加。各学院于 2018 年 6 月 1 日前将"湖南省'乡风文明建设'千村万户大调查信息汇总表"交至校团委办公室，并将

Excel版本的"湖南省'乡风文明建设'千村万户大调查信息汇总表"发送至校团委邮箱。

2. 时间安排

（1）5月25日—6月1日，学院调研团队申报和个人调研动员及名单确定。

（2）6月2日—6月5日，确定调研团队和个人调研名单及村庄。

（3）6月16日，湖南省"乡风文明建设"千村万户大调查启动仪式。

（4）7月16日—9月2日，调研团队和个人赴调研村庄开展调研活动并撰写调研报告。

（5）9月7日，上交调研问卷和调研报告。

（四）活动要求

1. 确保安全

各学院要在活动组织实施中完善制度规范，突出过程管理，开展必要的思想作风和调研能力培训，选派和配足相关专业教师带队指导。做好前期调研和出发准备，保障学生人身和财产安全，要加强安全教育，包括交通安全、人身安全、医疗卫生安全等。

2. 强化纪律

各学院要严格学生纪律，加强学生纪律管理，确保学生人身安全和工作安全。要严守工作纪律，严格保密调查资料，不得在网络媒体上散布不当言论，不得将调研信息随意外传；严格按工作流程操作，实事求是登记情况，不得随意臆造相关数据。

四、关于开展学校第四届"芙蓉学子·榜样力量"优秀大学生、第六届"校园之星"评选活动的实施方案

为培育和践行社会主义核心价值观，教育引导青年学生立大志、长才干、勤奋斗，争做有执着信念、优良品德、丰富知识、过硬本领的社会主义建设者和接班人，同时进一步挖掘、宣传我校大学生积极进取、拼搏奋进的先进典型和感人事迹，在我校大学生中树立自强、自立的榜样，激励广大青年学生向身边的榜样学习，依靠榜样的力量反观自身、完善自我，学校决定开展第四届"芙蓉学子·榜样力量"优秀大学生、第六届"校园之星"评选活动，现将有关事项通知如下。

（一）评选类别及奖励

1."芙蓉学子·榜样力量"优秀大学生

学校第四届"芙蓉学子·榜样力量"具体奖项设置情况为："芙蓉学子·社会实践奖""芙蓉学子·自强不息奖""芙蓉学子·公益行动奖""芙蓉学子·道德风尚奖""芙蓉学子·学术科研奖"五个奖项，每个奖项获得者均为2名（个人或团体），授予荣誉证书和10000元奖金每人（团体）。

2.校园之星

学校第六届"校园之星"分为道德校园之星、励志校园之星、学习校园之星、创新创业校园之星和公益校园之星五类。每个类别评选1名"××校园之星"，授予荣誉证书和2000元奖金；每个类别评选2名"××校园之星提名奖"，授予荣誉证书和1000元奖金。若无符合评选条件的类别可不评定。

（二）评选条件及办法

按照统一标准、统一组织、统一流程、统一管理的要求，学校组委会坚持以公平、公正、公开的原则开展评选工作。具体评选条件及办法详见附件。

（三）评选时间安排

1.宣传发动阶段（10月19日—10月29日）

2.报名阶段（10月30日—11月3日）

3.资格审查阶段（11月4日—11月9日）

4.评选阶段（11月10日—12月5日）

（1）初评阶段

①学院审查、公示及推荐（11月4日—11月9日）。请各学院团总支于11月9日上午11：00前将学院推荐候选人材料纸质版报送到校团委60513室，电子版统一打包命名为"××学院大学生典型评选候选人推荐资料"发送至比赛邮箱。

②校级初评（11月10日—11月14日），确定"芙蓉学子·榜样力量"优秀大学生候选人30人，"校园之星"候选人15人。

（2）候选人公示（11月14日—11月19日）

公示期满后，候选人加入交流群，并按时提交终审展示视频。

（3）投票阶段（11月20日—11月26日）

①网络投票+网络宣传（11月20日24：00点—11月26日24：00）。

②班级代表投票（11月20日—11月25日），仅"芙蓉学子·榜样力量"优秀大学生评选活动有此环节。

③评审小组投票（11月26日—11月28日）。

（4）校级评审结果公示（11月29日—12月5日）

5. 汇总上报及表彰阶段（12月6日—12月12日）

6. 总结宣传推广阶段（2020年10月—2021年1月）

（四）相关要求

1. 高度重视，加强领导

"芙蓉学子·榜样力量"优秀大学生和"校园之星"评选活动，是加强大学生思想政治教育的重要途径，是全面推进素质教育的重要措施。各单位要加强对活动的组织领导，认真部署落实、统筹安排、广泛宣传。要善于主动挖掘典型，以这次评选活动为契机，加强对先进典型的宣传，为广大学生树立榜样，营造学先进、赶先进、当先进的良好氛围，激励学生健康成长成才。

2. 认真审核，严格把关

各单位要认真组织好审核、推荐及班级代表投票工作，保证质量，按时完成。在审核推荐过程中，要严肃纪律，严格按实施细则和操作程序办事，增强透明度，严禁弄虚作假，保证评选工作的公平、公正和公开，切实把最优秀的候选人推荐上来，真正选出同学们信服，经得起公众舆论评价，具有典型意义的学生。评选工作随时接受广大师生的监督，凡弄虚作假者，一经发现取消资格，并在全校通报。

3. 加强宣传，扩大影响

各单位要充分利用网站、微博、微信、论坛、展板、橱窗、海报等载体广泛宣传先进典型的优秀事迹。要把评选推荐与培育树立当代大学生典型有机结合起来，充分发挥优秀大学生典型在学生健康成长成才中的引领示范作用。

4. 认真总结，资料归档

活动组委会对本次活动实施全过程的有关资料进行收集整理，撰写活动实施评估报告，活动结束将评选资料存档并向上级有关部门提交。

附件一："芙蓉学子·榜样力量"优秀大学生评选活动方案

由中国青少年发展基金会、共青团湖南省委、湖南中烟工业有限责任公司主办，湖南省青少年发展基金会承办的"芙蓉学子"大型公益活动实施23年来，湖南中烟工业有限责任公司共计捐款1.95亿元，奖励资助了全国27个省（自治区、直辖市、兵团）3.3万余名贫困大学生和60多所高校2000多个优秀团队。

2020年，湖南中烟工业有限责任公司继续捐资1000万元，实施以资助贫困大学新生和奖励高校优秀大学生个人及团队为重点的第二十三届"芙蓉学子"大型公益活动。其中以帮助大学生选树身边可以追赶的坐标为项目愿景的第十五届"芙蓉学子·榜样力量"优秀大学生评选活动是本届"芙蓉学子"大型公益活动的重点实施项目之一。该活动旨在通过挖掘、宣传在校大学生积极进取、拼搏奋进的感人事迹和先进典型，在当代大学生中树立自强、自立的榜样，激励广大青年学生向身边的榜样学习，依靠榜样的力量来反观自身、完善自我。

经第二十三届"芙蓉学子"大型公益活动执委会研究，我校入选第十五届"芙蓉学子·榜样力量"优秀大学生评选活动实施高校。为确保活动的顺利实施，特制订以下评选方案。

（一）组织领导

为加强对评选活动的领导，确保工作有序开展，学校成立"芙蓉学子·

榜样力量"优秀大学生评选活动组委会，组委会由领导小组和评审小组组成，组委会办公室设在校团委，负责活动的组织、宣传、实施及总结上报工作。

"芙蓉学子·榜样力量"优秀大学生评选活动共设 5 个奖项，分别为："芙蓉学子·社会实践奖""芙蓉学子·自强不息奖""芙蓉学子·公益行动奖""芙蓉学子·道德风尚奖""芙蓉学子·学术科研奖"。

根据各奖项规定名额，学校在规定时间内完成评选活动，并将拟获奖个人（团体）的申请表和汇总表寄至湖南省青少年发展基金会，湖南省青少年发展基金会收到资料审核确认后拨付奖金。

（二）评选条件

我校正式学籍的全日制本科生、研究生或由他们组成的团体，且在校连续学习一学年以上，符合下列条件者均可申请。

1. 基本条件

（1）个人或团体成员热爱祖国，拥护党的领导，思想上积极追求进步，具有坚定正确的政治立场及科学的人生观、世界观和价值观。

（2）个人或团体成员遵纪守法，团结同学，尊敬师长，关心集体，热爱劳动，德才兼备，品学兼优，身心健康，在同学中有很大影响，享有较高威信，没有受过校级及以上处分或处罚。

以个人申报的还要满足以下条件：

①努力学习，刻苦钻研，必修课程成绩平均 75 分以上（含75分）。

②在校期间曾获得校级（含）以上"优秀学生奖学金""三好学生""优秀党员""优秀团员""优秀学生干部""优秀团干"中的两项以上（含两项）荣誉。

③积极参加体育锻炼，达到大学生体育合格标准（特殊情况除外）。

（3）往届获得过此奖项的个人或团队不再参加本次评选活动。

2. 具体条件

（1）芙蓉学子·社会实践奖：积极参与学校及以上官方组织立项的社会实践团队及社会调研项目；个人或参与的团队（调研项目）获省级以上奖励或团队的调研报告（成果）获得省级以上奖励。

（2）芙蓉学子·自强不息奖：具有坚韧不拔的意志和自强不息的精神，正确面对困难或挫折，勇于面对挑战，在逆境中成长成才，有较强的自我管理、自我约束能力，在学习、生活、工作中取得了优异成绩，事迹突出。曾获得过校园之星——励志之星（含提名奖）者可优先推荐。

（3）芙蓉学子·公益行动奖：具有强烈的社会责任感和奉献意识，参加并作为青年志愿者协会的一员，积极参加公益和志愿服务活动，能够组织带动周围同学参与志愿服务活动，活动效果好；组织、参与志愿服务活动具有典型性与突出性，具有一定社会影响力，获得过校级及以上志愿服务方面奖励。先进事迹获得市（州）级媒体宣传报道或曾获得过校园之星——公益之星（含提名奖）者可优先推荐。

（4）芙蓉学子·道德风尚奖：（至少满足两项）①遵守学校的各项规章制度，在尊敬师长、团结同学、爱护公物等方面有突出事迹者；②在团结互助、拾金不昧、抢险救灾、见义勇为、环境保护等方面有突出事迹者，其事迹在校级以上刊物刊登；③在志愿奉献活动中表现突出，在社会中有一位定点服务的老人或资助失学儿童并积极为灾区或贫困地区献爱心，在同学中具有较大的影响力和模范作用；④抗疫优秀典型和感人事迹，在活动报名截止前，本人事迹在本校的校园媒体或其他社会媒体上有过相关报道或介绍，产生较大社会影响。

（5）芙蓉学子·学术科研奖：（至少满足两项）①参加国家级学科竞赛并取得前六或省级竞赛取得三等奖及以上名次；②主持省级及以上课题1项及以上；③本科生以独著或第一作者身份在省级期刊发表论文1篇及以上，研究生需以独著或第一作者身份在省级期刊发表论文3篇及以上；④公开出版学术专著，且专著内容与本学科相关，以申请者为第一、二作者出版（须通过专家鉴定）；⑤科研成果获省、部级以上奖励或获得科技发明专利（其中论文、专利、成果要以申请者为第一作者，或申请者为第二作者且导师为第一作者，发明专利以取得授权通知书或专利证书为准）。曾获得过校园之星——学习之星、创新创业之星（含提名奖）者可优先推荐。

（三）评选流程

按照统一标准、统一组织、统一流程、统一管理的要求实施本项目，学校评选活动组委会坚持公平、公正、公开的原则开展评选工作。

1. 宣传发动阶段

学校将评选活动的通知及方案在校园内的海报宣传栏或显要位置张贴，并在学校官方网站、微博、微信等公布活动内容。同时各单位要根据文件通知要求把整个活动的目的、意义以及具体实施过程的相关介绍传达给各团总支、团支部。

2. 报名阶段

分为自主报名和组织推荐两种方式报名，申报人（团体）的申报资料（申报表、参评成果证明材料、荣誉证书复印件、学习成绩单、主要事迹材料2000字左右）统一报送至相关学院团总支，联系人为相关学院团总支书记。

3. 资格审查阶段

按照评选方案中的评选条件要求，由活动组委会成员对申报人（团体）的身份及申报材料进行审查。审查无异议的申报人（团体）才能进入评选阶段。

4. 评选阶段

（1）初评阶段

①学院审查、公示及推荐。各单位对本学院通过资格审查的申报人（团体）进行初评，初评结果公示一周无异议后统一向学校推荐候选人，每个学院每个奖项限推荐候选人1人（团体），且每人（团体）只能申请1个奖项。

请各单位根据通知要求时间节点上报申报材料，包括：评选活动申报汇总表、相关的候选人申报材料（申报表、参评成果证明材料、荣誉证书复印件、学习成绩单、主要事迹材料）。

②校级初评。从评审小组中随机抽取11名评委，结合各奖项的评选条件，对各学院推荐的候选人进行评选，按照每个类别奖励名额3∶1的比例评选出候选人（团体）进行公示。

（2）候选人公示

对通过校级初评的候选人（团体）进行公示一周，形式为网上公示和展板公示。若有异议采取实名举报，请在公示时间内将意见反馈至组委会办公室。组委会对举报的情况进行认真调查并作出答复。公示无异议者或经调查没有问题的候选人（团体）可进入投票环节。候选人在公示期最后一天上交终审展示视频，时长5分钟，用于在终选现场播放。视频可以微电影、纪录片、专题片等形式进行展示，应涵盖个人主要事迹，形式新颖，风格独特，有一定的视觉冲击力，具有相应的内涵和表现力。视频采用16：9比例拍摄，画面要求清晰连贯。

（3）投票阶段

投票分为网络投票、班级代表投票、活动评审小组投票三类方式进行。投票总分值为100分，其中网络投票为20分、班级代表投票为20分、活动评审小组投票为60分，三项累计得分为最后得分，根据候选人得分情况及各奖项名额选出拟获奖人员进入结果公示环节。

①网络投票（占20%）

A. 投票方式和时间

在"学校先锋"微信公众号设立"芙蓉学子·榜样力量"优秀大学生评选专栏，对候选人事迹进行网上推荐，并开始为期一周的网上投票。网络投票期间每个微信号只有一次投票机会，对五个奖项类别均需投票，且每个类别限选1名候选人，票数超过1000票（基准票）的候选人可进入网络投票计分环节。

B. 计分方式

网络投票环节，超过1000票得基础分12分，候选人得分（X）＝12+（AX-1000）/（AMAX-1000）＊8（AMAX为该环节最高票数，1000票为基础票，AX为X候选人网络得票数，保留小数点后两位，只舍不入）。

②班级代表投票（占20%）

A. 投票方式和时间

以学院为单位组织各班级（以教务处开设班级数量为准）开展班级代表

投票环节。

首先由各班团支书组织全班同学投票，投票结束后团支书组织工作人员将班级同学投票情况进行统计，统计出每个奖项的该班支持的候选人（团体），该候选人（团体）的得票数须超过班级投票人员半数，支持的候选人（团体）根据每年的名额结合投票数量确定。团支书作为代表填写班级投票统计表，经班主任签字审核后上交至学院团总支汇总，团总支审核无误后上交至活动组委会办公室。

其次由学院团总支将本学院所有班级投票统计表进行汇总，统计好投票班级数及候选人支持班级数，并填写学院班级投票汇总表，汇总表经学院分管学生工作的书记或副书记审核签字后报送到活动组委会办公室。

B. 计分方式

班级代表投票环节，班级代表投票比例值之和最高者得满分（20 分），投票比例值（A）= 学院支持班级数/学院总班级数（所有学院）。

③评审小组投票（占 60%）

A. 投票方式和时间

参加投票的评委由组委会负责从评委小组中进行随机抽取，评委人数应为单数，不低于 11 人。评审小组，根据参评学生提交的个人申报材料、事迹视频及事迹推介等进行综合评定，现场评委采用评委投票方式进行投票，每位评委只能从每类别候选人中选 2 名进行投票。

B. 计分方式

候选人得分（X）= AX/评委数 * 60（AX 为 X 候选人在评审小组投票环节所得票数，保留小数点后两位，只舍不入）。

（4）校级评审结果公示

结合网络投票、班级投票及评审小组投票结果，对拟获奖个人（团体）进行为期一周的公示，形式为网上公示和展板公示。若有异议采取实名举报，并将意见反馈至组委会办公室，组委会对举报的情况进行认真调查并作出答复。公示无异议者或经调查没有问题的拟获奖个人（团体）将上报给湖南省青少年发展基金会。

（四）汇总上报及表彰

（1）在规定的时间内将拟获奖个人（团体）的申请表和汇总表上报到湖南省青少年发展基金会，湖南省青少年发展基金会收到资料进行审核确认后拨付奖金。

（2）活动组委会为每位获奖学生和团队统一制作发放"芙蓉学子·榜样力量"优秀大学生奖励证书和奖杯，学校在规定的时间内举行学校"芙蓉学子·榜样力量"优秀大学生颁奖典礼，典礼邀请湖南中烟工业有限责任公司驻地代表、湖南青少年发展基金会代表参加，典礼将融合视频展播、人物访谈、宣读颁奖词、颁奖表彰等形式，全方位展示获奖学生的先进事迹。

（五）总结及宣传推广

（1）利用校内宣传栏和各类展板、校内外网络媒体等对获奖者优秀事迹进行宣传，并将获奖者优秀事迹汇编成册并进行相关宣传，引导广大同学积极开展向"芙蓉学子·榜样力量"优秀大学生学习活动，营造学先进、赶先进、当先进的良好氛围。

（2）开展学校"芙蓉学子·榜样力量"优秀大学生先进事迹巡讲报告活动，宣传校园先进人物的典型事迹，弘扬青春正能量。

附件二："校园之星"评选活动方案

为加强和改进我校大学生思想政治教育工作，培育和践行社会主义核心价值观，在当代大学生中树立一批可亲、可敬、可信、可学的榜样，并发挥"典型示范、榜样带动"作用的优秀大学生。从2015年起，我校根据学校实际情况和学生特点设立了学校"校园之星"评选活动，此活动每年评选一次，已成为我校大学生典型评选品牌活动。

（一）组织领导

为加强对评选活动的领导，确保工作有序开展，学校成立"校园之星"优秀大学生评选活动组委会，组委会由领导小组和评审小组组成，组委会办公室设在校团委，负责活动的组织、宣传、实施及总结工作。

（二）评选类别及奖励

学校"校园之星"分为道德校园之星、励志校园之星、学习校园之星、创新创业校园之星和公益校园之星五类。每个类别评选 1 名"××校园之星"，授予荣誉证书和 2000 元奖金；每个类别评选 2 名"××校园之星提名奖"，授予荣誉证书和 1000 元奖金。若在评选候选人中无符合评选条件的类别可不评定。

（三）评选条件

我校正式学籍的全日制本、专科生和研究生，且连续学习一学年以上，符合下列基本条件并具备具体条件之一者均可申请。特殊学生的评选条件经组委会研讨商议后可适当放宽。

1. 基本条件

（1）热爱祖国，拥护党的领导，思想政治上积极要求进步，具有坚定正确的政治立场及科学的人生观、世界观和价值观。

（2）遵纪守法，团结同学，尊敬师长，关心集体，热爱劳动，德才兼备，品学兼优，身心健康，在同学中有很大影响，有较高威信。

（3）努力学习，刻苦钻研，必修课程成绩平均 75 分以上（含 75 分）。

（4）在校期间曾获得校级（含）以上"优秀学生奖学金""三好学生""优秀党员""优秀团员""优秀学生干部""优秀团干"中的两项以上（含两项）荣誉。

（5）积极参加体育锻炼，达到大学生体育合格标准（特殊情况除外）。

（6）本人事迹在校园媒体或其他社会媒体上有过相关报道或介绍，取得较大反响。

（7）往届"校园之星"获得者不再参加本次活动。

2. 具体条件

（1）道德校园之星：具有良好的公德意识、强烈的责任意识，在助人为乐、见义勇为、诚实守信、孝老爱亲、文明礼仪推广等方面事迹突出。积极主动参加校级"文明修身工程"活动。其先进事迹获得市（州）级媒体宣传报道者可优先推荐。

(2) 励志校园之星：具有中华民族艰苦奋斗的优良传统品质，面对家庭的贫困、自身的疾患或残疾以及突如其来的打击或挫折，能够以巨大的勇气接受困难挑战，身处逆境却有积极乐观的心态，对待生活、学习有坚韧不拔的意志和百折不挠的拼搏精神，有较强的自我管理、自我约束能力，成绩优良，事迹突出。

(3) 学习校园之星：具有端正的学习态度、明确的学习目的，勤学善思，能带动所在班级或专业形成良好学习氛围，积极推动学风建设，且在本学历学习期间满足以下两项及以上条件：①学习成绩。必修课程学习成绩在本年级本专业前十名；英语六级考试成绩在 425 分及以上（其中艺体专业及专科学生英语四级考试成绩在 425 分及以上）。②专业竞赛成绩。参加与本专业相关的国家级竞赛取得前六或省级比赛取得三等奖及以上名次。③科研成绩（满足一项皆可）。主持省级及以上课题 1 项及以上；以独著或第一作者身份在省级期刊发表论文 1 篇及以上（研究生需以独著或第一作者身份在省级期刊发表论文 3 篇及以上）。④公开出版学术专著，以申请者为第一、二作者出版（须通过专家鉴定）。⑤科研成果获省、部级以上奖励或获得科技发明专利（其中论文、专利、成果要以申请者为第一作者，或申请者为第二作者且导师为第一作者，发明专利以取得授权通知书或专利证书为准）。

(4) 创新创业校园之星：具有强烈的创新意识和创业能力，勇于投身创业实践，在青年学生中具有较强的代表性和示范带动作用，创新创业行为取得阶段性成绩，有一定的社会影响，以创业促就业，在创新性和市场潜力等方面实绩突出。在各类创业比赛或在"挑战杯"课外学术科技作品竞赛中获得过省级二等奖及以上奖励。

(5) 公益校园之星：具有强烈的社会责任感和奉献意识，参加并作为青年志愿者协会的一员，积极参加公益和志愿服务活动，能够组织带动周围同学参与志愿服务活动，活动效果好；组织、参与的志愿服务活动具有典型性与突出性，具有一定社会影响力。获得过校级"优秀志愿者"荣誉称号，其先进事迹获得市（州）级媒体宣传报道者可优先推荐。

（四）评选流程

按照统一标准、统一组织、统一流程、统一管理的要求实施本项目，学校评选活动组委会坚持公平、公正、公开的原则开展评选工作。

1. 宣传发动阶段

学校将评选活动的通知及方案在校园内的海报宣传栏或显要位置张贴，并在学校官方网站、微博、微信等公布活动内容。同时评选活动组委会办公室专门下发文件至各学院团总支，把整个活动的目的、意义以及具体实施过程的相关介绍传达给各团总支、团支部。

2. 报名阶段

分为自主报名和组织推荐两种方式报名，申报人的申报资料（申报表、参评成果证明材料、荣誉证书复印件、学习成绩单、主要事迹材料）统一报送至相关学院团总支，联系人为相关学院团总支书记。

3. 资格审查阶段

按照评选方案中的评选条件要求，由活动组委会成员对申报人的身份及申报材料进行审查。审查无异议的申报人才能进入评选阶段。

4. 评选阶段

（1）学院初评

学院审查、公示及推荐。各单位对本学院通过资格审查的申报人进行初评，初评结果公示无异议后统一向学校推荐候选人，每个学院每个奖项限推荐候选人1人，且每人只能申请1个奖项。

请各单位根据通知要求时间节点上报申报材料，包括：评选活动申报汇总表、相关的候选人申报材料（申报表、参评成果证明材料、荣誉证书复印件、学习成绩单、主要事迹材料）。

（2）校级初评

校团委委员根据公平、公正、客观的原则，从评审小组中随机抽取评委，结合各奖项的评选条件，对各学院推荐学生的申请材料（个人先进事迹、获奖情况等方面）综合评分，对各学院推荐的候选人进行评选，按照每个类别奖励名额3：1的比例评选出候选人（团体）进行公示。

（3）候选人公示

对通过校级初评的候选人（团体）进行公示一周，形式为网上公示和展板公示。若有异议采取实名举报，请在公示时间内将意见反馈至组委会办公室。组委会对举报的情况进行认真调查并作出答复。公示无异议者或经调查没有问题的候选人（团体）可进入投票环节。候选人在公示期最后一天上交终审展示视频，时长5分钟，用于在终选现场播放。视频可以微电影、纪录片、专题片等形式进行展示，应涵盖个人主要事迹，形式新颖，风格独特，有一定的视觉冲击力，具有相应的内涵和表现力。视频采用16：9比例拍摄，画面要求清晰连贯。

（4）投票阶段

投票分为网络投票和活动评审小组投票两类方式进行。投票总分值为100分，其中网络投票为20分，活动评审小组投票为80分，两项累计得分为最后得分，根据候选人得分情况及各奖项名额选出拟获奖人员进入结果公示环节。

①网络投票（占20%）

A. 投票方式和时间

在"学校先锋"微信公众号上设立"校园之星"评选专栏，对候选人事迹进行网上推荐，并开始为期一周的网络投票。网络投票期间每个微信号只有一次投票机会，对五个奖项类别均需投票，且每个类别限选1名候选人，票数超过1000票（基准票）的候选人可进入网络投票计分环节。

B. 计分方式

网络投票环节，超过1000票得基础分12分，候选人得分（X）＝12+（AX-1000）/（AMAX-1000）＊8（AMAX为该环节最高票数，1000票为基础票，AX为X候选人网络得票数，保留小数点后两位，只舍不入）。

②评审小组投票（占80%）

A. 投票方式和时间

参加投票的评委由组委会负责从评委小组中进行随机抽取，评委人数应为单数。评委根据候选人综合表现进行投票，每位评委只能从每个类别候选人中选 1 名进行投票。

B. 计分方式

候选人得分（X）= AX/评委数 * 80（AX 为 X 候选人在评审小组投票环节所得票数，保留小数点后两位，只舍不入）。

（5）校级评审结果公示

结合网络投票和评审小组投票结果，对拟获奖个人进行为期一周的公示。若有异议采取实名举报，并将意见反馈至组委会办公室，组委会对举报的情况进行调查并作出答复。公示无异议者或经调查没有问题的进行表彰。

5. 表彰宣传阶段

（1）将举行学校"校园之星"颁奖典礼，典礼将融合视频展播、人物访谈、颁奖表彰等形式，全方位展示获奖学生的先进事迹。

（2）利用校内宣传栏和各类展板、校内外网络媒体等对评选出的"校园之星"及其优秀事迹进行宣传。

（3）将"校园之星"先进事迹汇编成册并进行相关宣传，引导广大同学积极开展向"校园之星"学习活动，营造学先进、赶先进、当先进的良好氛围。

（4）组建"校园之星"先进事迹巡讲团，在新生入校后开展"校园之星"先进事迹巡讲报告活动，宣传校园先进人物的典型事迹，弘扬青春正能量。

五、校园文化活动管理办法

校园文化活动是培育和践行社会主义核心价值观、实现立德树人教育目标的重要载体，是丰富广大青年学生的第二课堂，促进青年大学生健康成长成才的重要的教育方式。为进一步加强校园文化建设，强化品牌意识，整合校内外资源，推进"一校一工程""一院一品牌""一社一特色"校园文化活动新常态，激发基层团组织活动力，规范校园文化活动的日常管理，提升活动的质量，优化经费使用效益，特制定本办法。

（一）指导思想

高举中国特色社会主义理论伟大旗帜，深入贯彻落实党的十八届三中、四中、五中全会精神，以及习近平总书记系列重要讲话精神，努力打造一批具有一定影响力的校园文化品牌活动，丰富大学生的第二课堂，提升校园文化活动的品位与品质，不断满足大学生的发展需求，用优秀的文化引领青年，用丰富的活动凝聚青年，为社会主义事业培养合格的建设者和接班人。

（二）总体要求

（1）校园文化活动的组织开展须遵循国家的法律、法规，以及校内的有关管理制度。如有违反，一律按有关规定严肃处理。

（2）校园文化活动的内容和形式，应紧紧围绕青年学生健康成长成才这一中心，要弘扬主旋律，打造积极向上的校园文化活动品牌。

（3）各基层团组织、学生组织、学生社团，应在上级团组织及指导老师的指导下，制订年度校园文化活动的开展计划，有步骤地安排和实施。

（4）各项活动的组织实施须做好安全预案，确保师生的安全，超过500人以上的大型活动需按有关程序向学校相关部门报备。

（5）校园文化活动的经费使用，应遵守学校财务管理的有关制度和团委工作经费的管理办法。

（三）校园文化活动的分类

（1）按活动的覆盖面分类：面向全校学生的校级活动、面向本学院学生的院级活动及面向社团社员的社团活动。

（2）按活动的内容分类：思想引领、组织建设、学术科技、文艺体育、实践服务、创新创业、权益维护、其他。

（四）校级校园文化活动的管理

全校性的校园文化活动主要由校团委组织实施，学院及团委认可的学生群团组织可进行申报领办。校级校园文化活动实行项目化管理，具体内容如下。

1. 组织机构及职责

（1）成立活动评审小组及活动监督小组。

（2）活动评审小组由从事团学工作和教育管理工作的领导、专家老师及学生代表组成，办公室设在团委，主要负责活动审批及评估验收工作。

（3）活动监督小组由团委学生委员和学生会学生干部组成，主要负责对审批通过的校园文化活动的实施过程进行监督。

2. 活动的申报审批及要求

（1）撰写活动策划方案，提交指导老师指导。

（2）指导老师审核指导通过的活动填写"校园文化活动申报书"。

（3）共青团重点工作项目领办的，请在活动开始前一周内将最终完善的"校园文化活动项目申报书"上交；日常活动申报的，请在每周周三前将"校园文化活动项目申报书"上交至团委办公室，由团委办公室汇总登记，提交活动评审小组，统一评审。

（4）经批准立项的校园文化活动项目，由团委办公室统一编号，下发立项通知单，并将意见反馈至申请单位，预支60%活动经费。

（5）活动项目实施结束后15日内须完成活动总结及相关资料汇总，填报"校园文化活动结项书"，并上交至团委办公室，电子结项材料按要求发送至校团委邮箱。

（6）活动项目实施结束后7日内项目评审组对项目完成的质量、活动上交资料完成情况进行评估验收，验收合格的按照经费要求划拨剩余40%的活动经费。验收不合格的项目扣留活动经费，并取消下一年度申报活动资格。

（7）支持领办单位在开展项目的同时产出与项目相关的文化产品（视频、光碟、资料汇编册等），校团委将根据各领办单位产出文化产品的数量及质量进行审核评估，并给予追加额外"文化产品"奖励经费。

（8）项目审批后，如遇不可抗力或其他原因，致使活动不能如期进行，申请人需及时报告并调整活动时间，撤销的活动需退还预支的活动经费。

3. 活动优秀工作者申报与管理

经批准立项的校园文化活动项目可根据活动实际需要和工作人员实际表

现评选校园文化活动"优秀工作者",在结项时按照工作人员总数的20%比例进行评选,并填写"校团委荣誉证书申请发放汇总表"提交校园文化活动监督小组审核,荣誉证书在学期末统一发放。

附件一:2020年大学生校园文化特色项目申报的通知

为加强校园文化建设,营造形式多样、健康向上、格调高雅的校园文化活动氛围,根据《共青团××大学2020年工作要点》,现开展2020年大学生校园文化特色项目申报工作,具体通知如下。

（一）指导思想

深入学习贯彻习近平新时代中国特色社会主义思想和党的十九大、十九届二中、三中、四中全会精神,全面落实共青团的十八大工作部署,整合校内资源,激发基层组织活力,助推我校青年学生健康成长成才,团结引领广大青年在全面建成小康社会收官之年展现青春风采,做出积极贡献。

（二）申报范围指南

（1）做好疫情防控期间青年学生的思想引导。

（2）组织团员青年学习习近平总书记系列讲话精神有关活动。

（3）培育和践行社会主义核心价值观教育活动。

（4）传承中华优秀传统文化教育系列活动（学习强国知识竞赛）。

（5）"决胜脱贫攻坚,坚定制度自信""青春心向党·奋力建小康""读懂中国——全面小康,奋斗有我"等主题教育活动。

（6）"青年之声"主题沙龙系列活动。

（7）民族团结教育系列活动。

（8）廉政文化进校园教育活动。

（9）活力团支部创建活动。

（10）以选树典型、宣传榜样为主的团员先进性教育活动。

（11）大学生文明素质养成系列活动。

（12）尊重学生主体地位,维护学生合法权益,引导学生积极为学校建设发展建言献策的系列活动。

（13）大学生"走下网络、走出宿舍、走向操场"主题群众性课外体育锻炼相关活动（民族健身操比赛）。

（14）社会实践和志愿服务系列活动。

（15）校园文化创意产品征集活动。

（16）围绕团总支工作实际，结合学院学科特色、学生特点的其他特色活动。

（三）申报步骤

（1）项目申请。参照"申报范围指南"，结合工作实际，各团总支、学生会可申报不超过 2 项特色项目。申报单位按要求拟写活动策划书，填写"2020 年校园文化特色项目申报表"，10 月 28 日前将活动策划书及申请表格电子版发送至校团委邮箱，无须交纸质版。

（2）项目评审及立项。由校团委委员组成评审组，对所有申报项目进行审核、评选，最终确定一批符合条件、切实可行、特色突出的项目予以立项。

（3）项目开展。项目立项后，各申报单位于立项通知下发后一周内完善活动策划书并填写"××大学校园文化活动申报书"（在校团委网站上下载），并按照立项通知的时间要求完成项目的实施及总结报告（项目实施的具体要求可查阅"××大学校园文化活动管理办法"）。校团委负责项目实施的协调、指导、督促，对推进效果不佳的项目可进行调整。

（4）结项考核。活动项目实施结束后 15 日内须完成活动总结及相关资料汇总，填报"××大学校园文化活动结项书"（在校团委网站上下载），项目总结考核的具体要求可查阅"××大学校园文化活动管理办法"，校团委将根据活动项目完成的质量审核评估并给予经费报账。

附件二：关于开展 2021 年学生社团特色活动项目申报的通知

为深入学习贯彻党的十九届五中全会和习近平总书记考察湖南重要讲话精神，全面贯彻团十八届五中全会、团省委第十五届六次全会精神，深入推进实施"第二课堂"成绩单制度建设，实现第二课堂活动的科学化、系统化、规范化。充分发挥学生社团育人功能，支持高校学生社团健康有序发展，引导学生社团"重质量、出精品、创特色",发挥学生社团在校园文化建设及学生素质能力拓展等方面的作用。经研究决定,对学生社团活动进行项目化管理,2021年继续开展校级学生社团特色活动项目申报工作。现将有关事项通知如下。

(一)指导思想

深刻把握立德树人的根本任务,推进学生素质教育,以习近平新时代中国特色社会主义思想为指导,结合学校2021年党政工作要点和社团自身特点特色,贴近学生需求,高质量引领、组织和服务广大青年学生为实施湖南省"三高四新"战略贡献青春力量,围绕学习教育、培育和践行社会主义核心价值观、培养良好品德、提升专业素养、锤炼坚强意志、学习习近平总书记在庆祝中国共产党成立100周年大会上的重要讲话精神等方面开展主题鲜明的活动,不断提升社团活动质量,注重社团内涵建设,汇聚青春正能量,充分发挥学生社团活跃校园文化骨干力量的积极作用。

(二)项目的申报

1. 申报对象及申报数量

活动申报对象必须为在学校注册的校级社团(校区学生社团特色活动项目申报由校区团工委组织实施)。各校级学生社团可单独或多个社团联合申报。每个社团以主要负责人身份申报特色活动最多不超过2项。往年申报立项但未完成活动结项的社团不得申报。

2. 申报程序

(1)申报。由社团负责人填写"学生社团特色活动项目申报书",指导老师填写意见并签字后将纸质版交至校学生会办公室,电子版发送至校团委社团管理部邮箱。

(2)初审。由校团委社团管理部对项目申报书进行程序性事项审查。对申报材料是否齐备,是否符合要求等方面作出评判,并对方案的普及性、创新性和可行性做初步评审后递交校团委。

(3)立项。由校团委对项目策划方案、创新性和可行性进行考察,综合评定,确定立项项目及等级(项目等级分重点项目、一般项目、培育项目)。

3. 申报时间

学生社团特色活动按年度进行申报，申报截止时间为 2021 年 5 月 28 日 21：00 前。

（三）项目的资助

为鼓励和保障立项项目的开展，校团委将根据立项项目等级给予活动经费支持（重点项目 2000 元、一般项目 1000 元、培育项目 500 元）。特殊活动可适当增加经费支持。

（四）项目的实施和监督

（1）获得立项的活动项目，填写校园文化活动申报书，按照活动项目申报方案在规定时间内认真实施，如活动内容或进度与原计划相比有较大改动，须及时与校团委社团管理部联系并上交情况说明。

（2）获得立项的活动项目须在挂靠单位或指导老师的指导下完成活动的实施。

（3）校团委社团管理部将对学生社团活动项目的实施情况进行全程监督和评议。

（五）项目的验收

（1）项目实施结束后，项目负责人应尽快对活动进行总结，形成活动总结材料（不低于 1500 字的活动总结、图片、宣传报道截图、视频、获奖名单等材料），向校团委社团管理部申请验收，校团委将根据验收结果给予项目经费支持。

（2）年末，校团委将根据项目实施效果，评选优秀示范项目，予以表彰，并通过优秀示范项目展示，推动我校整体社团活动水平的提高。

（3）获得立项的项目，如果在项目实施过程中存在杜撰成果、欺骗等行为，将不予报销经费并给予相应处分。

（4）社团活动项目开展情况及验收结果将作为社团评优和考核的重要依据。

（六）工作要求

（1）各社团要充分结合立项要求，为继续优化校园文化活动品牌化建设，以推进实施"第二课堂"成绩单制度建设，实现第二课堂活动的科学化、系统化、规范化，设计项目内容，着重推出具有社团特色、适宜长期开展的精品活动。

（2）鼓励社团充分利用校内资源，立足校内，寻求机会加强社团、学院和相关职能部门之间的合作和交流。

（3）社团应该紧密结合本社团的特色和会员需求，打造特色鲜明、质量上乘的以中小型社团活动为主的品牌活动，全心全意服务社团会员，在活动中首先保证本社团的会员受益。不支持社团申报超出本社团人力、财务范围的不切实际的大型活动。

六、关于开展第十四届中华优秀传统文化教育月系列活动的实施方案

为深入学习贯彻习近平总书记关于弘扬中华优秀传统文化的重要论述，全面贯彻中共中央办公厅、国务院办公厅下发的《关于实施中华优秀传统文化传承发展工程的意见》要求，进一步完善我校的德育工作体系，助推学生自强不息、敬业乐群、扶危济困、见义勇为、孝老爱亲等中华传统美德的形成，特举办第十四届中华优秀传统文化教育月系列活动，有关通知如下。

（一）活动时间

2019 年 10 月至 11 月底。

（二）活动对象和组织实施

学校全日制在读学生。校区学院由校区团工委根据文件精神，结合校区实际情况，另行组织实施。

（三）活动内容

（1）"国学达人"知识竞赛。本活动以学校分工会为参赛单位，师生共同组队参与，竞赛内容涉及礼制民俗、哲学思想、语言文学、国学典故、古代医学、农学、建筑学、舞蹈戏曲等知识。该赛事与学校"学习强国"知识竞赛合并举行，具体事宜另行通知。

（2）"文化集市"——中华优秀传统文化体验活动。本活动由学生委员

会和学生社团联合举行，于 11 月 16 日、17 日两天在文化广场举行"文化集市"——中华优秀传统文化体验活动，体验内容包括但不限于民族传统体育、手工艺制作、诗词朗诵和创作、舞蹈戏曲演艺等项目。

（3）传承文化，诗词新编。本活动自主报名参赛，参赛选手可通过诗词抄写、演唱、个人解读等方式以视频、音频、图片形式来改编、传唱古诗词。在创编中可结合中华人民共和国 70 年巨变、人民幸福生活、校园正能量传播等内容对古诗词进行改编。参赛的视频、音频、图片必须为原创作品，以视频及音频作为作品的参赛选手，需统一在片头自我介绍（姓名、学号、年级），参赛作品时间在 5~10 分钟，可进行后期剪辑和处理，视频格式为 avi、rmvb、rm、flash、mp4，音频格式为 mp3、wav。参赛作品于 11 月 23 日前以邮件的形式发送到指定邮箱。校团委将对优秀作品通过线上线下方式进行宣传并给予相应奖励。

（四）活动要求

（1）高度重视，加强指导。各团总支、学生分会要充分认识活动的重要意义，切实加强组织领导和指导，制订切实可行的工作方案，认真做好各项工作。

（2）积极筹备，精心组织。承办单位要精心做好活动筹备、宣传和组织工作。各参赛单位要熟悉活动内容及要求，认真准备，确保活动的实际效果。

（3）加强宣传，营造氛围。各团总支、学生分会要积极做好活动的线上线下宣传，充分运用网络、微博、微信等新媒体手段对活动进行全方面宣传和展示，增强中华优秀传统文化教育月系列活动的普及性、广泛性和吸引力、感染力。

附件一："国学达人"知识竞赛活动方案

根据校团发《关于开展第十四届中华优秀传统文化教育月系列活动的通知》文件精神和要求，为引导、激励青年学生继承和弘扬中华优秀传统文化，培养高尚个人品德，主动践行社会主义核心价值观，促进青年学生全面发展，现就"国学达人"知识竞赛活动具体安排如下。

（一）参赛对象

学校全日制在读本科生、预科生。

（二）竞赛内容

竞赛包含预赛和决赛两个环节，预赛环节由各学院组织完成，决赛由校团委、学工部、素质教育中心、宣传部和关工委联合举办。竞赛内容包括中国古代礼制民俗、政治职官、学制科举、哲学思想、语言文学、国学典籍、国学典故、国学大师等知识。

（三）竞赛流程及奖项设置

（1）"国学达人"知识竞赛预赛。各学院自行组织院内预赛，于11月8日前将代表学院参加决赛的3名选手资料上报至校团委办公室。

（2）"国学达人"知识竞赛决赛。决赛第一阶段知识抢答赛于11月9日晚7点在团委青年之家举行，决赛第二阶段挑战争霸赛于11月16日晚7点在团委青年之家举行，比赛规则详见附件二，竞赛内容大部分来源于"国学达人"知识竞赛题库。

（3）奖项设置。"国学达人"知识竞赛决赛产生国学五星达人1名，国学四星达人1名，国学三星达人2名，国学二星达人4名，对获奖选手给予相应证书和奖品奖励。

（四）竞赛要求

各团总支、学生分会要高度重视，把中华传统优秀文化教育作为学生思想教育和活动开展的重要内容，注重培养学生孝亲尊师、明礼诚信、团结友爱、勤俭自强等优秀道德品质，促使广大学生主动参与、主动学习，有效提升青年学生的人文精神和综合素质。

附件二："国学达人"知识竞赛决赛规则

"国学达人"知识竞赛决赛由群英荟萃和英雄挑战两个环节构成，具体规则如下。

（一）知识抢答赛

1. 参赛对象

从"国学达人"知识竞赛预赛中产生的 15 支队伍。

2. 比赛规则

知识抢答赛环节分必答题、抢答题、风险题和加赛题四个部分，其中加赛题部分不是竞赛必答环节，而是若以上三个部分结束后产生两个或两个以上相同分值时，则进行加赛。答题次序抽签决定。

（1）必答题：共 6 题，每题 5 分，每队队员按照序号顺序作答，每人 1 题，不能由队友代答；必答题在主持人读题完毕后，须在 20 秒内答完，否则不得分；必答题答对加 5 分，答错不加分不扣分；选手答题完毕后，应宣布"答题完毕"。

（2）抢答题：共 15 题，每题 10 分，答对加 10 分，答错不扣分；主持人读题完毕，宣布"答题开始"后，各队方可按抢答器，在主持人宣布"答题开始"前，抢答器响为犯规，扣 5 分；获得答题权后，该队须在 20 秒内完成答题，否则视同答错；选手应尊重主持人的裁判。如对宣判有异议，原则上应由领队向评委会提出申诉；选手答题完毕后，应宣布"答题完毕"。

（3）风险题：为 5 分值、10 分值和 20 分值三种类型，各队可根据成绩选择作答题目的分值，也可以选择放弃；选手根据情况选择一个分值的题目作答，答对加上所选分值分数，答错则扣除相应分数；风险题可以由队伍三名选手在 20 秒内共同完成；选手答题完毕后，应宣布"答题完毕"。

（4）加赛题：共 10 题，每题 5 分；答对加 5 分，答错不加分不扣分；进入加赛部分的答题队伍每轮可在加赛题题库的 10 个题目中任选一题作答；当答题队伍所答题数相同且已分出胜负时，则比赛结束；若分数仍相同，则进入下一轮；答题队伍在主持人读题完毕后 20 秒内做出回答；选手答题完毕后，应宣布"答题完毕"；加赛部分所得分数不作为队伍所获得分数带入英雄挑战环节。

3. 晋级规则

在知识抢答赛环节中分数前 8 名的队伍进入挑战争霸赛环节。

（二）挑战争霸赛

1. 参赛对象

知识抢答赛环节中分数前 8 名的队伍。

2. 比赛规则

本环节将参赛队伍分为挑战者和被挑战者两种不同身份，首位挑战者队伍为参赛 8 支队伍中分数（知识抢答赛环节得分）最低的队伍，由挑战者队伍在备选队伍中任选一支队伍作为被挑战者进行比赛。挑战者和被挑战者队伍各派一名队员同时用答题板答题，若答错则该名队员被淘汰，由本队其他队员递补参赛，直至某队三名队员全部被淘汰为止，还留有队员的队伍获胜。若挑战者队伍胜出则获得被挑战者队伍分数，下一轮挑战者队伍则为当前所有队伍分数最低者担任。

3. 名次排列

根据各队伍最终得分评定名次。

注：比赛规则最终解释权归"国学达人"知识竞赛组委会所有，比赛中因设备等不可控因素造成不便裁决的现象由竞赛评委会讨论决定。

七、开展第四届"培育和践行社会主义核心价值观"主题辩论赛活动的实施方案

为贯彻落实共青团中央书记处关于"用社会主义核心价值观培育当代新青年"的指示与精神，组织引导广大青年学生更好地弘扬和践行社会主义核心价值观，学校决定开展第四届"培育和践行社会主义核心价值观"主题辩论赛活动，相关要求如下。

（一）活动主题

众志成城战疫情，青年共赴展风采。

（二）参赛对象

全日制在读在籍学生。

（三）赛事安排

1. 比赛时间

11 月 22 日晚 7 点至 9 点：初赛 16 进 8。

11 月 28 日晚 7 点至 9 点：复赛 8 进 4。

12 月 7 日晚 7 点至 9 点：半决赛 4 进 2。

12 月 15 日晚 7 点至 9 点：决赛暨颁奖典礼。

2. 参赛方式

（1）每个学院选派一支队伍，每队参赛队员为 4 人（包含 1 位队长）。

（2）各参赛队在 11 月 19 日中午 12：40 之前完成报名，并于 11 月 19 日 12：40 之前将电子版报名表发送至组委会，纸质版报名表交至组委会办公室。各参赛队伍队长于 11 月 19 日下午 13：00 之前前往指定地点进行抽签，确定分组情况、在组序号和正反方。

3. 评判机制

（1）评委构成：本次比赛将聘请相关专家、领导、校团委委员组成评判委员会。

（2）胜负判定：每场比赛的胜负评判均由参赛队伍现场答题综合得分相加，分数最高者获胜。两队比分相同时，则启用加时赛赛程，答题综合得分最高者胜；决赛队伍通过微信公众号投票产生优秀组织奖。

（3）申诉机制：参赛队伍可以就评判程序问题向组委会提出申诉，组委会审查后将做出相应处理。

4. 奖项设置

本次比赛分设集体奖项和个人奖项，集体奖项设冠军 1 个、亚军 1 个、季军 2 个（半决赛负者）、优秀组织奖 1 个，个人奖项设优秀辩手 4 名、优秀工作者 15 名，获奖者可获得相应奖励。

（四）注意事项

（1）各参赛队伍要准确把握参赛时间安排，不得迟到，迟到十五分钟以上视为弃权；选手应着正装参赛，严格遵守赛事规则，注意文明礼貌，不得出现人身攻击性言语，不得采取暴力手段，初次违反者由主办单位做出口头警告，并按照团体总分的5%扣分，再次违反者将取消参赛资格。

（2）各学院应组织一定数量同学观看比赛，营造良好赛场氛围，可准备适当的宣传道具、标语口号等，但不得影响比赛现场的正常秩序，做到文明观赛。

（3）各学院要重视比赛期间的宣传工作，进一步扩大赛事影响，微信公众号将展示赛况，开展相关现场互动活动，并将活动开展情况作为评选组织奖的重要依据。

附件一：第四届大学生"培育和践行社会主义核心价值观"主题辩论赛赛制

本赛制共包含八个环节，总计时三十九分钟。

（1）正方一辩发言，时间为三分三十秒。论据内容充实清晰，引述资料恰当。

（2）反方一辩发言，时间为三分三十秒。论据内容充实清晰，引述资料恰当。

（3）反方四辩质询正方一辩，时间为一分三十秒，反方四辩手须针对正方一辩的立论进行针对性盘问。答辩方只能作答不能反问，而质询方有权在任何时候中止答辩方。

（4）正方四辩质询反方一辩，时间为一分三十秒。正方四辩手须针对反方一辩的立论进行针对性盘问，答辩方只能作答不能反问，而质询方有权在任何时候中止答辩方。

（5）反方二辩针对对方立论做驳论，时间二分钟。

（6）正方二辩针对对方立论做驳论，时间二分钟。

（7）正方二辩与反方二辩对辩，时间各一分三十秒，双方以交替形式轮流发言，辩手无权中止对方未完成的言论。双方计时将分开进行，一方发言时间完毕后另一方可继续发言，直到剩余时间用完为止。

（8）正方三辩质询，时间二分钟（含回答方时间）。三辩可以质询对方任何辩手（除了对方三辩）。答辩方只能作答不能反问，而质询方有权在任何时候中止答辩方。

（9）反方三辩质询，时间二分钟（含回答方时间）。三辩可以质询对方任何辩手（除了对方三辩）。答辩方只能作答不能反问，而质询方有权在任何时候终止答辩方。

（10）正方三辩质询小结，时间一分三十秒。小结是对质询环节的总结，需针对质询时的交锋内容与回答进行反驳。

（11）反方三辩质询小结，时间一分三十秒。小结是对质询环节的总结，需针对质询时的交锋内容与回答进行反驳。

（12）自由辩论，时间各四分钟。由正方开始发言。发言辩手落座为发言结束，即为另一方发言开始的计时标志，另一方辩手必须紧接着发言；若有间隙，累积时照常进行。同一方辩手的发言次序不限。如果一方时间已经用完，另一方可以继续发言，也可以向主席示意放弃发言。

（13）反方四辩总结陈词，时间为三分三十秒。

（14）正方四辩总结陈词，时间为三分三十秒。

附件二：第四届大学生"培育和践行社会主义核心价值观"主题辩论赛评判机制

1. 评委构成

本次比赛将聘请相关专家、领导，组成评判委员会。

2. 胜负判定

每场比赛的胜负评判由评委的综合分相加，去掉最高分、最低分，分数最高者获胜。两队比分一致时，则不去掉最高分、最低分；优秀组织奖从复赛队伍中通过微信公众号投票产生。

3. 申诉机制

参赛队伍可以就评判程序问题向组委会提出申诉，组委会审查后将做出相应处理。

4. 评分标准

（1）团体部分，以全国大学辩论赛的通行办法为准，共300分，其中辩论阶段评分200分，具体为：陈词30分，攻辩40分，攻辩小结20分，自由辩论60分，回答观众提问20分，总结陈词30分。综合印象分100分，具体为：语言风度50分，团体配合与临场反应50分。

（2）辩手个人得分，每场总计100分，具体为：语言表达20分，整体意识20分，逻辑推理20分，辩驳能力20分，综合印象20分。

5. 评分细则

团体部分：

（1）审题准确把握辩题内涵和外延，对所持立场能多层次、多角度理解，论点鲜明，对本方难点能有效处理和化解。

（2）对辩题的理解和论述能在广度上展开，在深度上推进，整个辩论过程条理清晰，能给人以层层递推的美感。

（3）辩驳提问抓住对方要害，问题简单明了；回答直面问题，有理有据，注重针对辩题正面交锋。

（4）具有团体精神，队员间相互支持配合，辩论衔接流畅，方向统一，攻守兼备，自由辩论时发言错落有致，体现"流动的整体意识"。

（5）普通话标准，抑扬顿挫，语言流畅，富有感染力，体现汉语的优美。

（6）比赛中尊重对手，尊重主席、评委和观众。举止得体，显示出良好的道德修养，敢于创新，勇于表现，具有本队特有的风格，并贯穿全局。

（7）形象着装整齐，仪表大方，体现出良好的风度和气质。

个人部分：

（1）陈词流畅，说理透彻，用语得体。

（2）提问合适，回答中肯，反驳有力，反应机敏，幽默风趣中寓见解。

（3）有较好的台风和辩风。

八、开展加强大学生文明素质教育养成活动的实施意见

为深入贯彻落实党的十八大和十八届三中全会精神，全面贯彻党的教育方针，把立德树人作为教育的根本任务，深入推进立人素质教育，进一步提升大学生的文明素养，推动校园文明建设，促进大学生健康成长成才，经学校研究，决定在全校范围内开展加强大学生文明素质教育养成活动。具体实施意见如下。

（一）指导思想和总体目标

1. 指导思想

以马列主义、毛泽东思想、邓小平理论、"三个代表"重要思想、科学发展观为指导，全面贯彻党的教育方针，紧紧把握素质教育主题，以立德树人为根本任务，扎实推进立人素质教育，进一步提高大学生文明素质，促进大学生全面发展，提升我校校园文明水平。

2. 总体目标

通过进一步加强大学生文明素质养成教育，建立和完善提升大学生的文明素养与学生文明养成长效工作机制，提升校园文明水平，促进大学生全面发展。具体表现为：学生文明素质进一步提升，校园文明水平显著提高。

（二）组织机构

成立学校开展加强大学生文明素质教育养成活动领导小组。

领导小组办公室设在学生工作部，办公室主任兼任。

（三）主要内容

（1）科学知识教育，重在学科常识。崇尚科学，不封建迷信，不传教。加强科学和人文知识的教育学习活动，掌握学科常识和人文知识，努力提高科学精神和人文素养。

（2）卫生常识教育，培养学生良好的卫生习惯。注重个人卫生，勤洗头、勤洗澡、勤换衣。注意食品卫生，不吃过期变质的食品。注重公共区域清洁卫生，不随地吐痰，不乱扔垃圾，不乱贴乱画，自觉维护生活和学习环境的干净与整洁。

（3）和谐人际关系教育。要学会与人相处交往，同学间相处要以诚相待，互相尊重，宽以待人。遇事要冷静，主动沟通，多换位思考，多一些理解，多一些包容。坚决禁止吵闹、挑拨是非、打架斗殴等影响团结的现象发生，建立和谐文明的宿舍、班级、朋友和恋爱关系。生活学习中，要团结友爱，互相帮助。

（4）文明礼貌教育。使用文明用语，注重文明礼仪；着装打扮得体，不奇装异服，不蓬头垢面，不着宗教服饰；公共场合注意自己的言行，不做有损大学生形象的事，不做有违文明和道德风尚的事，不做违法违纪的事；生活中互相谦让，以礼相待。

（5）勤俭节约教育。发扬艰苦奋斗的精神，勤俭节约，不铺张浪费，做到人走灯灭，节约用水，用餐倡导光盘行动，尽量不使用易产生白色污染的一次性用品。生活简朴，不奢侈，不浪费，不攀比。

（6）安全常识教育。安全意识警钟长鸣，遵守国家法律法规和校纪校规。切实防火防盗，不在寝室违规使用大功率电器，人走断电，注意用电安全；注意个人财务安全，银行卡、贵重物品妥善保管，密码、身份证、学生证等重要物件的信息做好保密。交通安全教育，不无照驾车，不酒后驾车，不超速，不违章，遵守交通规则，过马路走斑马线。防骗教育，不轻信网络、电话、短信等虚假信息，不贪便宜，不存侥幸心理，不轻信陌生人，不私自校外住宿，不带校外人员进宿舍。

（7）心理健康教育。塑造积极向上的人生态度，做到乐观开朗、不钻牛角尖。不张狂、不自卑，面对生活、学习、工作中的困难，积极应对，学会减压，遇事主动倾诉，寻求帮助。

（四）基本方式

（1）专题讲座。通过邀请校内外专家讲学，宣讲科学、人文思想和文明礼仪，普及常识，增强科学、人文意识。

（2）班团会。通过开展主题班团会，激发学生崇尚科学和文明的意识与觉悟，通过大学生广泛参与，结合实际，践行文明举止，充分发挥学生主体作用。

（3）媒体宣传。通过网络、校报、校园 LED 屏等媒介，宣传文明用语，展出校园文明公益广告，曝光不文明现象，让文明的意识深入人心。

（4）主题活动。开展文明标语征集，并将标语应用于校园各类场馆，营造文明氛围，引导学生言行；举办微博、微电影创作比赛，浓缩和展示校园文明现象，倡导文明之风；开展主题辩论赛、校园文明短剧比赛，端正文明态度，培养文明意识，树立文明作风，践行文明举止。

（5）文明创建。以寝室文明、食堂文明、教育文明、图书馆文明、校园环境文明为重点，开展各种创建活动。

（五）工作要求

（1）加强领导，提高认识。各学院、各职能部门要充分认识创建活动的重要性，增强创建工作的紧迫感和责任感，充分发挥学生的主体作用，确保创建工作高质量完成。

（2）强化责任，明确分工。各学院、各职能部门要按照目标任务，细化工作方案，落实责任分工，组织宣传发动，并将创建工作计划和分工情况及时上报。

（3）加强监督，提高实效。学校将对此项活动定期和不定期地予以督导检查。对于思想不重视、工作走过场的，将予以通报。对于创建活动有创新、有特色的经验做法，将予以宣传推广；对不文明的言行要通报，并纳入学生的综合测评。

（六）检查与评估

（1）2013 年起此项工作将纳入学生工作、共青团工作的年终考核，作为学院以上两项工作年终考核的重要指标。

（2）开展文明班级、文明寝室、文明先锋的评比活动，获奖单位和个人将获得一定的精神与物质奖励。

九、"弘扬雷锋精神，谱写志愿华章"三月学雷锋活动的实施方案

为弘扬和传承雷锋精神，推动学雷锋志愿服务活动常态化，积极培育和践行社会主义核心价值观，提升大学生思想道德素质。引导大学生踊跃参与志愿服务活动，发扬奉献、友爱、互助、进步的志愿服务精神，校团委决定在全校组织开展"弘扬雷锋精神，谱写志愿华章"三月学雷锋系列活动。现制订活动实施方案如下。

（一）活动主题

弘扬雷锋精神，谱写志愿华章。

（二）活动时间

2019 年 3 月。

（三）活动内容

1. "书写新时代雷锋故事"主题团日活动

以团支部为单位组织开展"书写新时代雷锋故事"主题团日活动，开展观看雷锋系列影片、学习了解雷锋事迹、续写雷锋日记、撰写歌颂雷锋文章诗词、讲谈雷锋精神，进行一次有深度、有温度、有高度的雷锋精神学习和分享的主题团日活动，强化青年学生志愿服务和奉献精神。

2. "雷锋情、青春行"志愿服务实践活动

各团总支应结合自身特点，依托专业特色，积极开展形式多样的学雷锋青年志愿服务实践活动。

（1）开展"共建蓝天，绿色祖国"公益环保活动。围绕世界森林日、世界水日、世界气象日等重要时间节点，组织开展"节约一滴水、一度电、一张纸、一粒米"等节约资源活动，组织开展"爱绿、植树、护绿"和"垃圾不落地"等系列活动，促进全民树立环保意识，以实际行动来改善生态环境，共建蓝天绿水。

（2）开展"孝善敬老、关爱特殊群体"爱心服务活动。开展关爱空巢老人、关爱留守儿童、关爱困难师生、关爱残疾人等志愿服务活动，为他们提供健康咨询、家政服务、医疗保健、法律服务、文体活动、心理辅导等服务活动，提倡提供劳务、技能等服务。

（3）开展"平安校园、健康成长"安全志愿服务活动。组织志愿者在上下班高峰时段在校园主干道执勤，维持交通秩序。组织开展安全教育活动，宣传普及防火防盗、防诈骗等安全知识，建设平安和谐校园。

（4）开展"美丽吉大"文明校园志愿服务活动。组织志愿者开展清理卫生死角，清除非法小广告、课桌牛皮癣，整理校园自行车停放，义务植树，

樱花园值勤等志愿服务活动，立足校园、服务师生，绿化、美化校园，努力建设生态校园。

（5）开展"清风网络"文明传播志愿服务活动。建立网络文明志愿者组织，充分发挥网络媒体的广泛影响，利用网站、微博、QQ群、微信群、抖音、快手等互动平台，广泛开展网络文明传播志愿服务活动，积极传播网上正能量。

（四）活动要求

（1）精心筹备，周密安排。各团总支要充分认识活动的重要意义，加强组织领导，做好统筹协调，拟订切实可行的活动计划和实施方案。

（2）积极组织，求真务实。各团总支按照拟订的活动计划组织开展相关的志愿服务活动，密切联系自身实际，发挥自身特色，充分调动学生积极性，实现学雷锋活动的时代化和大众化。相关志愿服务活动需依托"志愿汇"App完成策划审批、志愿者招募、活动流程管理等工作，并将活动开展情况纳入优秀志愿集体和优秀志愿者考评内容。

（3）广泛宣传，营造氛围。各团总支要大力宣传雷锋精神的时代内涵，传播"奉献、友爱、互助、进步"的志愿精神，不断扩大宣传范围和提升活动影响力，努力营造浓厚的活动氛围。

（4）防微杜渐，确保安全。各团总支组织志愿服务活动需加强志愿者安全教育，做好活动安全预案，对在校外组织开展志愿服务活动的须为参与志愿者购买人身保险并有指导教师带队参加，确保活动安全。

（5）认真总结，挖掘典型。各团总支要认真做好活动总结，对活动开展的情况进行统计并形成文字材料，对在志愿活动中涌现的先进典型和先进事迹要广泛宣传并进行表彰。并于4月1日前将志愿服务活动方案、总结及相关新闻、图片、视频等资料汇总报至活动组织办公室。

十、党史学习"六百工程"实施方案

为深入学习贯彻习近平新时代中国特色社会主义思想，充分发挥党的历史以史鉴今、资政育人的作用，充分发挥党的领导核心作用、党组织的战斗堡垒作用、党员的先锋模范作用，以新思路、新机制、新手段谋划和推进学校党建工作，融入中心抓党建，以高质量党建引领学校事业高质量发展，以优异成绩庆祝中国共产党成立100周年。现就我校全面推行党史学习"六百工程"工作，制订实施方案如下。

（一）活动主题

百名学生讲述百年党史

百位教师深入百间宿舍

百个支部联系百个班级

（二）活动时间

2021年5月—2022年4月。

（三）参加对象

学校全体师生党员。

（四）活动内容

1. 百名学生讲述百年党史

由全校的100名优秀学生党员按照六大篇章宣讲100年党史，以党的100年发展历程为顺序，以党的重大事件为线索，以不同时期的典型事例、历史人物、精彩故事为主干，将党的百年历史分为"六个篇章"。

（1）奋斗篇章：讲述中国共产党为生而奋斗，中国共产党为站而奋斗，中国共产党为富而奋斗，中国共产党为强而奋斗。

（2）经验篇章：讲述中国共产党关于民主革命的经验，中国共产党关于社会主义革命的经验，中国共产党关于改革开放的经验，中国共产党关于脱贫攻坚的经验。

（3）英雄篇章：讲述百年奋斗中的领袖群体、百年奋斗中的烈士群体、百年奋斗中的英模群体。

（4）精神篇章：讲述五四精神、红船精神、井冈山精神、苏区精神、长征精神、延安精神、抗美援朝精神、雷锋精神、铁人精神、焦裕禄精神、"两弹一星"精神、载人航天精神、抗洪精神、抗疫精神、脱贫攻坚精神。

（5）理论篇章：讲述毛泽东思想、邓小平理论、"三个代表"重要思想、科学发展观、习近平新时代中国特色社会主义思想。

（6）实践篇章：讲述学校在中国共产党的领导下生于贫瘠、长于艰难、成于奋斗、立于创新的办学历程和立足大湘西、服务大武陵、做出大贡献的办学实践。

2. 百位教师深入百间宿舍

由全校的100名优秀教师党员深入100间学生宿舍，教育指导学生学会学习、学会做事、学会做人、学会发展，通过"六航"举措把宿舍建成"文明整洁、学风优良、和谐互助、安全有序"的阵地。

（1）思想领航入宿舍：教师党员深入学生宿舍通过个别访谈、集体座谈等多种形式，全面掌握学生的学习情况、生活情况、心理状况、思想动态及苗头性问题和困难。

（2）信仰导航入宿舍：教师党员深入宿舍培养学生坚定的共产主义信仰，从党的百年历史中汲取砥砺奋进的智慧，汲取真理的力量、信仰的力量、道德的力量、实践的力量。

（3）平安护航入宿舍：教师党员深入学生宿舍开展安全检查，排查安全隐患，增强学生安全防范意识，培养学生健康生活的自律精神。

（4）成长引航入宿舍：教师党员深入宿舍引领学生把宿舍建成学习的阵地、生活的港湾、情感的家园、梦想的起点、成才的摇篮。

（5）学业启航入宿舍。教师党员深入宿舍建设"书香·文化·励志"的港湾，积极开展专业、外语、考研和课外阅读学习活动，自觉把优良学风渗透到宿舍的每一个角落。

（6）职业远航入宿舍：教师党员深入宿舍指导每位学生做好职业生涯规划，让学生毕业时带走的不仅有文凭更有水平，不仅有学历更有能力，不仅有青春更有热血。

3. 百个支部联系百个班级

由全校的100个教工支部联系100个学生班级，运用他律形式导向学生自律，通过"六度"举措把联系班级建成"人际和谐、积极乐观、朝气蓬勃、奋发有为"的温馨集体。

（1）完善班级制度：通过对联系班级现状的充分调研，在实化上制定措施，增强制度的有效性；在细化上狠下功夫，增强制度的可行性；在强化上敢花力气，增强制度的严肃性；在深化上多动脑筋，增强制度的系统性。

（2）提升集体温度：坚持因材施教原则，采取分类推进策略，做好"边缘生、学困生、心理问题学生"三个群体的帮扶，让全班学生都能感受到集体的温暖。

（3）加大协同力度：找准切入点、强化着力点、把好关键点，挖掘校内潜力，优化校外资源，有效整合学校、家庭、社会三方育人合力，打造联合育人"共同体"，搭建全面发展"立交桥"。

（4）拓展育人广度：在联系班级开展"读党史书籍、听党史故事、看党史电影"活动，从而进一步增强建功新时代、奋进新征程、谱写新篇章的思想自觉和行动自觉。

（5）彰显工作亮度：培育专业感情到位、督导有效学习到位、提升学习效果到位，在每个联系班级培育举措创新务实、模式特色鲜明、适合复制推广的2~3项班级特色活动，从而有效彰显联系班级的亮点。

（6）提升联系效度：坚持目标导向，实现各教工党支部服务意识更加明显、引领发展更加有力、工作实绩更加突出，实现联系班级学习氛围更加浓厚、班级文化更加丰富、成长环境更加健康、综合素质更加优秀的效果。

（五）具体要求

1. 强化思想认识

各二级党组织要深刻认识"六百工程"的丰富内涵和重大意义，切实增强实施"六百工程"的思想自觉和行动自觉，融入中心抓党建、创新理念抓党建、服务学生抓党建，努力将党建优势转化为学校发展优势，将党建资源转化为学校发展资源，将党建成果转化为学校发展成果。

2. 强化主体责任

"六百工程"工作由党委组织部负总责，由各二级党组织自愿申报承办。各二级党组织要强化管党治党意识，把抓好"六百工程"工作作为分内职责，搞好统筹谋划。二级党委（总支）书记要拿出足够的时间和精力抓"六百工程"工作，重要工作亲自部署，重大问题亲自研究，重点环节亲自协调，重大事项亲自督办，建立"六百工程"工作台账，实现信息化动态管理，确保取得实实在在的成效。

3. 强化统筹融合

紧紧围绕学校中心工作任务谋划党建工作，紧紧围绕党史学习推进"六百工程"，把"六百工程"同中心工作、重点任务、日常工作同谋划、同部署、同推进、同督查、同考核，统筹党建一起抓、统筹资源一起用、统筹工作一起推，在教育改革、教育发展、服务师生、服务党员中找准定位，在推动各项工作过程中充分发挥党的组织优势。

4. 强化自身建设

要把加强基层党组织自身建设作为"六百工程"的基础工作来抓，在加强基层服务型党组织建设上持续用劲，把党的组织建设和党员队伍建设强起来，着力解决少数基层党组织软弱涣散的问题，解决少数党员党性观念不强、服务能力偏弱、作用发挥不好的问题。

5. 强化宣传引导

党委宣传部要把及时宣传"六百工程"的进展成效作为2021年度的宣传工作重点内容之一，充分运用校园新闻媒体加强宣传引导，要在中央和省级主流媒体上多发声音、发好声音，强化全媒体报道、互动化传播，让"六百工程"工作看得见、摸得着、说得出、有成效，为"六百工程"工作营造良好的舆论氛围。

6. 强化活动效果

"六百工程"工作将作为全校二级党委（总支）书记2021年度述职评议考核的重要内容。对组织不力、敷衍塞责、效果不好的，要严肃批评、严肃问责。对组织有力，结合实际创新形式和载体，成效显著的单位，评选优秀组织奖5个，颁发奖牌和奖金；每个单项设一等奖2名、二等奖4名、三等奖6名，颁发证书和奖金。

附件一："百名学生讲述百年党史"实施细则

为深入学习贯彻习近平新时代中国特色社会主义思想，充分发挥党的历史以史鉴今、资政育人的作用，充分发挥党的领导核心作用、党组织的战斗堡垒作用、党员的先锋模范作用，根据《党史学习"六百工程"实施方案》文件要求，现面向全校开展"百名学生讲述百年党史"活动，具体实施细则如下。

（一）活动主题

百名学生讲述百年党史。

（二）活动组织

1. 举办单位

2. 工作小组

（三）活动时间

2021 年 6 月—2021 年 12 月

（四）活动对象

全体学生党员（含预备党员）。

（五）活动要求

（1）由全校的优秀学生党员按照六大篇章宣讲 100 年党史，以党的 100 年发展历程为顺序，以党的重大事件为线索，以不同时期的典型事例、历史人物、精彩故事为主干，将党的百年历史分为"六个篇章"。

①奋斗篇章：讲述中国共产党为生而奋斗、中国共产党为站而奋斗、中国共产党为富而奋斗、中国共产党为强而奋斗。

②经验篇章：讲述中国共产党关于民主革命的经验、中国共产党关于社会主义革命的经验、中国共产党关于改革开放的经验、中国共产党关于脱贫攻坚的经验。

③英雄篇章：讲述百年奋斗中的领袖群体、百年奋斗中的烈士群体、百年奋斗中的英模群体。

④精神篇章：讲述五四精神、红船精神、井冈山精神、苏区精神、长征

精神、延安精神、抗美援朝精神、雷锋精神、铁人精神、焦裕禄精神、"两弹一星"精神、载人航天精神、抗洪精神、抗疫精神、脱贫攻坚精神。

⑤理论篇章：讲述毛泽东思想、邓小平理论、"三个代表"重要思想、科学发展观、习近平新时代中国特色社会主义思想。

⑥实践篇章：讲述学校在中国共产党的领导下生于贫瘠、长于艰难、成于奋斗、立于创新的办学历程和立足大湘西、服务大武陵、做出大贡献的办学实践。

（2）初赛。各学院按照《党史学习"六百工程"实施方案》和学校"百名学生讲述百年党史"实施细则的要求自行组织初赛。

（3）复赛。复赛比赛形式为对文稿作品进行评审，各学院每个篇章均需推荐1个复赛作品，并安排老师进行指导。举办单位邀请专家评委从21个学院推荐的126个作品中评选出21个作品进入决赛。作品要求：题目自拟，形式不定，内容要求原创、积极向上，字数在800~1000字，标题为二号宋体，正文为三号宋体，文末注明学生信息和指导老师信息（学院、姓名、联系方式）。

（4）决赛。决赛比赛形式为现场讲述。进入决赛的选手需要在决赛前一周提交配套ppt，要求简洁大方、图文并茂，可配背景音乐或视频资料。参赛选手可着正装或与作品相符的服装，每个作品讲述的时间在7分钟之内。决赛由党委组织部组织，以现场讲述的形式进行，共设一等奖2名、二等奖4名、三等奖6名、优胜奖9名，活动评选12个优秀指导老师。

（六）材料报送

1. 初赛和复赛阶段需要报送的材料

（1）学院初赛资料，要求用word文档，图文并茂，对初赛情况进行小结。文档命名为"××学院百名学生讲述百年党史初赛总结"。

（2）每个学院推荐6个复赛作品，命名为"××学院百名学生讲述百年党史复赛作品"，其中单个作品命名为：××篇章+学院+姓名。

（3）××学院百名学生讲述百年党史复赛作品汇总表。

上述材料电子版以学院为单位，于2021年9月10日前发送至指定邮箱。

2. 决赛阶段需要报送的材料

（1）ppt，命名为：学院+姓名+篇章。

（2）百名学生讲述百年党史决赛选手登记表，文件名前缀为：学院+姓名+篇章。

上述材料电子版以学院为单位，于2021年9月20日前发送至指定邮箱。

附件二："百位教师深入百间宿舍"实施细则

根据《党史学习"六百工程"实施方案》的文件精神，为充分发挥党的领导核心作用、党组织的战斗堡垒作用、党员的先锋模范作用，切实加强我校学生的思想政治教育工作，大力推进党建思想政治教育进宿舍，不断提高教育、管理、服务水平，努力构建和谐宿舍、创建文明校园，结合学校实际，特制定"百位教师深入百间宿舍"实施细则。

（一）活动主题

百位教师深入百间宿舍。

（二）活动组织

1. 举办单位

2. 工作小组

（三）活动时间

2021年6月—2021年12月。

（四）活动对象

学校全体教师党员、全体本专科生和研究生。

（五）活动安排

1. 推荐要求与名额分配

（1）百名教师党员推荐。各二级党组织采取个人申请与组织民主推荐相结合的方式确定推荐人选。各二级党组织所推荐人选要热心于学生教育与管理事业，工作责任心强；结构要合理，性别比例适中，既要有领导干部又要有普通教职员工。

（2）百间学生宿舍推荐。各教学学院结合学院学生宿舍实际情况，在充分尊重学生个人意愿的前提下确定推荐宿舍。各教学学院推选学生宿舍结构要合理，男女宿舍比例和年级分布均衡（毕业年级学生宿舍不纳入推荐范围）。

（3）确定联系名单。教师党员与宿舍的对应联系，由"百位教师深入百间宿舍"工作小组按照优先同一学院、学科相近的原则，根据校区分布等情况综合讨论拟定名单，并报送学校党史学习教育领导小组审批。

2. 时间安排

（1）2021 年 6 月 30 日前，各二级党组织和各教学学院完成教师党员和学生宿舍推荐；

（2）2021 年 7 月 10 日前，完成教工党员与学生宿舍对接安排；

（3）2021 年 7 月—2021 年 12 月，教师党员深入学生宿舍开展活动；

（4）2021 年 12 月 10 日前，上交工作记录和总结材料；

（5）2021 年年底，总结表彰及成果展示。

3. 评比与表彰

活动评选采取日常工作考核和绩效考核相结合的方式，依据注重工作成效，兼顾工作痕迹的原则，通过查看工作记录、工作台账和总结材料等方式评选 12 名优秀教师和 12 间优秀宿舍，并进行表彰。

（六）活动要求

（1）教师党员联系人要对标有理想信念、有道德情操、有扎实学识、有仁爱之心的"四有"好老师标准全身心投入活动中，主动关心关爱学生，切实做到每月走访所联系宿舍、开展安全检查不少于一次，每季度组织开展思想引领、素质养成、学业辅导、职业教育等主题活动不少于一次，并按照要求做好工作记录和工作台账。

（2）参与活动的学生宿舍成员要深刻领悟活动目的和意义，主动联系教师党员，积极配合联系教师党员工作开展，在活动中不断提升自我，争做有理想、有追求、有担当、有作为、有品质、有修养的新时代大学生。

（3）活动参与者要注重活动资料收集，认真做好活动成果总结。教师党员需撰写一份活动总结报告，报告内容包含联系宿舍学生基本情况、工作目标、实施计划和具体措施、实施成效、活动图片剪影以及其他成果产出等；学生宿舍填写"百间宿舍联系前后对比表"。

（七）材料报送

（1）2021年6月15日前，各二级党组织和各教学学院须完成百名教师和百间宿舍的推荐工作，并报送"教工党员推荐和审批表""学生宿舍推荐和审批表""汇总表"等材料。

（2）2021年12月11日前，各二级党组织和各教学学院须报送教师党员工作记录本、工作台账、"百间宿舍联系前后对比表"、活动总结报告等材料。

（3）活动所上交材料均为一式一份，由各单位汇总后报送至学院办公室，电子版发送至指定邮箱。

附件三："百个支部联系百个班级"实施细则

根据《党史学习"六百工程"实施方案》，为贯彻落实"立德树人"根本任务，探索"三全育人"工作机制，学校决定开展"百个支部联系百个班级"活动，即组织全校100个支部"一对一"联系100个班级，从思想引领、学风建设、学业指导、扶贫帮困等维度加强班级建设，构建"人际和谐、积极乐观、朝气蓬勃、奋发有为"的温馨班集体。

（一）活动主题

百个支部联系百个班级。

（二）活动组织

1. 举办单位

2. 工作小组

（三）活动时间

2021年6月—2021年12月。

（四）活动对象

学校各基层党支部（包括教工支部和学生支部）、全体本科学生（含预科学院学生）。

（五）活动安排

1. 推荐要求与名额分配

（1）百个班级推荐。各教学学院结合学院学生专业和班级实际情况，在充分尊重班级意愿的前提下确定推荐班级。各教学学院推选班级结构要合理，分布均衡。

（2）确定联系名单。支部与班级的对应联系，由"百个支部联系百个班级"工作小组根据校区分布、学院特色、专业特点、学生人数等情况综合讨论拟定名单，并报送学校党委组织部审批。

2. 时间安排

（1）2021年9月10日前，各教学学院完成班级推荐；

（2）2021年9月20日前，完成支部与班级的对应联系安排；

（3）2021年9月—2021年12月，百个支部联系百个班级开展活动；

（4）2021年12月20日前，上交考核材料；

（5）2021年12月下旬，总结表彰及成果展示。

3. 评比与表彰

活动评选采取日常工作考核和绩效考核相结合的方式，注重工作成效，通过查看工作记录、工作材料等方式，依据学校"百个支部联系百个班级"工作考核评分标准，评选一等奖2名、二等奖4名、三等奖6名，支部和学生班级均给予奖励。考核的时间段为2021年9月至2021年12月。

（六）活动要求

（1）支部要按照《党史学习"六百工程"实施方案》和学校"百个支部联系百个班级"工作考核评分标准，积极开展工作，完善班级制度、提升集体温度、加大协同力度、拓展育人广度、彰显工作亮度、提升联系效度，并按照要求做好工作记录。

（2）参与活动的学生班级成员要深刻领悟活动目的和意义，按照《党史学习"六百工程"实施方案》和学校"百个支部联系百个班级"工作考核评分标准，努力把班级建成"人际和谐、积极乐观、朝气蓬勃、奋发有为"的温馨集体。

（3）对组织不力、敷衍塞责、效果不好的单位，进行严肃批评、严肃问责；对组织有力，结合实际创新形式和载体，成效显著的单位，评选优秀组织奖。

（七）材料报送

（1）2021年9月10日前，各教学学院完成100个班级的推荐工作，并报送"学校'百个支部联系百个班级'班级推荐表""学校'百个支部联系百个班级'推荐班级汇总表"等材料。

（2）2021年12月20日前，各支部按照"百个支部联系百个班级"工作考核评分标准报送材料。

（3）活动所上交材料要求：纸质版均为一式一份，报送至办公室；电子版发给指定邮箱。

参考文献

一、经典著作及重要文献

[1] 马克思恩格斯全集（第 42 卷）[M]．北京：人民出版社，1979.

[2] 马克思恩格斯全集（第 46 卷）[M]．北京：人民出版社，1979.

[3] 马克思恩格斯文集（第 1 卷）[M]．北京：人民出版社，2009.

[4] 马克思恩格斯文集（第 2 卷）[M]．北京：人民出版社，2009.

[5] 马克思恩格斯文集（第 9 卷）[M]．北京：人民出版社，2009.

[6] 马克思恩格斯选集（第 1—4 卷）[M]．北京：人民出版社，2012.

[7] 马克思恩格斯论教育（上卷）[M]．北京：人民教育出版社，1985.

[8] 马克思恩格斯论教育（下卷）[M]．北京：人民教育出版社，1986.

[9] 列宁选集（第 1—4 卷）[M]．北京：人民出版社，2012.

[10] 毛泽东文集（第 7—8 卷）[M]．北京：人民出版社，1999.

[11] 毛泽东选集（第 1—4 卷）[M]．北京：人民出版社，1991.

[12] 邓小平文选（第 2 卷）[M]．北京：人民出版社，1994.

[13] 邓小平文选（第 3 卷）[M]．北京：人民出版社，1993.

[14] 江泽民选集（第 1—3 卷）[M]．北京：人民出版社，2006.

[15] 胡锦涛文选（第 1—3 卷）[M]．北京：人民出版社，2016.

[16] 习近平谈治国理政（第一卷）[M]．北京：外文出版社，2014.

[17] 习近平谈治国理政（第二卷）[M]．北京：外文出版社，2017.

［18］习近平谈治国理政（第三卷）［M］. 北京：外文出版社，2020.

［19］十八大报告辅导读本［M］. 北京：人民出版社，2012.

［20］建国以来毛泽东文稿（第 10 册）［M］. 北京：中央文献出版社，1996.

［21］决胜全面建成小康社会 夺取新时代中国特色社会主义伟大胜利——在中国共产党第十九次全国代表大会上的报告［M］. 北京：人民出版社，2017.

［22］习近平总书记系列重要讲话读本［M］. 北京：学习出版社，人民出版社，2016.

［23］习近平新时代中国特色社会主义思想学习纲要［M］. 北京：学习出版社，人民出版社，2019.

［24］中国共产党第十九次全国代表大会文件汇编［M］. 北京：人民出版社，2017.

［25］党的十九大报告辅导读本［M］. 北京：人民出版社，2017.

［26］毛泽东邓小平江泽民论思想政治工作［M］. 北京：学习出版社，2000.

［27］普通高校思想政治理论课文献选编（1949—2008）［M］. 北京：中国人民大学出版社，2008.

［28］建国以来重要文献选编（第 14 册）［M］. 北京：中央文献出版社，2011.

二、著作

［1］郑永廷，等. 社会主义意识形态研究［M］. 广州：中山大学出版社，1999.

［2］郑永廷. 现代思想道德教育理论与方法［M］. 广州：广东高等教育出版社，2000.

［3］郑永廷. 思想政治教育方法论［M］. 修订版. 北京：高等教育出版社，2010.

［4］郑永廷，等. 人的现代化的理论与实践［M］. 北京：人民出版社，2006.

［5］郑永廷，江传月. 主导德育论——大学生思想政治教育一元主导与多样发展研究［M］. 北京：人民出版社，2008.

［6］郑永廷. 思想政治教育学原理［M］. 北京：高等教育出版社，2016.

［7］冯刚，郑永廷. 思想政治教育学科 30 年发展研究报告［M］. 北京：光明日报出版社，2014.

［8］张耀灿，郑永廷，刘书林，等. 现代思想政治教育学［M］. 北京：人民出版社，2001.

［9］骆郁廷. 当代大学生思想政治教育［M］. 北京：中国人民大学出版社，2010.

［10］骆郁廷. 思想政治教育引论［M］. 北京：中国人民大学出版社，2018.

［11］骆郁廷. 思想政治教育原理与方法［M］. 北京：北京师范大学出版社，2019.

［12］李萍. 现代道德教育论［M］. 广州：广东人民出版社，2001.

［13］李辉. 现代思想政治教育环境研究［M］. 广州：广东人民出版社，2005.

［14］李辉，等. 大学生环境适应优化理论与方法［M］. 北京：人民出版社，2010.

［15］沈壮海. 思想政治教育有效性研究［M］. 武汉：武汉大学出版社，2016.

［16］陈秉公. 21 世纪思想政治教育工作创新理论体系［M］. 长春：吉林教育出版社，2000.

［17］贺才乐. 思想政治教育载体研究［M］. 武汉：湖北人民出版社，2004.

［18］陈万柏. 思想政治教育载体论［M］. 武汉：湖北人民出版社，2003.

［19］张澎军，等. 高校学生思想政治教育载体研究［M］. 北京：北京出版社，1999.

［20］王树荫，张耀灿. 中国共产党思想政治教育史［M］. 北京：中国人民大学出版社，2016.